Marketing für Heilpraktiker

Erfolgreiche Praxisführung

Kristina Vormwald

mit zahlreichen Abbildungen

Sonntag Verlag · Stuttgart

Bibliografische Information
Der Deutschen Bibliothek

Die Deutsche Bibliothek verzeichnet diese
Publikation in der Deutschen Nationalbiblio-
grafie; detaillierte bibliografische Daten sind
im Internet über http://dnb.ddb.de abrufbar.

Anschrift der Verfasserin:

Kristina Vormwald
Heilpraxis
Eichendorffstr. 1
63584 Gründau-Rothenbergen

Umschlaggestaltung: Thieme Verlagsgruppe
Umschlaggrafik: Martina Berge, Erbach

Unsere Homepage:
www.sonntag-verlag.com

Produkthaftungsausschluss

Alle in diesem Buch enthaltenen Angaben, Er-
gebnisse usw. wurden vom Autor nach bestem
Wissen erstellt und von ihm und dem Verlag mit
größtmöglicher Sorgfalt überprüft. Gleichwohl
sind inhaltliche Fehler nicht vollständig auszuschließen. Daher erfolgen die Angaben usw. ohne
jegliche Verpflichtung oder Garantie des Verlages
oder des Autors. Sie übernehmen deshalb keinerlei Verantwortung für etwaige inhaltliche
Unrichtigkeiten.

© 2004 Sonntag Verlag in
MVS Medizinverlage Stuttgart GmbH & Co. KG
Oswald-Hesse-Str. 50
70469 Stuttgart

Printed in Germany 2004

Satz: Hofacker DDV, 73614 Schorndorf
Druck: Druckh. Köthen, 06366 Köthen
Grundschrift: 8.7/11.2pp Gulliver, System: 3b2

ISBN 3-8304-9060-7   1 2 3 4 5 6

Inhalt

Vorwort

Um mit den Worten von Friedrich Nietzsche: „Nichts ist kostspieliger als der Anfang" zu beginnen, richtet sich der Ratgeber sowohl an alle interessierten Heilpraktiker (innen), die ihr Ziel einer eigenen Praxis verwirklichen wollen als auch an niedergelassene Heilpraktiker, die auf der Suche nach neuen Ideen sind um sich zu vermarkten. Auch wenn der Beruf bzw. die Ausübung der Naturheilkunde als Heilpraktiker auch heute noch in erster Linie mit den Themen

- Soziale Einstellung
- „Helfer-Syndrom"
- Die Arbeit am Menschen

in Verbindung gebracht wird, ist es nicht von der Hand zu weisen, dass ein **Markt** besteht.

Das Prinzip der Marktwirtschaft basiert auf Angebot und Nachfrage – wie also behaupte ich mich erfolgreich auf dem Markt? Und das legal?

Daher hat der Gesetzgeber versucht, dem unlauteren Wettbewerb durch Gesetzesvorgaben und diversen Auflagen Einhalt zu gebieten.

Zielsetzung ist zum einen der Schutz des Patienten, zum anderen gleiche Rahmenbedingungen in Bezug auf die wettbewerbsrechtlichen Ausgangssituationen für alle niedergelassenen Heilpraktiker.

Natürlich können Sie zahlreiche Management- und Marketing-Seminare besuchen, die jedoch meist sehr teuer und auf ein solch breitgefächertes Publikumsspektrum angelegt sind, dass Sie mit einer Vielzahl offener Fragen wieder nach Hause gehen werden. Das Buch erhebt nicht den Anspruch zur vollkommenen Zufriedenheit eines Marktforschers beitragen zu wollen, sondern will ein praxisnahes Handbuch für den praktizierenden Heilpraktiker darstellen.

Bevor wir jetzt ins Detail gehen, nehmen Sie sich fünf Minuten Zeit und machen sich noch einmal folgendes bewusst:

- **Ich werde etwas Neues beginnen**
- **Ich überwinde meine Unsicherheit**
- **Ich nehme Impulse und Reaktionen jederzeit an**
- **Ich werde Profi**
- **Machen Sie sich Ihre Erwartungen und Motivationen bewusst**

In diesem Sinne viel Spaß beim Lesen und interessante Anregungen auf dem Weg zu Ihrer erfolgreichen Praxis.

Gründau, im Winter 2003
Kristina Vormwald

1 Einleitung

„Marketing für Heilpraktiker" – was steckt dahinter?

Das Wort „Marketing" ist ein relativ neuer Begriff. Er kommt aus dem englischen „to go into the market" und bedeutet sinngemäß die „marktorientierte Führung des Unternehmens, um aktuelle oder potenzielle Kundenbedürfnisse „zu befriedigen" (vgl. Voss, R. „Grundwissen Betriebswirtschaftslehre"). Es beschreibt die Gesamtheit aller Maßnahmen, die der Sicherung und Ausweitung des Absatzes dienen. Dabei ist es völlig unerheblich, ob es sich bei diesen Unternehmen nun um eine Kfz-Werkstatt oder um eine Naturheilpraxis handelt.

„Marketing" wird auch mit dem Synonym „Absatz" gleichgesetzt, mit dessen Hilfe die jeweiligen unternehmensspezifischen Ziele global, das heißt gesamtwirtschaftlich, verwirklicht werden sollen. Somit geht es wesentlich tiefer als die volkstümliche Meinung, Marketing sei nichts anderes als Werbung um so den Endverbraucher zu beeinflussen.

Bis vor einiger Zeit hat man als Heilpraktiker über das Thema „Marketing" – „Werbung" – „Wie gewinne ich Patienten" – kaum nachgedacht.

Hatte es nicht gar einen leicht negativen Touch in Diskussionen, vor allem mit alteingesessenen Kollegen, die sich oft damit brüsten, sie hätten „so etwas nicht nötig – die Patienten kämen von allein"?

Natürlich ist es die beste, kostengünstigste und effizienteste Werbung für uns, wenn unsere Pa-

tienten aufgrund der Weiterempfehlung durch zufriedene Kunden kommen (Anmerkung des Autors: vgl. Kapitel 2.4.2; solch eine Aussage ist auch eine Form der Suggestiv-Werbung).

Doch wie gelangt man zu diesem Status und erreicht dieses Fernziel?

Halten wir uns an den Spruch: „wer nicht wirbt, stirbt" bzw. „Tue Gutes und rede darüber"? Oder verinnerlichen wir die vermeintliche Erkenntnis, dass man die

- **Prävention**

- **Heilbehandlungen im Allgemeinen**

- **Versorgung der Kranken**

nicht anpreist wie Sonderangebote?

Die Zielgruppe der Patienten bzw. Kunden setzt sich mehr und mehr mit ihren Krankheitsbildern auseinander und es ist eine Tatsache, dass das Bedürfnis nach Aufklärung und Informationen immer größer wird und an Bedeutung gewinnt.

Daher ist es nicht verwunderlich, im Gegenteil, es ist sogar sehr zu begrüßen, dass das Informationsrecht gesetzlich gesehen als immer wertvoller angesehen wird und gewissen Vorlagen unterstellt ist.

Bis zur Grundsatzentscheidung des Bundesgerichtshofes aus dem Jahre 1989 (BGH, WRP 90,246) waren Heilpraktiker als Ausübende eines Heilberufes den Auflagen der Ärzteschaft und deren persönlichen Werbeverbotes gleichgestellt.

Bei Verstößen konnten nach dem Gesetz gegen den unlauteren Wettbewerb (UWG) Ansprüche auf Unterlassung und Schadensersatz geltend gemacht werden. § 2 der Berufsordnung für Ärzte lautet: „Dem Arzt ist jegliche Werbung für sich oder andere Ärzte untersagt".

Demzufolge kommt es bei unserem Berufsstand nach wie vor zu großen Unsicherheiten und Missverständnissen, was der Einzelne in Bezug auf die zur Zeit geltenden wettbewerbsbeschränkenden Bestimmungen nun darf und was ihm untersagt ist.

Durch dieses Buch werden Sie Antworten auf Ihre Fragen bekommen und in den Alltag integrieren können, inklusive einer Auflistung der erlaubten Werbemöglichkeiten sowie diverser Checklisten im Anhang. Ich möchte Sie dazu ermuntern, dieses Buch als Nachschlagewerk und Arbeitsbuch zu benutzen; persönliche Anmerkungen und Ideen einzutragen und es so zu einem nützlichen Werkzeug für Ihren Praxisalltag werden zu lassen.

So........................   oder doch lieber   so ?

2 Werbung

2.1 Historie

Das erste „Werbegeschenk" der Menschheit war der Apfel, mit dem Eva Adam lockte.
Wahrheit oder reine Provokation?
Vielleicht etwas von beidem.

Diese Geschichte ist weltbekannt und breitet sich per Mundpropaganda über Generationen aus, wobei wir bereits mitten im Thema sind: der Werbung!

1625 erschien die erste Werbeanzeige in England, das war vor rund 370 Jahren.

Werbung wie wir sie heute kennen, begann mit der Industrialisierung, als sich der Markt vom Nachfrage- zum Angebotsmarkt entwickelte.

In den 60er Jahren des letzten Jahrhunderts setzte sich das Marketing zuerst bei Markenartikelherstellern durch, 20 Jahre später, Mitte der 80er Jahre, erkannten auch kleine und mittlere Betriebe die Bedeutung der Werbung für den Absatzmarkt.
Ein neuer Betriebszweig entstand.

2.2 Definition

Unter dem Begriff **Werbung** versteht man „eine spezielle Kommunikation die mit dem Ziel betrieben wird, die Kommunikationsempfänger in bestimmter Weise zu beeinflussen".

Es wird unterschieden zwischen der **Propaganda** und der sogenannten **Wirtschaftswerbung**, welche „alle Maßnahmen zur Absatzförderung umfasst" (Brockhaus-Lexikon).

Die propagandistische Form der Werbung, die besonders für bestimmte geistige und politische Ziele, religiöse, künstlerische oder humanitäre Ideen benutzt wird, bedient sich meist der publizistischen Beeinflussung, ihrer Inhalte und Methoden.

Doch dieser Bereich der Werbung ist für unsere Möglichkeiten, sich nach „außen" zu repräsentieren und zu werben, nicht interessant.

 Anders gesagt, umfasst der Bereich der Werbung alle Tätigkeiten, die Ihre Praxis und Ihre Leistungen in der Öffentlichkeit bekannt machen und bemächtigt sich eines breitgefächerten Instrumentariums, um ihr Ziel zu erreichen.

Es gibt die verschiedensten Wege, die Endverbraucher (also unsere Patienten) mittels Werbung zu erreichen und man sollte sich ständig hinterfragen, **wem** man **was** näher bringen möchte.

Ihr **Zauberwort** heißt **Zielgruppe**.

Stellen Sie sich vor, Sie haben beispielsweise ein Magnetfeldgerät und möchten dieses verkaufen, weil es sich in Ihrer Praxis nicht amortisiert.

Sprechen Sie eher einen Kollegen oder einen Ihrer Patienten an (ganz abgesehen von den wettbewerbsbeschränkenden Gesetzesvorgaben)?

Im folgenden werden Sie feststellen, dass es eine Vielfalt an Möglichkeiten gibt, die verschiedenen Gruppen zu erreichen.

Denn eine ungezielte, noch so aufwändig gestaltete Werbung ist wirkungslos, wenn man noch nicht einmal weiß, wen man mit seiner Werbung erreichen will.

Der Käse muss der Maus schmecken, nicht der Katze, sonst beisst sie nicht an!

2.3 Irreführende Werbung

Im Verlaufe des Buches werden Sie oft den Begriff der „irreführenden Werbung" lesen.
Besonders häufig finden wir ihn in den Gesetzestexten (der Berufsordnung, dem Gesetz auf dem Gebiete des Heilwesens „HWG" sowie dem Gesetz gegen den unlauteren Wettbewerb „UWG"). Doch was verbirgt sich hinter diesem Begriff?

Der Begriff der **Irreführenden Werbung** stammt aus dem „Gesetz gegen den unlauteren Wettbewerb" (UWG).
Eine der zentralen Vorschriften ist **§ 3 UWG**, welcher irreführende Angaben in der Werbung behandelt.
Diese können sich auf verschiedene Aspekte beziehen.

Das Gesetz benennt Irreführungen über Beschaffenheit, Ursprung, Herstellungsart, Preisbemessung, Auszeichnungen, Menge der Vorräte und den Anlass und Zweck des Verkaufs als Beispiele.

Irreführungen über die Bezugsquelle, Echtheitswerbung, Garantiewerbung, Naturprodukte, Neuheitswerbung, Preisangaben, Preissenkungen, Produktwirkung, Rechtsform, Titel, ... gehören ebenso hierher.

Wer unwahre, unrichtige oder unvollständige Angaben macht, kann auf Unterlassung und Schadensersatz in Anspruch genommen werden.

▶ Der Abmahnende muss Ihnen nicht einmal nachweisen, dass sich jemand geirrt hat. Die reine Gefahr, dass es zu Irrtümern kommen könnte, reicht aus.

▶ Meist gehören die Richter eines angerufenen Gerichts selbst zu den durch die Werbung angesprochenen Verkehrskreisen und beurteilen deshalb selbst, ob die Werbeaussagen irreführend sein könnten.

Denn es kommt auf die Sicht des verständigen Verbrauchers an, wie er also die Aussage interpretiert
(Werberechtslexikon „Urteilsticker.de").

2.4 Arten der Werbung nach beabsichtigter Wirkung

2.4.1 Die informative Werbung

Ein Beispiel für diese Form der Werbung wäre Ihre Eröffnungsanzeige mit Ihrem Namen, Ihrer Berufsbezeichnung, ... (vgl. hierzu Kapitel 18) in einer regionalen Tageszeitung in Bezug auf Ihren Patienten. Informationswerbung beinhaltet sachliche, objektive Informationen unter rationalen Gesichtspunkten.

Welches Format Sie hier benutzen, bleibt weitgehend Ihnen und Ihrem Geldbeutel vorbehalten – es sollte den übrigen Anzeigen angepasst sein. Das bedeutet jedoch nicht, dass sich Ihre Anzeige optisch nicht von den anderen abheben darf. Farbwahl, Schrifttyp und andere prägnante Blickfänger besprechen Sie am Besten mit dem Sachbearbeiter der Anzeigenannahme. Schwarz-weiß oder doch lieber farbig?

Sie haben die Qual der Wahl. ...

Naturheilpraxis
K. Apoplexia
Prothesenstr. 2
23333 Musterhause
Akupunktur- Phytotherapie- Magnetfeldtherapie
Tel / Fax: 01234/6789
www.kapoplexia.de

Liebe Patient(innen);

über Ihr Erscheinen zum
„Tag der offenen Tür"
am Freitag   .
würde ich mich sehr freuen
und möchte gleichzeitig
die Eröffnung
meiner
Naturheilpraxis
am
05. Oktober 2002
bekannt geben.

Ihre Heilpraktikerin
K. Apoplexia

Ein anderes Beispiel wären **Urkunden über Zusatzqualifikationen** in Ihrem Wartezimmer.
So haben Sie beispielsweise einen Akupunkturkurs in China absolviert, was mit Sicherheit nicht jeder Ihrer Kollegen getan hat.
Bereits durch die Mitteilung dieser Zusatzqualifikationen erreichen Sie bei Ihren Patienten eine Form der „informativen Werbung".

2.4.2 Die suggestive Werbung

2.4.2.1 Allgemein

Die andere Form der Werbung verbirgt sich hinter dem Begriff „Suggestivwerbung" – bekannt auch durch die Beschreibung einer „suggestiv wirkenden Beeinflussung".
Durch diese Form der Werbung werden bewusst die Gefühle und Triebe des Verbrauchers angesprochen.
In den Medien sieht man beispielsweise oft einen durchtrainierten Menschen, der mittels eines Massagegurtes angeblich durch 5 Minuten „Training" täglich einen „Waschbrettbauch" hat – ohne Ernährungsumstellung, andere körperliche Betätigung etc..

Sogenannte „Vorher-Nachher-Bilder" suggerieren dem Endverbraucher, dass sich allein durch dieses Gerät seine Probleme (Übergewicht, „Bierbauch", ...) auflösen.

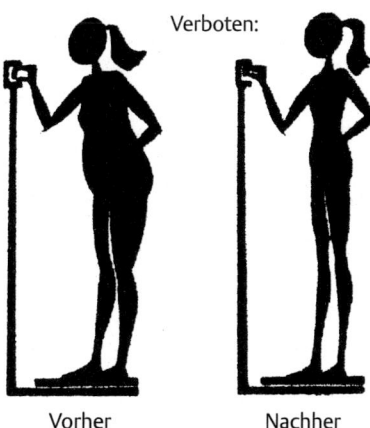

Verboten:

Vorher   Nachher

Abgesehen, dass in unserem Berufsstand die Werbung mit „Vorher-Nachher-Bildern" außerhalb von Fachkreisen verboten ist, ist sie mit Sicherheit sehr teuer.

Oftmals findet man in regionalen Tageszeitungen Anzeigen folgender Art:

Vermittelt Ihnen diese Anzeige Kompetenz und Vertrauen?
Oder eher Unbehagen und ein „mulmiges Gefühl"?
Würden Sie sich auf diese Anzeige melden?
Wohl kaum.

Daher sollten Sie sich eher auf die informative Form der Werbung beschränken, da sie sowohl Ihnen als auch Ihren Patienten nutzt.

2.4.2.2 Gesellschaftliche Funktionen

Eine ganz andere Art der „Suggestivwerbung" ist Ihre **Präsenz** in einigen **ortsansässigen Vereinen**. Werden Sie ehrenamtliches Mitglied.

Abgesehen von Ihrer steigenden Popularität treffen Sie hier mit vielen Menschen unterschiedlicher gesellschaftlicher Schichten zusammen.

Sie haben die Möglichkeit, sich gezielt als gesundheitsbewusster Mensch, der die Naturheilkunde beherrscht, zu präsentieren.

Da werden Sie schnell nach dem ein oder anderen Rat gefragt, vielleicht erzählt man Ihnen sogar „Rezepte aus Oma's Zeiten".

Welche Vereine gibt es in Ihrer näheren Umgebung?

❶ Den Schwimm-/Turnverein Ihres Kindes

Bieten Sie Ihre regelmäßige Mithilfe an.

Vor jedem Wettkampf massieren Sie die Kinder einmal durch und setzen ganz ohne Hintergedanken Ihre medizinischen Fertigkeiten ein (natürlich nicht therapeutisch, sondern um ganz gezielt beanspruchte Muskelgruppen zu lockern).

Nicht, dass etwas Negatives an dieser ehrenamtlichen Tätigkeit wäre, im Gegenteil, sie ist sehr zu begrüßen (sollte es doch mehrere solcher Eltern geben).

Sie vermitteln den Eltern dieser Kinder ein gewisses Können (das Sie ja definitiv haben), stellen Ihre Person damit gleichzeitig der Öffentlichkeit vor und zeigen Initiative – Sie werden sehen, dass einige dieser Eltern bei gesundheitlichen Beschwerden den Weg zu Ihnen in die Praxis finden werden.

Stellen Sie sich bei Mannschaftsfotos ruhig dazu (wenn erwünscht) und lassen bei Zeitungsberichten Ihren Namen mit Ihrer Berufsbezeichnung abdrucken.

❷ Der Sportverein im Ort

Jeder noch so kleine Ort hat meist einen eigenen Turn- oder Sportverein.

Falls beides nicht vorhanden sein sollte, gibt es fast immer einen Fußballverein.

Die Mannschaften freuen sich mit Sicherheit über das Angebot, dass Sie beim Spiel die „erste Hilfe" übernehmen.

Bevor Sie sich dazu entscheiden, sollte Ihnen klar sein, dass diese Spiele häufig an den Wochenenden vormittags ausgetragen werden.

Scheuen Sie sich nicht, nach gewonnenem Spiel auch mal mit der Mannschaft „einen trinken zu gehen".
Dabei werden wichtige Kontakte geknüpft.

❸ **Altersheime, Kinderheime, Einrichtungen für behinderte Mitmenschen, Hospize**

Gerade in solchen Einrichtungen herrscht oft ein Pflegenotstand. Da ist das Personal froh, wenn es die Funktionspflege schafft und die Bewohner „satt, sauber und schmerzfrei" sind.
Doch das Persönliche, Seelische bleibt zurück.
Wie einfach können Sie allein durch Ihre Anwesenheit Menschen helfen. Die Möglichkeit, hier zu helfen, sollten Sie moralisch allerdings nicht aus marketingstrategischen Gründen erwägen, sondern weil Ihnen die Menschen am Herzen liegen.
Doch auch hier können Sie Kontakte mit Angehörigen knüpfen, sich bekannt machen und von Ihrer Arbeit erzählen.

Weitere Informationen zu den positiven Aspekten einer Vereinsmitgliedschaft finden Sie im Kapitel 13.3.8.

2.4.3 Mischform von Suggestiv und Informativ

Einen **Grenzfall** beziehungsweise eine Überschneidung beider Formen stellt beispielsweise folgende Situation dar:

Ihr Kollege teilt Ihnen mit, dass seine Patienten ausschließlich aufgrund von Mundpropaganda zu ihm in die Praxis kommen. Information einerseits – die Patienten kommen aufgrund der Mundpropaganda und Suggestion – „ich habe keine Werbung nötig" andererseits.
Im Verlaufe des Buches werden Sie feststellen, dass einige Berührungspunkte zwischen den Begriffen „Werbung" und „Information" existieren und oftmals das Eine ohne das Andere nicht funktioniert.

2.5 Arten der Werbung nach Zahl der Umworbenen

2.5.1 Einzelumwerbung

Einzelwerbung definiert sich über das „Direktmarketing" – das heißt, Ihr Patient wird persönlich angesprochen.

Charakteristisch wird ein Werbemittel so eingesetzt, dass es eine individuelle Ansprache an eine Zielperson ermöglicht.

 Praxisorientiert könnte das für Sie bedeuten, dass Ihnen Ihr Patient mitteilt, dass er zwar 2 Schachteln Zigaretten am Tag raucht, jedoch davon loskommen möchte.
Im Rahmen Ihres Therapieprogramms überzeugen Sie ihn von einer bestimmten Raucherentwöhnungskur.

Im Unterschied dazu wendet man sich mittels der

2.5.2 Mengenumwerbung

→ an eine genau definierte Zielgruppe.

Auch hier wäre es im praxisorientierten Fall so, dass Sie im Rahmen einer Informationsveranstaltung, beispielsweise einer Diabetikerschulung, genau auf die Bedürfnisse und Belange der Diabetiker eingehen.

 → Achten Sie jedoch darauf, dass Sie im Rahmen der Wettbewerbsbeschränkenden Gesetzesvorgaben mit den Gesetzen konform gehen.

- § 3 des HWG (Gesetz auf dem Gebiete des Heilwesens, vgl. Kapitel 12.4) verbietet eine „irreführende Werbung" mittels Heilungsversprechen, Vortäuschung unwahrer Angaben, etc..

- § 9 definiert die Unzulässigkeit der Werbung über die „Erkennung oder Behandlung von Krankheiten (…) die nicht auf eigener Wahrnehmung an dem zu behandelnden Menschen oder Tier beruht (Fernbehandlung)" und

- § 12 untersagt die Werbung für Behandlungen bei „Krankheiten des Stoffwechsels" – doch in

diesem Rahmen behandeln Sie nicht, sondern Sie klären auf (Prävention).

In letzter Zeit findet der an Naturheilkunde Interessierte des öfteren Schilder über Fachvorträge in Eingängen oder Schaufenstern von Apotheken, vor Drogerien und Reformhäusern.

Meist haben diese Apotheken Zusatzbezeichnungen wie „Naturheilkunde" oder „Homöopathie" als Blickfänger auf ihren Schildern stehen.

Anzeigentafeln wie z. B.

Sommerzeit gleich Urlaubszeit

Liebe Kunden;
Die Urlaubstage nahen – sind Sie gut vorbereitet?
Sonnenbrand und Verdauungsstörungen im Urlaubsland das muss nicht sein.
Ich lade Sie herzlich zu einem unverbindlichen Informationsnachmittag am Dienstag, den 03.09. um 15.00 Uhr in meinem Praxisräumen ein.
Für Kaffee und Kuchen ist bestens gesorgt.
Bei Interesse melden Sie sich unter der Telefonnummer 0231 – 111111 – damit Ihr Urlaub nicht zum Albtraum wird.

Es freut sich auf Sie Ihre Heilpraktikerin
Klothilde Apoplexia

Gleichzeitig können Sie diese Einladungen in Zeitungen inserieren, was zum einen den Vorteil einer größeren Informationsstreuung und zum anderen eine zusätzliche Bekanntmachung Ihrer Person zur Folge hat.

Gesundheitsvortrag »Naturheilkunde«

Nidda-Bad Salzhausen. Im Jahr 2003 wird der Heilpraktiker Dr. rer. nat. Klaus Zöltzer aus Bad Nauheim im Rahmen einer Vortragsreihe zusammen mit der Kurverwaltung Bad Salzhausen verschiedene Referate zum Thema Naturheilkunde halten. Der erste Vortrag findet am 26. März, um 19 Uhr im Parksaal von Bad Salzhausen statt. Die Naturheilkunde ist ein Teilbereich der Medizin und hat eine sehr lange Tradition.

2.5.3 Laienwerbung

Die **Laienwerbung** versteht den Einsatz von Dritten, die nicht gewerbsmäßig Werbung betreiben, zur Förderung des eigenen Absatzes.

Sie wird meistens unter dem Synonym „Freundschaftswerbung" bzw. „Kunden werben Kunden" geführt und ist in der freien Marktwirtschaft grundsätzlich erlaubt, auch wenn hier meist private Beziehungen kommerzialisiert werden.

Der Werber erhält in der Regel eine Prämie.

▷ Im Rahmen unseres Berufsstandes sollten wir uns im Praxisalltag dieser Form der Werbung über Patienten/Freunde/Vereinskollegen etc. jedoch enthalten.

Abgesehen vom §11 Absatz 11,13 HWG, welcher unter anderem besagt, dass

▶ mit Äußerungen Dritter, insbesondere mit Dank-, Anerkennungs- oder Empfehlungsschreiben, oder mit Hinweisen auf solche Äußerungen,

▶ mit Preisausschreiben, Verlosungen oder anderen Verfahren, deren Ergebnis vom Zufall abhängig ist,

außerhalb von Fachkreisen nicht geworben werden darf, macht es sicherlich einen eher negativen Eindruck, da unsere Glaubwürdigkeit auf medizinischem Wissen basiert und nicht erkauft werden muss.

2.5.4 Werbung innerhalb von Fachkreisen

Diese Form der Werbung findet man sehr oft in Fachzeitschriften, Vorlagen für Arbeitskreise oder auf Fachmessen.

Hintergrund ist der § 2 HWG, welcher besagt, dass „Fachkreise im Sinne dieses Gesetzes Angehörige der Heilberufe oder des Heilgewerbes sind [...], soweit sie mit Arzneimitteln, Verfahren, Behandlungen, Gegenständen oder anderen Mitteln erlaubterweise Handel treiben oder in Ausübung ihres Berufes anwenden".

Denken Sie an das oben genannte Beispiel mit dem Magnetfeldgerät (Kap.2.2) – dies wäre hier einzuordnen.

Oder ein **Stand auf einer Fachmesse**, der Ihnen die Wirkung verschiedener Arzneimittel erläutert und Ihnen kostenlos Proben mit dem Fernziel der Absatzförderung mitgibt. Sie setzen diese Muster dann in Behandlungen direkt am Patienten ein.

In Ihrer Eigenschaft als Heilpraktiker können Sie Werbung auf Fachmessen machen, indem Sie ein Seminar durchführen, immer mit Hinweis auf Ihre in der Praxis angewendeten Behandlungsstrategien sowie Behandlungserfolge.

Ein anderes, sehr aussagekräftiges Beispiel über die Möglichkeit der Werbung **innerhalb** von Fachkreisen wäre folgender aktueller Eintrag auf der allgemein zugänglichen Internetseite des Berufverbandes „Union Deutscher Heilpraktiker – Landesverband Bayern".

Willkommen
Landesverband Bayern der Union Deutscher Heilpraktiker
Mitglieder werben Mitglieder.
Wir möchten nochmals darauf aufmerksam machen, dass wir auch in diesem Jahr eine Werbeaktion veranstalten.
Ab dem 01. 08. 2002 bis zum 01. 02. 2003 erhalten Sie für jedes geworbene Mitglied € 25,–.
Es lohnt sich nicht nur Mitglied in dem kostengünstigsten HP-Verband zu sein, sondern auch Mitglieder für ihn zu werben!

2.5.5 Publikumswerbung

Der Gesetzgeber hat als sogenannten „Gegenpol" zur Werbung innerhalb von Fachkreisen die „**Publikumswerbung**" gesetzt.

Sie bezieht sich demnach auf jegliche Form der Werbung außerhalb von Fachkreisen – an „jedermann" – sowohl als Produkt-, sowie als Leistungsempfänger.

Der medizinische Laie soll per Gesetz vor unlauteren Wettbewerbsmethoden zu seinem eigenen Schutz bewahrt werden (vgl. Kapitel 12.4), so dass Sie sich stets daran orientieren müssen.

Schwerpunktmäßig will der Gesetzgeber den Patienten vor folgenden Nachteilen schützen:

- Zuviel Fachbegriffe – der Patient soll verstehen, was ihm gesagt wird, da ansonsten Angstgefühle erzeugt werden könnten

- Der Patient könnte sonst einzig aus diesen Angstgefühlen heraus zu uns kommen (laut Gesetz)

- Er könnte in Situationen der Verzweifelung (z. B. ein CA-Patient im Endstadium) die schulmedizinische Behandlung abbrechen, da Sie ihm vielleicht Heilungsversprechen gegeben haben („mit diesem Mittel, 3x täglich nach dem Essen genommen, werden wir diese Krankheit auf jeden Fall in den Griff bekommen und heilen ... ") – und das möchte der Gesetzgeber vermeiden.

Anwendung findet hier das HWG.

Ich bin der Meinung, dass unsere Patienten ausreichend mündig und themenbezogen „aufgeklärt" sind und sich heutzutage nicht mehr dermaßen beeinflussen lassen.

Außerdem haben wir aufgrund unseres Berufstandes, unserer Ausbildung und Persönlichkeiten diese Form der Werbung hoffentlich nicht nötig.

Zusammenfassend gesagt:

→ Werbung innerhalb von Fachkreisen erlaubt

→ Werbung außerhalb von Fachkreisen sehr sensibel und gesetzeskonform betreiben; ebenfalls erlaubt

→ Laienwerbung im eigenen Sinne unterlassen

2.6 Arten der Werbung nach Werbezielen

2.6.1 Einführungswerbung

Unter dem Begriff der „Einführungswerbung" versteht man die erstmalige Werbung bei Ihrer Praxiseröffnung. Sie dient der Bekanntmachung Ihrer Person und Praxis (vgl. hierzu die Kapitel 9 und 18).

Zu nennen wären hier auf jeden Fall:

❶ **Die Eröffnungsanzeige in Ihrer regionalen Tageszeitung**

Solch eine Anzeige, verbunden mit dem geplanten Eröffnungszeitpunkt sowie dem Hinweis auf einen „Tag der offenen Tür" sensibilisiert Ihre Patienten in spe (je kleiner der Ort Ihrer Niederlassung desto größer ist Ihr Werbeeffekt, da die „Anonymität der Großstadt" nicht vorhanden ist).

Bei Anzeigen in Großstädten nach Möglichkeit im Lokalblatt inserieren (eine Eröffnungsanzeige in der FAZ fällt sicher nicht so auf wie in der „Wimsheimer Rundschau" mit einer Auflage von 7000). Informieren Sie sich vorab, an welchen Tagen die Zeitung die höchste Auflage hat – meist sind es 2 Tage die Woche (z. B. Mittwoch und Samstag).

→ Als Geheimtipp kann ich Ihnen nur empfehlen, sich nach lokalen „Dorfblättern" und Kirchenzeitungen zu erkundigen – oft kostet Ihre Anzeige – wenn überhaupt – nur sehr wenig. Erkundigen Sie sich bei Ihrer Gemeinde.

?. Jahrgang Ausgabe Nr. 4
www . dorfschelle.net

Klatsch & Tratsch aus Flörsbachtal

❷ „Tag der offenen Tür" zur Praxiseröffnung

❸ Eventuell ein Interview im Rundfunk (vgl. hierzu Kapitel 13. 3. 7)

Bevor Sie sich jedoch mit Ihrer Einführungswerbung näher auseinandersetzen, machen Sie sich klar, was Sie Ihren zukünftigen Patienten vermitteln möchten, da sich diese Dinge stets „wie ein roter Faden" von den ersten Bestrebungen Ihrer Praxiseröffnung an wiederholen sollten.

Hierzu gehört u. a.

→ die Frage, welche Praxisphilosophie (Leitgedanken, Behandlungsschwerpunkte, z. B. ausschließlich klassische Homöopathie oder doch eher das gesamte Spektrum der Naturheilkunde)... Sie vermitteln möchten

→ die Frage, welche Wirkung Sie mit Ihrem persönlichen Erscheinungsbild sowie dem Ihrer Praxis hervorrufen wollen

→ die Frage, ob Sie einen bestimmten Stil verkörpern möchten, der Ihre Patienten anspricht

Sie sollten sich über diese Fragen bereits vor der ersten Einführungswerbung im klaren sein, um von Beginn an ein dementsprechendes Bild darstellen zu können.

Heilpraktikerin
Klothilde Apoplexia
Prothesenstr. 2; 23333 Musterhausen
Tel/Fax: 01234 / 6789
k.apoplexia@info.de
www.kapoplexia.de

Akupunktur – Phytotherapie –Magnetfeldtherapie

Sprechzeiten   Mo – Mi – Fr 9.00-19.00
u. nach tel. Vereinbarung

Heilpraktikerin
Klothilde Apoplexia
Prothesenstr. 2; 23333 Musterhausen
Tel/Fax: 01234 / 6789
k.apoplexia@info.de
www.kapoplexia.de

klassische Homöopathie

Sprechzeiten   Mo – Mi – Fr 9.00-19.00
u. nach tel. Vereinbarung

→ Vergessen Sie dabei nur nicht, dass Sie von diesem Bild auch selbst überzeugt sein müssen, da jegliche Art der „Aufgesetztheit" und des „Verstellens" schnell durchschaut wird.

2.6.2 Expansionswerbung

„Expansion" bedeutet Ausweitung.

In diesem Falle wird die „Expansionswerbung" zur Steigerung Ihres Umsatzes eingesetzt.

„Expandieren" ist **das** Schlagwort der Marktwissenschaftler, doch wenn es eine goldene Regel für die Umsetzung dessen gäbe, hätten wir nicht so viele arbeitslose Mitmenschen.

Für unseren Praxisalltag bedeutet eine Umsetzung dessen, dass wir einen Kollegen, beispielsweise mit anderen Therapieschwerpunkten, mit in unsere Praxis integrieren, so dass sich noch mehr Patienten von unserer Praxis angesprochen fühlen und zu uns kommen – wir **erweitern** die Praxis.

Achten Sie auf Anzeigen folgender Art:

Heilpraktiker(in) oder Psychotherapeut(in

*PC-versiert, gute Englischkenntnisse,
für sehr innovative, ausbaufähige Tätigkeit
in naturheilkundlicher Praxis in Südostbayern
baldmöglichst gesucht.*

*Zuschriften erbeten unter NH 62231/1
an NATURHEILPRAXIS MIT NATURMEDIZIN,
Postfach 190737, 80607 München.*

2.6.3 Erhaltungswerbung

Ziel jeglicher „Erhaltungswerbung" ist die Erhaltung Ihres Bekanntheitsgrades und desjenigen Ihrer Praxis.

Wenn Sie nach einiger Zeit einen guten Ruf genießen und die Patienten allein durch Mundpropaganda zu Ihnen in die Praxis kommen, prima, Sie haben es geschafft und dieses Ziel hat sich verselbständigt.

Es kommt aber auch darauf an, bekannt zu bleiben, so dass sich einige Kollegen mit dezenten Informationsschreiben bei ihren Patienten in Erinnerung rufen.

Wenn man gewisse Tageszeitungen intensiver verfolgt, fällt es einem auf, dass einige Kollegen x-mal eine

- Hauswirtschaftsfrau
- Sekretärin
- Teilhaber usw. suchen,

oder aber einige Male im Jahr in Urlaub fahren und dies ebenso bekannt geben wie ihre Wiedereröffnung nach den Sommerferien.

Nach Durcharbeiten dieses Buches werden Sie in der Lage sein, Ihr nutzbares Werbepotential ganz legal einzusetzen, so dass Sie solche „Ausweichmanöver" nicht länger zu Werbezwecken einsetzen müssen.

Vergessen Sie auch hier Ihre Patienten nicht: Manch einer wird sich sicher denken, Sie „nagen bereits am Hungertuch", weil man Ihre Werbestrategie durchschaut.

Lokalanzeige:

---

*Naturheilpraxis
K. Apoplexia
Prothesenstr.2; 23333 Musterhausen*

*Akupunktur- Phytotherapie-
Magnetfeldtherapie*

Tel.: 01234 - 6789

*Liebe Patienten, unsere Praxis ist ab
Montag,
dem 01.02.01 wieder geöffnet*

*Ihre Heilpraktikerin
K. Apoplexia*

Beispiel

Der Heilpraktiker Herr Scholl überlegt sich bereits einige Zeit Möglichkeiten, sich auf legalem Wege bei seinen Patienten „in Erinnerung zu behalten". Unter Zuhilfenahme seines Computerprogramms bekommt er regelmäßig Informationen, welche seiner Patienten Geburtstag haben.
Er schreibt sie mit einem kurzen Brief an, welchen er zuvor für das kommende Jahr einheitlich erstellt und in seinem Computer abgespeichert hat, um diesen nur jeweils mit dem aktuellen Namen ergänzen zu müssen.
In dem Brief wünscht er der Person alles Gute zum Geburtstag, legt einen handgeschriebenen „Zweizeiler" in Form eines Kurzgedichtes hinzu und schickt ihn ab.
Der Patient freut sich, und fühlt sich durch den handgeschriebenen Vers persönlich angesprochen.
Herr Scholl hat mit wenig Aufwand etwas für seine Erhaltungswerbung getan.
Zusätzlich gratuliert er, sofern er Kenntnis darüber hat, zu Hochzeiten, Taufen, Jubiläen, ...
Er ist sich allerdings auch im klaren darüber, dass er diesen Weg konsequent weiterführen muss, da alles andere „negative Werbung" ist.
Stellen Sie sich das Gerede vor, wenn sich zwei Patienten über ihn unterhalten und der eine etwas sehr Nettes bekommen hat von dem der Andere vielleicht nur träumen kann. ...

Liebe Frau Müller;
Zu Ihren 53.
Geburtstag wünsche
ich Ihnen von
Herzen alles Gute
und vor allem
Gesundheit.

Ihre Heilpraktikerin
K. Apoplexia

Liebe Frau Müller;
Ihnen und Ihrer Familie
ein frohes Weihnachtsfest
und einen guten Rutsch
ins neue Jahr.

Bleiben Sie gesund und
gönnen sich einen
Mustertrank für Ihre
Abwehrkräfte für die
Feiertage.

Ihre Heilpraktikerin
K. Apoplexia

3 Grundlegende Aspekte des Marketing

Hinter dem Begriff „Marketing" verbergen sich die vielfältigsten Facetten der Kommunikation, die sich im wesentlichen aus fünf Komponenten zusammensetzen:

→ **Public Relations** in den Medien meist als „PR" lesbar, die sogenannte *Öffentlichkeitsarbeit.*

Die wichtigsten PR-Maßnahmen im Überblick:

- Pressemitteilungen; z.B. Aussendungen aktueller Informationen an die Presse, angefangen von Informationsabenden über bestimmte gesundheitliche Themen bis hin zur Betreuung von Kolumnen (vgl. Kapitel 14)
- Publikationen sowohl für Fachpublikum als auch für den Laien in Form von Büchern; Beiträgen in Zeitungen und Verbandszeitschriften(vgl. Kapitel 14); Newsletter über das Medium Internet (vgl. Kapitel 11) oder Ihrer eigenen Praxisbroschüre
- Veranstaltungen; z.B. dem „Tag der offenen Tür", einem Messeauftritt um Ihre eigene Praxis zu repräsentieren; ...

Messbar weit weniger an Ihrem Budget als über die Ausgaben für

→ **Werbung** (vgl. Kapitel 2)

→ **Direktmarketing** in Form von E-Mail-Aussendungen; adressierten Werbesendungen; Postwurfsendungen sowie aktives und passives Telefonmarketing (vgl. Kapitel 13)

→ **Sponsoring** (vgl. Kapitel 13.3.9)

→ **Event-Marketing**; unterteilt in

- Kunden-Events (Tag der offenen Tür; Vorstellung eines neuen Gerätes; Weihnachtsgrüße)
- Events für Ihre Mitarbeiter (Weihnachtsfeier; Interne Fortbildungen)
- Events für Ihre Kooperationspartner (Weihnachtsgrüße; Tag der offenen Tür)

sowie der

→ **Online-Kommunikaton** mit den Zielgruppen. Dazu kann ein online angebotener Homöopathiekurs für Anfänger genauso gehören wie der Austausch von Informationen mit Kollegen.

 → **Fassen wir zusammen:** Marketingkommunikation lässt sich nicht ausschließlich auf dem (meist teurem) Weg der Werbung allein betreiben, sondern mittels der Präsentation in der Öffentlichkeit unter Einbeziehung verschiedener Events.

Nicht jede Form der aufgezählten Marketingkommunikationen geht mit unserem Beruf gesetzeskonform, was Sie im Einzelnen in den folgenden Kapiteln erfahren werden.

Die marktorientierte Führung Ihrer Naturheilpraxis lässt sich durch die Einteilung in drei Ebenen konkretisieren, die im Verlaufe des Buches anhand von Fallbeispielen erläutert werden.

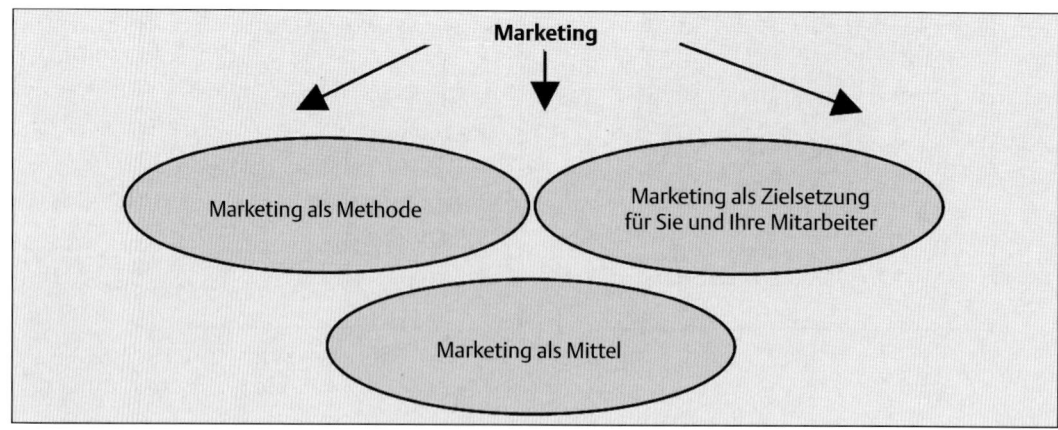

Beispiel:

Marketing methodisch zu betreiben heißt für unseren Berufsstand, als erstes eine Analyse sowie Strukturierung der Problemstellungen aufzustellen.

„Der Patient findet den Weg nicht in meine Praxis, obwohl ich sechs Stunden täglich vor Ort, kompetent und nett bin" –

WARUM kommt also niemand zu mir?

Marketing als Zielsetzung für Sie und Ihre Mitarbeiter zu sehen, bedeutet in der konkreten Umsetzung, dass Sie Ihre patientenorientierte Behandlung sowie alle Aktivitäten (das Abhalten von Seminaren; Ihrer Öffentlichkeitsarbeit,...) Ihrer Praxisphilosophie, dem Leitgedanken und Ihrer ganz persönlichen Zielsetzung anpassen und auch Ihre eventuell vorhandenen Mitarbeiter miteinbeziehen.
Nur dann entsteht ein einheitliches Erscheinungsbild.

Marketing als Mittel anzuwenden, bedeutet zum großen Teil bereits eine dauerhafte Kontrolle Ihrer Qualität im Sinne eines Wettbewerbsfaktors. Es wird eingesetzt, um ein Höchstmass an Patientenzufriedenheit zu erreichen, sei es durch Behandlungserfolge, durch eine intensive Patientenbetreuung etc.

Nehmen Sie unter Zuhilfenahme des folgenden Regelkreislaufes Ihr Praxiskonzept sowie Ihre Praxisphilosophie zur Hand und überprüfen Sie diese nach den genannten Punkten:

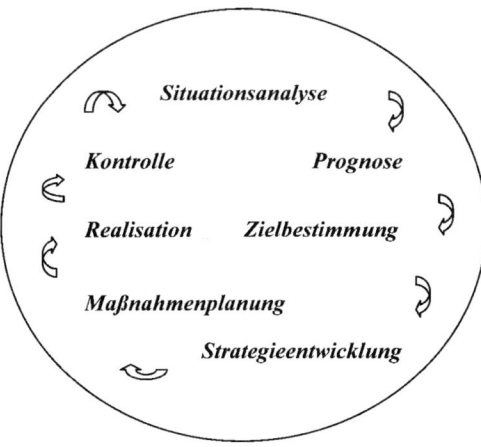

Beispiel:

Herr Mustermann, ein Heilpraktiker, der gerade seine Prüfung absolviert und sich in der Fußgängerzone Dortmunds mit seiner Praxis niedergelassen hat.

Obwohl er die Praxis erst seit fünf Monaten betreibt, hat er regen Patientenzulauf, nicht zuletzt wegen der gut durchdachten geographischen Lage.
Da er sich aber auf Dauer nicht auf sein Glück allein verlassen möchte, erstellt er anhand des Regelkreislaufes ein Marketingkonzept, das es ihm langfristig ermöglichen soll, sich zu etablieren und nach Möglichkeit zu expandieren.

Er beginnt mit einer Situationsanalyse

Wo stehe ich? Wie viele Patienten habe ich?

Kann ich anhand meiner Karteikarten ersehen, wie viele neue Patienten sich pro Woche in meiner Praxis anmelden?
Wie viele Anrufe bekomme ich, die sich nach meinem Leistungsspektrum und meinen Therapieschwerpunkten erkundigen?
Wo stehe ich finanziell?
Sind die laufenden Kosten bereits abgedeckt? Kann ich Rücklagen bilden?

▶ Herr Scholl stellt fest, in welcher Entwicklungsphase sich seine Praxis momentan befindet.

Anschließend erstellt er Prognosen für die Zukunft, dabei bezieht er künftigen Patientenzuwachs; Mundpropaganda, etc. mit ein und bestimmt sowohl mit der Situationsanalyse als auch der aufgestellten Prognosen (die nicht ausschließlich positiv sein sollten, sondern durchaus auch kalkulierbare Risiken wie neue Heilpraktiker in der Nachbarschaft, etc. miteinbeziehen) ein klar definiertes Ziel.

Anhand dieser neu definierten Ziele setzt sich Herr Mustermann mit möglichen Strategien auseinander, die zu besagtem Ziel führen sollen.

Es ist eine Frage der Effektivität (vgl. hierzu Kapitel 7.4 „Auswahl der verschiedenen Werbeträger und Werbemittel"), in die richtigen Dinge zu investieren.

Mittels der daraus resultierenden Maßnahmenplanung, das heißt Konzepte, für die sich Herr

Mustermann entscheidet, sollen die Marketingziele sicher erreicht werden. Hier geht es um die Frage der Effizienz.
Diese werden dann realisiert und kontrolliert (vgl. hierzu auch Kapitel 22" Qualität als Wettbewerbsindikator").

→ Um die vorher genannten Schritte erfolgreich umsetzen zu können, muss Herr Mustermann stets über alles informiert sein, was er beispielsweise durch die Mitgliedschaft in einem Berufsverband, dem Lesen von Fachzeitschriften sowie der Zuhilfenahme des Internet als Recherchengrundlage erreicht.

4 Definition des Marktes und Analyse der Marktstruktur

4.1 Einführung

Was Ihnen auf jeden Fall klar sein sollte, ist die Tatsache, dass ein durch andere Kollegen „gesättigter Markt" die Konkurrenz verstärkt.

Seien Sie also nicht allzu verwundert, wenn Sie im Rahmen Ihrer Praxiseröffnung Ihre in näherer Nachbarschaft praktizierenden Kollegen anrufen um sie einzuladen bzw. sich vorzustellen, nicht nur positive Antworten bekommen.

4.2 Marktkenntnis

Der Start zu einer erfolgreichen Praxis besteht in jedem Falle in der Auslotung des Marktes.

Dazu gehört, dass Sie Ihre Konkurrenz genauso kennen wie die Preisgestaltung in Ihrem Gebiet (**Konkurrenzanalyse**).

Bieten Ihre Kollegen Zusatzleistungen oder einen außergewöhnlichen Service an (→ Hausbesuche oder Abendsprechstunden)?

Wie viele Kollegen haben eine Praxis in Ihrer Nachbarschaft (hierzu können Sie einen Blick in die „Gelben Seiten" und dem Internet werfen), mit welchen Therapieschwerpunkten? Erstellen Sie sich diesbezüglich eine Liste, so dass Sie einen Überblick bekommen.

Beziehen Sie sowohl die Ärzte „mit Naturheilverfahren" als auch die Allgemeinärzte mit den Zusatzbezeichnungen „Akupunktur" und „Homöopathie" ein.

Denn selbst wenn sowohl wir als auch Frau Musterfrau der Überzeugung sind, sie in einigen Akupunktursitzungen von ihren Beschwerden heilen zu können, ist sie vielleicht eine Rentnerin mit knapp bemessenem Haushaltsbudget und froh, bei ihrem Arzt „nur" 10 Euro Eigenanteil zahlen zu müssen, da den Rest ihre Allgemeine Ortskrankenkasse übernimmt.

Informationen bekommen Sie diesbezüglich von

- Örtlichen/regionalen Tageszeitungen
- Fachzeitschriften
- Gemeindebroschüren
- Branchenbüchern (u. a. „Gelbe Seiten")
- Im Internet (hier speziell in Foren, in denen sich Heilpraktiker untereinander fachlich austauschen oder bei Ihrem Berufsverband)
- Fachmessen (als Beispiel sei hier der jährliche Heilpraktikerkongress in Karlsruhe genannt)
- Regionalen Verbänden (Gesangsverein, Turnverein, Kneippverein, ...) in denen sich Patienten untereinander austauschen.

4.3 Standort

Ihre Standortentscheidung muss auf jeden Fall gut durchdacht sein, denn sie ist nur schwer umkehrbar.

Wichtig ist hier die Nähe zu Ihren Patienten, Apotheken etc. Sie sollten sich entscheiden zwischen **Zentrum, Randlage** oder **Gewerbegebiet.** Ihre Praxis darf keinesfalls zu weit abseits liegen.

Aber auch eine Praxis in der Stadtmitte bietet unter Umständen nicht nur Vorteile, wenn z. B. kein Parkhaus oder Bushaltestelle in erreichbarer Nähe sind.

Das Vorhandensein von Parkplätzen darf keinesfalls unterschätzt werden; ebenso die Tatsache, dass Ihre Praxisräume nach Möglichkeit ebenerdig und rollstuhlgerecht erreichbar sind. Wenn beispielsweise ein gehbehinderter Patient erst drei Stockwerke zu Fuß überwinden muss, da leider kein Aufzug vorhanden ist, um zu Ihnen in die Praxis zu gelangen, zeugt das nicht gerade von Patientenorientiertheit.

Der ein oder andere Patient wird allein aus diesem Grund nicht in Ihre Praxis kommen (können).

Vorteilhaft wäre ein **Einkaufszentrum, Kaufhaus** oder **Supermarkt** als „Publikumsmagnet", sowie eine Apotheke in erreichbarer Nähe (vgl. hierzu Kapitel 16. 6).

Verzichten Sie in keinem Fall auf Wegweiser. Wegweiser sind erlaubt und bilden neben der objektiven Information auch Werbung für Ihre Praxis, da Sie mittels dieses Schildes noch einmal direkt darauf hinweisen (vgl. Kapitel 2.4.3 „Mischformen").

4.4   Marktnachfrage

Zusammenfassend gesagt setzt sich der Markt aus folgenden Komponenten zusammen:

- Einer spezifischen „Kundengruppe" – in unserem Falle sind es die therapiebedürftigen, naturheilkundlich orientierten Patienten
- Patienten aus einer bestimmten geographischen Umgebung (die Patienten werden eher aus der Umgebung und kleineren Vororten zu Ihnen kommen, als eine 6-stündige Autofahrt auf sich zu nehmen)
- Einer bestimmten Leistung (auch hier wieder die Umsetzung zur Naturheilkunde: bestimmte Therapieschwerpunkte, der Einsatz eines bestimmten Diagnose-Untersuchungs- oder Behandlungsgerätes, sei es ein Irismikroskop, ein Magnetfeldgerät usw.)
- Zeit (Sie werden nicht nur am Behandlungserfolg selbst, auch an dem Zeitrahmen, den Sie sowohl zu endgültigen als auch zu ersten Teilerfolgen benötigen, sowie der Zeit, die Sie für Ihre Therapie aufbringen, gemessen!)
- Ihrem Marketingkonzept – überzeugen Sie!
- → **„Die richtigen Sachen machen" – und die „Sachen richtig machen"**

4.5   Marktforschung

Hier geht es nicht darum, die Konkurrenz und die allgemeine Nachfrage nach Naturheilkundlern zu ergründen, sondern um Informationssammlungen als Basis einer marktorientierten Praxisführung.

Beispiel:

Heilpraktiker Schulz möchte sich in 3 Monaten selbstständig machen und hat bereits den geeigneten Standort für seine Praxis gefunden.
Er fertigt nun eine Liste an, in der es um die Informationssammlung bzgl. diverser Lieferanten und Bedürfnisse seiner zukünftigen Patienten geht.

Diese Liste sieht wie folgt aus:

Möglichkeiten, an Praxisbedarf zu kommen:
→ **Wer liefert (z. B. Firma Klose, Firma Moller; ...)**
→ **Was liefern die verschiedenen Anbieter, welche Verkaufsansätze haben sie – liefern sie nur reinen Praxisbedarf oder auch Geräte, ...**
→ **Welche Lieferzeiten haben sie**
→ **Wo haben sie ihre Filialen; kann man bei Bedarf auch vorbeifahren, das ein oder andere Gerät ausprobieren?**
→ **Werden die Geräte kostenlos in meiner Praxis vorgeführt?**
→ **Welche Mengen liefern die verschiedenen Firmen, gibt es einen**
→ **Mindestbestellwert? Geht das Ganze portofrei? Holt die Firma Artikel bei Nichtgefallen eigenständig wieder ab?**
→ **Welche Preisvorstellungen?**
→ **Welche übrigen Bedingungen sind vorhanden („das Kleingedruckte")?**
→ **Gibt es Anbieter mit Gebrauchtgeräten und Garantie?**

Anhand dieser Fragensammlung setzt sich Herr Schulz nun an seinen Computer und recherchiert via Internet und diversen Branchenbüchern, bis sich verschiedene Anbieter herauskristallisieren, mit denen sich Herr Schulz eine Zusammenarbeit vorstellen kann.
Er lässt sich Kataloge, Informationen etc. zusenden, so dass er sich in Ruhe einen Überblick verschaffen kann und wählt dann das für ihn Passende aus.

In Fachzeitschriften findet man häufig Anzeigen
folgender Art:

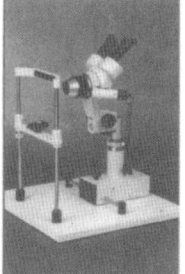
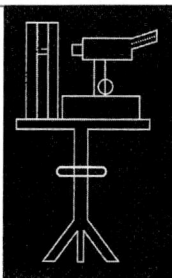
Es gibt auch
Firmen, die
ganz gezielt mit
Leasingangeboten
und der Möglich-
keit, Geräte zu
mieten, werben:

5 Grundsätzliche Überlegungen zur Unternehmensgründung

5.1 Neugründung oder Übernahme einer Praxis

5.1.1 Kernfrage

Die Frage nach der Neugründung bzw. Übernahme einer vorhanden Praxis ist nicht einfach zu entscheiden.

5.1.2 Vor- und Nachteile einer bestehenden Praxis

 → Natürlich gibt es sowohl Vor- als auch Nachteile bei dem Erwerb einer bereits bestehenden Naturheilpraxis.

Zu den **Vorteilen** gehört definitiv, dass

- Ein gewisser Patientenstamm bereits vorhanden ist

- Sie sich in eine laufende Praxis integrieren können

- Sie sich bei Unsicherheiten oder Fragen in den meisten Fällen der Unterstützung des bisherigen Heilpraktikers sicher sein können

- Ihre Praxis bereits einen gewissen Bekanntheitsgrad im näheren Umfeld genießt

- Ihnen die Einschätzung Ihrer notwendigen finanziellen Mittel leichter fällt, da Sie nach Absprache mit Ihrem Kollegen die bisherige Betriebsentwicklung per Aktenlage einsehen können

- Ihre Einarbeitungszeit ist gleichzeitig Ihre Assistenzzeit

- Sie müssen sich nicht um Kleinigkeiten kümmern

Eine Übernahme birgt aber auch Gefahren, die auf den ersten Blick oft vernachlässigt werden.

Sie müssen sich nicht als **Nachteil** erweisen, jedoch sollte man sich über folgende Tatsachen im klaren sein:

- Oft ist der Übernahmepreis zu hoch veranschlagt – der Verkaufspreis setzt sich zusammen aus einem realen sowie einem ideellen Wert. Achten Sie darauf, dass der ideelle Wert maximal ca. 50 % vom Umsatz bei Übernahme beträgt.

> Der Übernahmebetrag sollte **keinesfalls höher als ½ bis 1 Jahresumsatz** plus Inventar sein, entscheidend ist dabei, ob das Inventar bereits komplett abgeschrieben wurde, so dass nur noch der tatsächlich reale Preis hierfür zu zahlen ist.

- Die Persönlichkeit, die „Ihre" Praxis bisher „ausgemacht" und damit einen gewissen Patientenstamm gebildet hat, ändert sich

- das heißt, die persönliche „Patientenbindung" an den Vorbesitzer geht verloren.
Sie bringen Ihre eigene Persönlichkeit mit in die Praxis, an die sich Ihre Patienten erst gewöhnen müssen – eine sogenannte neue „Corporate identity" bestimmt dann das Praxisbild. Gehen Sie allerdings davon aus, dass erfahrungsgemäß **30 % des bisherigen Patientenstamms** nicht mehr zu Ihren Patienten zählen werden.

- Vielleicht gibt es einige Patienten, die Ihnen als „Jungspund" noch nicht allzu viel zutrauen und die Sie erst durch Ihre Leistungen überzeugen müssen.

- Eventuell kommen höhere Mietkosten auf Sie zu.

- Ein nicht zu vernachlässigender Stressanteil kommt auf Sie zu – von „0" auf „100" – ohne dass Sie sich langsam einarbeiten können.

5.1.3 Vor- und Nachteile einer Praxisneugründung

→ Eine Praxisneugründung hat ebenfalls Vor- und Nachteile, die hier kurz erwähnt werden sollen.

Vorteile:

- Viel geringere Kosten zu Praxisbeginn
- Sie haben mehr Zeit, „zu sich selbst, Ihren eigenen Weg" zu finden, sowohl zur Erstellung von Therapiekonzepten als auch dazu, sich auf den Patienten einstellen zu können
- Ihre Praxis kann sich Stück für Stück verwurzeln

Nachteile:

- Sie haben noch keinen Patientenstamm, keinen einzigen Patienten, daher
- Viel Öffentlichkeitsarbeit, um bekannt zu werden
- Sie haben wesentlich geringere Einnahmen
- Sie benötigen Praxiszubehör, angefangen vom Stuhl im Wartezimmer bis zum Stethoskop und jeder Akupunkturnadel

Bei einer Neugründung beginnen Sie bezüglich der Logistik „bei Adam und Eva".

Sie müssen

- Passende Räumlichkeiten finden; Mietvertrag abschließen. Lassen Sie sich am besten eine schriftliche Zusage über die Anbringung eines **Praxisschildes** an einem vorher vereinbarten Standort geben. Außerdem ist die **Dauer des Mietverhältnisses** wichtig: Achten Sie auf mögliche **Kündigungszeiten** und erbitten Sie eine **schriftliche Option auf Verlängerung** (Nicht, dass Sie gerade dabei sind bekannt zu werden und schon wieder umziehen müssen)
- Ihre Praxis anmelden (siehe hierzu auch Kapitel 17) und einrichten
- Ihre Praxis bekannt machen; Patienten gewinnen
- Kooperationspartner suchen (siehe hierzu auch Kapitel 16)
- Banken kontaktieren.

Sie benötigen zu Beginn nicht unbedingt eine nagelneue Praxisausstattung. Versuchen Sie, gebrauchte (aber keinesfalls ramponierte) Geräte und Mobiliar zu bekommen. Geräte am besten mit Gebrauchsanleitung für den Bedarfsfall, der Originalrechnung in Kopie und evtl. einer Garantiekarte.

Achten Sie in Verbandszeitschriften oder Tageszeitungen auf Inserate folgender Art:

oder einzelnen Anzeigen in Zeitungen, oft in der
Rubrik „Heilmittel" zu finden:

Es sind gegen angemessenes Entgeld abzugeben:

2 Orgon-Akkumulatoren (Schreinerarbeit); 2 große Ampullen – Kästen (Schreinerarbeit); Ozon –
Gerät; 2 Iris – Mikroskope; 2 MORA Geräte; div. Testsätze; div. Literatur; 1 Standwaage; 2 Liegen; 1
Krankenbett mit Galgen; Radionik – Gerät   (Bruce Copen); div. Kleingeräte
Besichtigung nach Voranmeldung unter Tel:
0941/711111; Fax: 11111112
E-mail: info@heilpraxis-muster.de
Besichtigungsort:
Nähe Eichendorf; Aldersbach in 94439 Roßbach; Musterhausener Strasse 2
A92 – Ausfahrt Nr. 19 – Landau
A3 – Ausfahrt Nr. 111 - Hengersberg

5.1.4   Übernahmefaktoren – auf was Sie achten sollten

Wenn Sie sich für eine Praxisübernahme entscheiden, wäre es gut, wenn Sie die gleichen
Therapieschwerpunkte wie Ihr Vorgänger haben.

Naturheilpraxis München – Ost

Suche aus Altersgründen baldmöglichst
Nachfolger/in für langjährige Praxis (26 Jahre).
Therapie: Ozon-Neuraltherapie-Irisdiagnose usw.
Voraussetzung: Gute Injektionstechnik

**Gut gelegene Naturheilpraxis mit Haus wegen
Umzugs zu verkaufen**
Die Praxis besteht seit 1982 in einem Reihenseckhaus
mit Anbau (ca. 100qm Praxisfläche).
Verkauf mit und ohne Praxiseinrichtung möglich.
Bei Interesse Anruf erbeten unter: 05406 / 1111

Die Praxis sollte **mindestens 10–15 Jahre bestehen**, darunter spricht man noch nicht von
einer „alteingesessenen" Praxis.

Oft finden Sie in regionalen Tageszeitungen und
Heilpraktiker-Verbandszeitungen Inserate folgender Art:

Stellen Sie sicher, dass ein nahtloser Übergang
gewährleistet wird und verändern Sie die ersten
Monate nichts.

 → Ihr Patient ist ein „Gewohnheitstier",
jetzt muss er sich schon an einen
neuen Behandler gewöhnen, dann
kann er nicht noch auf seinen Lieb-
lingsstuhl verzichten oder auf einmal
in eine hochmoderne Praxis kommen, wo er doch seit 20 Jahren die
alten Holzmöbel so warm und
freundlich empfindet.

Er soll doch nicht zu dem Schluss kommen, dass
er genauso gut woanders hingehen könnte, ohne
die Behandlung bei Ihnen wenigstens „auspro-
biert" zu haben.

Prüfen Sie sämtliche **Praxisunterlagen** in Ruhe, je
nach Absprache mit einem Steuerberater oder
einem Rechtsanwalt.

Dazu gehören:

- Gewinn und Verlustrechnung der letzten 3 Jahre
- Die Bilanzen der letzten 3 Jahre
- Inventurlisten
- Eventuelle Mitarbeiterverträge
- Der Mietvertrag
- Sonstige Miet- oder Leasingverträge
- Welche Umsätze werden regelmäßig getätigt?
- Sind die Einnahmen stabil?

Erkundigen Sie sich, ob **Verbindlichkeiten** existieren und ob diese übernommen werden müssen (gemeint ist damit beispielsweise ein geleaster Firmenwagen; ein monatlich abzuzahlender Kredit der letzten Büroeinrichtung usw.).

Ebenso sollten Sie in Erfahrung bringen, ob **versteckte Verbindlichkeiten** bestehen (z. B. bestellte aber noch nicht gelieferte Geräte).

Klären Sie ab, warum der bisherige Inhaber verkaufen will und wie lange er schon einen Nachfolger sucht.

Sprechen Sie mit Nachbarn, dem Berufsverband, etc., welchen Ruf die Naturheilpraxis genießt.

Besprechen Sie mit dem bisher tätigen Heilpraktiker, in welcher Form er Ihnen die Praxis übergeben würde, das heißt

- Arbeiten Sie einige Zeit im Vorfeld mit (mindestens ½ Jahr), damit Sie einen Einblick in den Praxisablauf und -alltag bekommen
- Kommen Sie einige Male unangemeldet in die Praxis um zu sehen, wie sie läuft
- Stellt er Sie als seinen Nachfolger bei den Patienten vor?
- Steht er Ihnen auch im Nachhinein noch für Fragen zur Verfügung?
- Gehen Sie mit ihm die Karteikarten durch – sind sie aktuell oder gibt es viele „Karteileichen" darunter?
- Setzen Sie für die Patienten ein gemeinsames Schreiben auf, in dem sich Ihr Vorgänger noch einmal für das Vertrauen seiner Patienten bedankt und Sie kurz vorstellt. Ein Musterbeispiel könnte etwa so aussehen:

Liebe Patientinnen, liebe Patienten, liebe Kinder;

mir ist die Entscheidung nicht leichtgefallen, nach über 30 Jahren endgültig Abschied von meiner Praxis zu nehmen.
Ich hätte dies sicher schon vor zwei bis drei Jahren getan, hatte bisher aber noch nicht das Glück, den richtigen Nachfolger zu finden, bei dem ich Sie in „guten Händen" weiß.
Mittlerweile kennen die meisten von Ihnen meine Nachfolgerin, Frau Klothilde Apolexia; sie arbeitet bereits seit acht Monaten gemeinsam mit mir in der Praxis.
Sie hat die gleichen Behandlungsschwerpunkte wie ich, nur bringt sie zusätzlich noch die neuesten medizinischen Fachkenntnisse mit.
Ich möchte Sie bitten, ihr ein genauso tiefes Vertrauen entgegenzubringen wie meiner Person.
Für das in mich gesetzte Vertrauen über die letzten 30 Jahre hinweg möchte ich mich nochmals bei Ihnen bedanken und Sie einladen, den letzten Praxistag am Freitag, dem 30. September, in Form einer kleinen Abschiedsfeier gemeinsam mit mir ausklingen zu lassen.
Frau Apolexia wird sich nun ebenfalls noch kurz vorstellen.
Mit den allerbesten Grüßen und Wünschen für Ihre (gesundheitliche) Zukunft

**Ihr Heilpraktiker
Werner Prostatitis**

Sehr geehrte Patientinnen, sehr geehrte Patienten und Kinder;

ab Montag, dem 05. Oktober 2002 übernehme ich die Praxis meines lieben Kollegen W. Prostatitis und möchte die Chance nutzen, mich bei Ihnen kurz vorzustellen:
Mein Name ist Klothilde Apolexia; ich bin seit 5 Jahren ausgebildete Heilpraktikerin mit den Therapieschwerpunkten Akupunktur; Phytotherapie sowie der Magnetfeldtherapie.
Bereits vor Beginn dieser beruflichen Laufbahn war ich therapeutisch als Krankenschwester tätig ...

Ich würde mich sehr freuen, wenn Sie mir die gleiche Chance geben würden wie Herrn Prostatitis und möchte Sie ebenfalls einladen zum „Tag der offenen Tür" am Freitag, dem 30. September.

Herr Prostatitis und ich würden uns über Ihr zahlreiches Erscheinen sehr freuen . ...

Machen Sie nur deutlich, dass Ihr Vorgänger Sie bewusst ausgewählt hat, weil er Sie für so kompetent hält, dass Sie ihn würdig vertreten und vor allem, dass er seine Patienten in „guten Händen" weiß.
Außerdem sollten Sie sich kurz vorstellen und Ihre Kompetenz, die Sie vermitteln möchten, miteinbeziehen.
Bringen Sie zum Ausdruck, dass Sie stark motiviert sind, nicht nur Ihre Praxis zu eröffnen sondern auch das Bestreben haben, Ihren Patienten die bestmögliche Versorgung zu bieten und dass Sie sich auf eine Zusammenarbeit mit ihnen freuen.

Ansonsten bleibt es Ihnen und Ihrem Vorgänger überlassen, wie Sie diesen Brief gestalten möchten (z. B., ob Sie noch etwas zu Ihren Familienverhältnissen, Ihrem Alter, Ihrer Verbandszugehörigkeit, Ihren Fachfortbildungen oder Zusatzqualifikationen etc. sagen möchten).

 → **Vergessen Sie nicht, dass der reguläre Weg für eine Übernahme der Patienten so aussieht, dass Sie ihr Einverständnis benötigen, um die Krankenakte übernehmen zu dürfen, anderenfalls ist es ihr Recht, ihre Krankenakte von der Praxis abzuholen!**

Was Sie ebenfalls nicht vernachlässigen sollten, ist die Frage, ob neue Kollegen in der näheren Umgebung zu erwarten sind, oder neue Praxen eröffnen (dann vielleicht ein Rückgang Ihres Patientenvolumens).

Doch nicht ausschließlich **neue** Kollegen – schließen Sie bei einem Praxisübernahmevertrag auf jeden Fall eine sogenannte „Konkurrenzschutzklausel" ab, das heißt, Ihrem **Vorgänger** ist es somit verboten, im Umkreis von 50 km eine neue Praxis zu eröffnen und so eventuell Patienten „mitzunehmen".

Ansonsten finden Sie in der nächsten Ausgabe des lokalen Anzeigenblattes vielleicht folgende Anzeige:

Nach Abgabe meiner langjährigen Praxis in Gelnhausen; Bahnhofstraße 12, geführten Praxis an einen Nachfolger praktiziere ich

ab 27.März 2003 in neuen Räumen

für privatversicherte und selbstzahlende Patienten.

Sprechzeiten: Di. + Do. von 16.00 – 18.00 Uhr
Sowie nach Vereinbarung

Heilpraktiker Dieter Mati
Bahnhofstraße 3 . 63571 Gelnhausen
Tel: 06051 - 11111

Ist der Praxisstandort langfristig gesichert?

Bereiten Sie, in Absprache mit Ihrem Kollegen, ein **Übernahmeprotokoll** vor, welches alle relevanten Fragen und Fakten anspricht.

Unterschreiben Sie es am Besten mit Zeugen und lassen es durch einen Anwalt legitimieren.

Wenn Sie Mitarbeiter übernehmen, sollten Sie zusätzlich folgende Punkte ansprechen und abklären:

- wird das Gehalt in Form eines festbestimmten Monatsgehaltes gezahlt oder in Form von Stundenvergütung?

- bekommen Ihre Mitarbeiter Weihnachts-, Urlaubsgeld?

- in welcher Höhe sind die gesetzlich sozialen Aufwendungen wie

  a) Rentenversicherung

  b) Arbeitslosenversicherung

  c) Kranken- und Pflegeversicherung sowie

  d) Freiwillige Sozialleistungen (vermögenswirksame Leistungen)

  e) Sachleistungen (Dienstwagen) zu erwarten?

- hat Ihr Vorgänger Mitarbeiter beschäftigt, bei denen er Unterstützungen vom Arbeitsamt bekommt? (Behinderte; Langzeitarbeitslose, …) – Wie sehen hier die Modalitäten aus?

6 Die 4 „W's"

Haben Sie sich schon einmal überlegt, was genau Sie mit Ihrer Werbung erreichen möchten?

Kernpunkte jeglicher **Werbestrategien** sind die **4 W's**

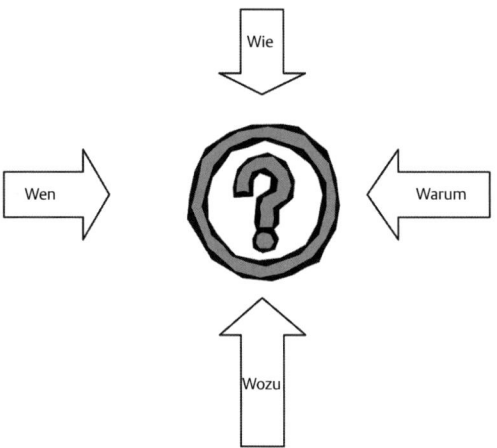

Wen will ich mit meinen Aktivitäten erreichen?

Wie und womit will ich meine Zielgruppen erreichen?

Warum kommt der Patient gerade zu Ihnen in die Praxis?

Wozu möchte ich diesen Personenkreis erreichen?

Machen Sie sich auf den folgenden Seiten Gedanken zu diesen

Kernpunkten und füllen die Tabelle aus.

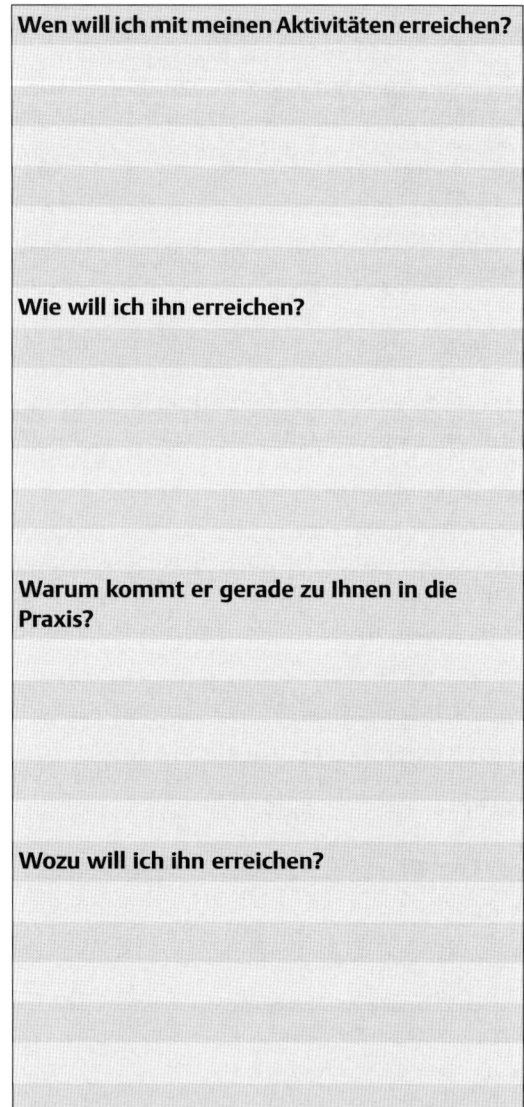

Wen will ich mit meinen Aktivitäten erreichen?

Wie will ich ihn erreichen?

Warum kommt er gerade zu Ihnen in die Praxis?

Wozu will ich ihn erreichen?

6.1 Wen wollen Sie mit Ihrer Werbung erreichen?

Es gibt verschiedene Adressaten, an die Sie denken sollten.

Zum einen gibt es die **Zielgruppen** der

- Potentiellen Patienten sowie
- Naturheilkundlich interessierten Laien
- Selbsthilfegruppen
- Therapiegruppen
- Gesundheitsvereine (z B. Kneipp)
- Kindergärten; Spielkreise
- Altenclub
- Frauenclubs; Mutter-Kindgruppen; Stillgruppen
- Sportvereine
- Freiwillige Feuerwehr
- Kirchliche Institutionen
- z. B. Malteser-Hilfsdienst, Johanniter, usw.

Zum anderen gibt es

- Ihre Kollegen
- Arbeitskreise
- Fachpresse

Nicht zu vergessen sind artverwandte Berufe wie zum Beispiel

- Krankengymnasten
- Logopäden
- Ärzte
- Krankenhäuser
- Rehabilitationskliniken
- Ambulante Pflegedienste

oder andere Berufsgruppen wie

- Masseure
- Hebammen
- Fitness-Studios

- Reformhäuser
- Naturkostläden
- Arzneimittelhersteller
- Sanitätshäuser
- Apotheken
- Kosmetikerinnen
- Vertreter von (z. B.) privaten Krankenkassen; Ersatzkassen

Damit haben Sie sich jetzt bereits eine Übersicht über den Personenkreis geschaffen, mit denen Sie mehr oder weniger zu tun haben werden.

Auf die Bedeutung der unterschiedlichen Personenkreise kommen wir in den folgenden Kapiteln, auch wie diese differenziert anzuwerben sind, womit wir zur Frage „Wie erreiche ich meine Zielgruppe" gelangen.

6.2 Wie wollen Sie Ihre Zielgruppe erreichen?

6.2.1 Allgemein

Unabhängig von Ihrer Zielgruppe können Sie sich anhand folgender Graphik auf jeden **Personenkreis** individuell vorbereiten:

6.2.2   Die Zielgruppe der Patienten

Es wäre zu schön um wahr zu sein, wenn Sie nur in Ihrer Praxis sitzen müssten um abzuwarten, wann der erste Patient/Kunde zu Ihnen kommt. Doch wir alle wissen, dem ist nicht so.

Auch wenn, wie eingangs bereits erwähnt, diese Art der „Vermarktung" bei einige Kollegen keinen positiven Anklang finden wird, weil diese eher die passive Form der Werbung bevorzugen, so ist es Fakt, dass man für die genannte Form nicht nur einen langen Atem sondern vor allem auch einen gefüllten Geldbeutel benötigt.

Wer kann es sich in der heutigen Wirtschaft leisten, vielleicht sogar als Alleinverdiener, ca. 3 Jahre zu investieren, bevor sich eine Praxis von selbst trägt?

Das „Wie" und „Womit" ist eine Frage
Ihrer Tatkraft
Ihrer Energie und
Ihrer Bemühungen, die Dinge so abzuändern um den gewünschten Effekt zu bekommen.

Neben der im vorangegangenen Kapitel durchgeführten **Analyse der Marktstruktur** sowie der **Konkurrenzanalyse** sollten Sie sich nun auf Ihre **Marketingstrategien** inklusive Maßnahmenschwerpunkte festlegen, um ein **strategisches Marketingkonzept** zu erstellen.

Welche Therapieschwerpunkte haben Sie?

Gibt es in Ihrer unmittelbaren Umgebung Kollegen mit denselben Therapieschwerpunkten (vgl. Kapitel 4. „Analyse der Marktstruktur").

Spezialisieren Sie sich und finden Ihre persönlichen Behandlungsschwerpunkte.

So sollten Sie in jedem Falle regelmäßig Fortbildungen, Seminare und Fachmessen besuchen, um Ihre Fertigkeiten und Fähigkeiten zu vertiefen und zugleich die eine oder andere Zusatzqualifikation erreichen.

Damit wiederum grenzen Sie sich von Ihren Kollegen ab, die auf diese Fortbildungen verzichtet haben und den Patienten/Kunden erreicht diese Information über Ihre **Zusatzqualifikation** unter anderem als eine Form der Werbung.

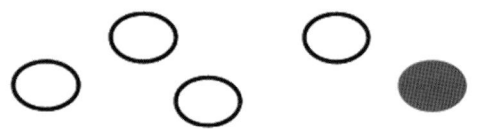

Bereits das Vorhandensein einer Zusatzqualifikation, die vielleicht nicht jeder hat, bedeutet gleichzeitig einen positiven Nebeneffekt, auch als „Schneeballprinzip" oder „Mundpropaganda" bekannt.

Dieser Patient (und hoffentlich noch viele mehr) wird in seinem Freundes-, Bekannten- und Arbeitskreis von Ihnen und Ihren Fertigkeiten erzählen und Sie somit bekannt machen.

6.2.3   Die Zielgruppe der Kollegen

Ihre Kollegen als Zielgruppe betrachtet, erreichen Sie in Form von Fortbildungen, Seminaren oder Workshops.

Auch hier ist ein grundlegendes „Know-how" wichtig, da Sie vor Kollegen referieren, bei denen Sie mit Detailfragen rechnen müssen. Machen Sie sich im Vorfeld klar welche

• Botschaften

• Themen

• Kernaussagen

Sie mitteilen möchten.

Welche Hilfsmittel benötigen Sie dafür?

Findet die Fortbildung in Ihren eigenen Räumlichkeiten statt oder in einer Fremdpraxis, anderen Büroräumen, etc.?
Benötigen Sie vielleicht noch

• Overhead-Folien

• Wandtafeln

• Flipchartbilder, usw.

Haben Sie den Ablauf so geplant, dass Ihre Kollegen sich Dinge notieren müssen oder geben Sie ihnen im Anschluss Unterlagen mit?

6.2.4 Die Zielgruppe Ihrer Kooperationspartner

Wie bereits unter Punkt 6.1 zu sehen ist, haben Sie mit einer Vielzahl verschiedener Berufsgruppen Kontakt.

Einige eignen sich sehr gut als **Kooperationspartner** (vgl. hierzu Kapitel 16) was bedeutet, dass Sie in ständigem Kontakt und Informationsaustausch mit diesen Berufsgruppen stehen und Sie beide gewisse Vorstellung von solch einem „ergänzendem Informationspodium" besitzen.

Einerseits existiert das Fernziel des absatzorientierten Nutzens für die eigene Praxis.
In unserem Fall drückt sich dieses Ziel noch nicht einmal in Zahlen, sondern in Ausweitung eines unsichtbaren Beziehungsnetzes durch Partner, die als Multiplikatoren dienen, aus. Sie tragen aktiv dazu bei, positive Informationen über unsere Praxis weiterzutragen. Andererseits besteht die Zielerreichung in einer optimalen Versorgung für die Patienten.

 → **Da es ein ständiges „Nehmen und Geben" ist, sollten diese Kontakte ehrlich, rationell und auf Gegenseitigkeit bedacht, geprägt sein.**

6.2.5 Die Zielgruppe der Ärzte

Eine Gemeinschaftspraxis eines Heilpraktikers und eines Arztes ist aufgrund der ärztlichen Standespolitik verboten.

Es spricht jedoch nichts dagegen, wenn beispielsweise Zahnärzte in ihren Wartezimmern Informationsbroschüren oder Visitenkarten von Ihnen auslegen, in denen unter anderem Therapieformen wie „Entgiftungskuren" oder ähnliche Hinweise nach Amalgamentfernung beschrieben sind.

Sie müssen sich nur stets bewusst sein, dass Sie nicht gegen die Wettbewerbsbeschränkenden Gesetzesvorlagen verstoßen dürfen, denn absichtlich oder nicht, Unwissenheit schützt vor Strafe nicht.

6.2.6 Die Zielgruppe der Kindergärten

Eine besondere Art der Zusammenarbeit ist die Kooperation mit interessierten Eltern von Kindern im kindergartenfähigen Alter.

Dies ist vor allem ein Betätigungsfeld der Prävention, da so bei den Kleinen im Alter viele Krankheiten erst gar nicht zum Ausbruch kommen müssen (wie z. B. Arthrose).

Der Dachverband Deutscher Heilpraktiker hat bereits im Mai 2000 folgendes gefordert:

„Ein Thema, das den Berufsverbänden besonders am Herzen liegt, ist die Gesundheit der nachwachsenden Generation, der Kinder.

Aus diesem Grund [∴] eine verbesserte Gesundheitsvorsorge, die schon in Kindergarten und Schule ansetzen muss".

In die Praxis umgesetzt könnte dies bedeuten, dass Sie ein Seminar organisieren, das in zwei Teile aufgeteilt ist.

▷ Den ersten Teil können Sie auf einen Vormittag (da haben die „betroffenen" Eltern am ehesten Zeit) und den zweiten auf einen Nachmittag (damit auch die Kinder daran teilnehmen können) legen.

Im ersten Teil machen Sie die Eltern beispielsweise mit der Anatomie und Physiologie bestimmter Organe vertraut und erklären, warum und wie bestimmte Zivilisationskrankheiten entstehen, damit sie bei ihren Kindern bereits Vorsorge (z. B. durch Ernährungsumstellung, Gewichtsreduktion, regelmäßige körperliche Bewegung, usw.) treffen können.

Sie müssen nicht befürchten, mit § 11 des HWG in Konflikt zu kommen, welcher besagt, dass

● mit einer Werbeaussage, die geeignet ist, Angstgefühle hervorzurufen oder auszunutzen, nicht geworben werden darf

● ein Feilbieten oder eine Entgegennahme von Anschriften verboten ist

● mit Veröffentlichungen, die dazu anleiten, bestimmte Krankheiten, Leiden, Körperschäden oder krankhafte Beschwerden beim Menschen selbst zu erkennen und mit den in der Werbung bezeichneten Arzneimitteln, Gegenständen, Verfahren, Behandlungen oder anderen Mitteln zu behandeln, nicht geworben werden darf

- mit Werbemaßnahmen, die sich ausschließlich oder überwiegend an Kinder unter 14 Jahren richten, nicht geworben werden darf.

All die oben genannten Verbote übertreten Sie nicht, wenn Sie beispielsweise einen **Vortrag über die Prävention** mit all ihren Facetten halten.

▷ Niemand kann und wird Ihnen verbieten, Ihre **Seminarunterlagen** mit Ihrem Namen und Ihrer Telefonnummer zu versehen.

Denkbar wäre im Rahmen Ihrer Chiropraktikausbildung, Eltern und ihren Kindern physiologisch „richtiges" und gelenkschonendes Sitzen, Aufstehen, rückengerechtes Bücken u. ä. beizubringen.

Das Ganze spielerisch umgesetzt, z. B. Kinder bauen mit großen Stoffkisten ein Haus – dabei lernen sie unter Ihrer Aufsicht das richtige Heben und Tragen.

Sie werden sehen, es wird neben der im Vordergrund stehenden Information ein sehr lustiger Nachmittag.

Die Atmosphäre wird aufgelockert und Sie beziehen die Kinder aktiv mit ein!

Probieren Sie es aus!

Ebenso wie „richtiges" Atmen (gerade im Bereich der Allergien, Asthmaproblematiken, etc.) spielerisch durch Singen, Pfeifen, Pustespiele eingeübt werden kann.

Gerade Kinder sind visuell betonte Menschen und können das Gehörte am besten begreifen, indem Sie beispielsweise Zeichnungen sehen. Danach kann man das eben Gelernte spielerisch mit den Eltern üben.

Auch der Hinweis auf regelmäßige sportliche Betätigung sollte nicht fehlen und kann gemeinsam mit den Eltern in die Praxis umgesetzt werden.

 → **Besonders diese Zielgruppe wird Ihnen sehr dankbar sein, denn möchte man als Elternteil nicht bereits im Vorfeld alles richtig machen, gerade wenn es so einfach ist?**

Abgesehen von Ihrem Ziel, diesen Familien etwas Gutes mit auf den Weg gegeben zu haben, können Sie davon ausgehen, dass man sich im Bedarfsfall genau an Sie erinnert und im Bekanntenkreis von Ihnen berichten wird.

Damit wiederum sind Sie Ihrem Ziel der Mundpropaganda wieder ein Stück nähergekommen.

6.2.7 Die Zielgruppe der Frauenvereine und Hebammen

Auch hier gibt es einige Ansatzpunkte, bei denen sich die Interessen der Frauen, Hebammen und Ihrer überschneiden.

Natürlich dürfen Sie aufgrund des § 12 HWG keine Werbung für die Behandlung von „krankhaften Komplikationen der Schwangerschaft, der Entbindung und des Wochenbetts" machen, doch wer verbietet Ihnen, eine homöopathische Behandlung für Begleiterscheinungen wie Sodbrennen, Hämorrhoiden, etc. anzubieten oder Vitalisierungskuren nach der Entbindung?

Sie werden sehen, dass ein enormes Interesse besteht, auch wenn heutzutage bereits viele Hebammen homöopathisch geschult sind und „ihre Schwangeren" damit betreuen – sie sind dennoch keine Naturheilkundler.
Bieten Sie auch ihnen gezielte Workshops und ähnliche Veranstaltungen an.

6.2.8 Sonstige

Wie Sie bereits im Kapitel 6.1 erfahren konnten, gibt es eine Vielzahl von Personenkreisen, die nicht einzeln zu erfassen sind. Doch Sie konnten auch sehen, dass es eine Vielzahl an Möglichkeiten gibt, bekannt zu werden und die einzelnen Gruppen schwerpunktmäßige Interessen haben, die es nur herauszufinden gilt.

Ihrer Kreativität sind dabei keine Grenzen gesetzt, hier einige Beispiele :

- Informationen über Diabetes bei älteren Menschen, vielleicht mit Anatomie, Physiologie
- Informationen über Allergien bei Kleinkindern
- Informationen über Impfungen (hier bitte nur informieren und keine Stellung beziehen!)
- Informationen über Wechselbäder, ansteigende Bäder, kreislaufregulierende Übungen in Kneippvereinen, ... was Ihnen gerade so einfällt.

 → **Sie müssen den Kontakt nach außen suchen und sich präsentieren** (und zu Beginn Ihrer Praxis haben Sie für solche Dinge sicherlich mehr als genug Zeit)

Pharmareferenten haben beispielsweise ein gutes medizinisches Fachwissen und werden Ihnen sicherlich auch in medizinischen Fragen weiterhelfen, im Bedarf sogar mögliche Alternativpräparate nennen können.

Weiterhin ist es denkbar, dass Sie in Ihrem Wartezimmer **Flyer von einigen Zusatzversicherungen** ausliegen haben. Der Patient kann sich über das ein oder andere Leistungspaket informieren, in welchem auch Kosten für Heilpraktikerbehandlungen abgedeckt werden.
Im Gegenzug ist es stets von Vorteil, wenn Sie der zuständige Sachbearbeiter kennt, am besten persönlich Rückfragen bei Rechnungen, Diagnosestellungen und ähnliche Themen der Praxis können seinerseits dann vielleicht auf dem eher „unbürokratischen Wege" telefonisch ergänzt und erledigt werden.

6.3 Warum kommt der Patient gerade zu Ihnen in die Praxis?

6.3.1 Allgemeines

Versetzen Sie sich einmal in die Lage Ihres Patienten/Kunden.

Oftmals ist der Patient

- schulmedizinisch gesehen bereits austherapiert
- hat chronische Erkrankungen
- wird nicht ernstgenommen und als Hypochonder dargestellt bzw. dieses Gefühl wurde ihm vermittelt oder
- er erwartet einfach mehr als ein 5-minütiges Patienten-Arztgespräch

Er erwartet Heilung, zumindest Linderung seiner Beschwerden und dies am Besten sofort, auch wenn seine Erkrankungen schon jahrzehntelang bestehen.

Warum also soll er Sie auswählen?

→ **Faktoren die Ihr Angebot einer naturheilkundlichen Behandlung bewusst oder unbewusst beeinflussen:**

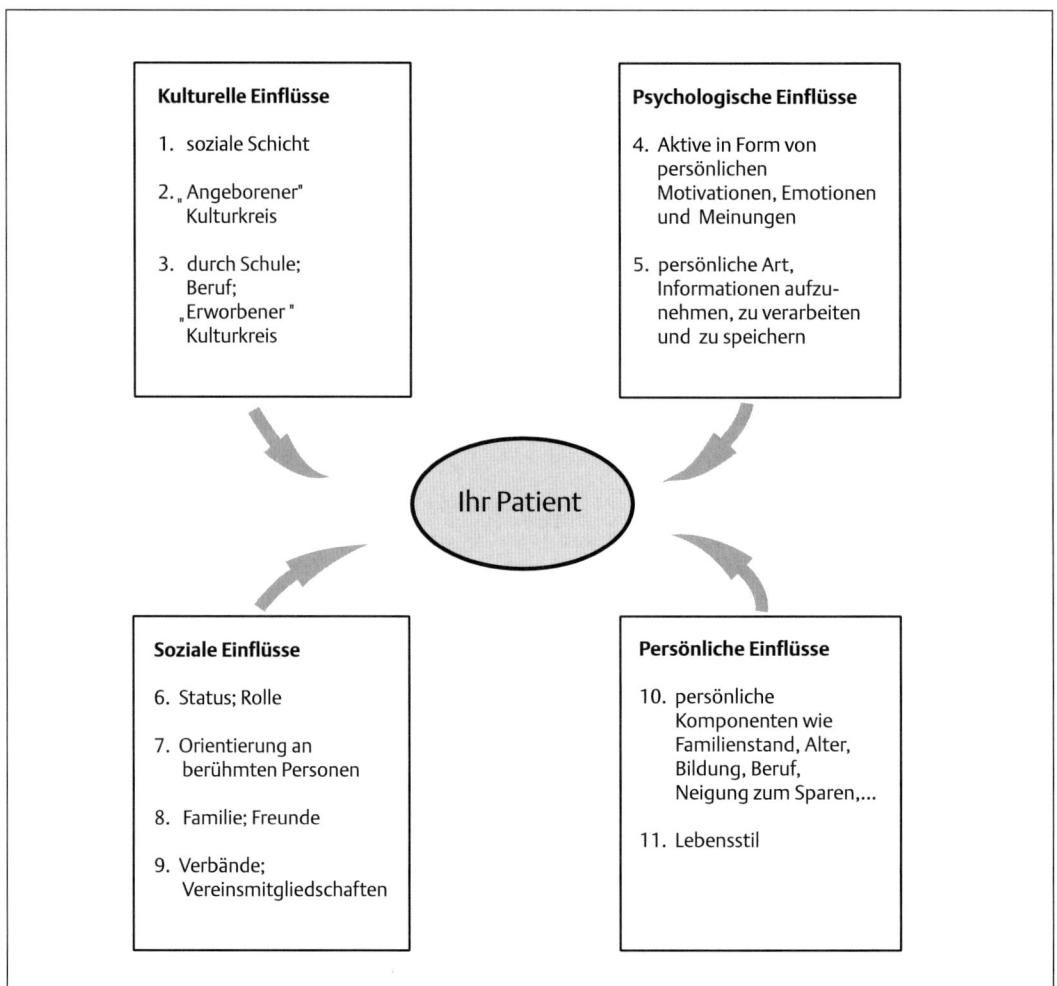

Warum zu Ihnen in die Praxis kommen und nach Möglichkeit, wenn Sie ihm helfen konnten, Sie auch noch weiterempfehlen?

Machen Sie sich bewusst, wo Ihre Schwerpunkte liegen und welche Botschaft Sie ihm übermitteln möchten.

Bringen Sie Ihre Persönlichkeit mit ein.

Bereiten Sie sich stets gut auf Ihre Termine vor. Zu Beginn kann man bereits bei der Terminabsprache erfragen, mit welchen Beschwerden der Patient in die Praxis kommen wird.

Terminabsprachen verhindern einerseits eine menschenleere Praxis, andererseits jedoch ebenso eine „Fließbandabfertigung".

Überlegen Sie sich, welche Art Praxis Sie führen möchten, damit Sie keinen „Bumerang-Effekt" haben, das heißt Sie versuchen mit Terminabsprachen die Wartezeiten Ihrer Patienten/Kunden auf ein Minimum zu reduzieren und der Einzelne bekommt vielleicht den Eindruck, dass sich niemand außer ihm in diese Praxis „verirrt".

Planen Sie genug Zeit ein, gerade bei der Anamnese und dem Erstgespräch.

Vielleicht ist Ihr Gegenüber unsicher und benötigt etwas Zeit, sich verbal zu öffnen, womit wir bei Ihrem sogenannten **„Kommunikationskonzept"** sind.

6.3.2   Kommunikationskonzepte

Bevor wir jetzt ins Detail gehen, wie Sie Ihren Patienten in der alltäglichen Praxis begegnen sollten, sprechen wir über den sogenannten **Patientennutzen.**

Patientennutzen, was stellen Sie sich darunter vor?

→ was hat der Patient, der zu Ihnen in die Praxis kommt um sich therapieren zu lassen, von Ihnen und Ihrem Leistungsangebot?

→ warum soll er Sie und nicht Ihren Kollegen wählen?

→ sieht Ihre Patientenklientel Ihre Praxis genauso als patientenorientiert wie Sie oder hat sie abweichende Bedürfnisse?

→ welchen „Magneten", welchen „Anziehungspunkt" haben Sie, der Sie unverwechselbar macht?

→ welche

❶ ideellen Werte (z. B. Ihre Praxisphilosophie)

❷ sozialen Werte (z. B. Ihr Engagement in diversen Verbänden, Spenden)

❸ persönlichen Werte (Ihre Persönlichkeit, Charakter) möchten Sie Ihren Patienten vermitteln, um eine Bindung an Ihre Person als Therapeut zu festigen?

Hinterfragen Sie sich bitte selbst bei jedem Patienten (in Ihrem eigenen Interesse), ob

- Sie ihn ernst genug nehmen, höflich und respektvoll behandeln

- Sie ihn namentlich, mit einem Händedruck und freundlichem (aber nicht aufgesetztem) Lächeln empfangen

- Sie Höflichkeitsfloskeln wie „Danke" und „Bitte" verwenden

- Sie auf seine Fragen/Wünsche eingehen (ein Tipp: wenn Sie seine Frage ad hoc nicht beantworten können, sagen Sie ihm das, notieren sich die Frage und erklären es ihm während des nächsten Termins)

- Der Patient die Erklärungen auch verstanden hat

- Er mit den verordneten Therapien umgehen und praktikabel in den Alltag umsetzen kann (z. B. Ernährungsplan) und ob er damit einverstanden ist (!) – ansonsten Alternativen finden

- Sie ihn über die zu erwartenden Kosten aufgeklärt haben

- Er zufrieden war (Sie können auch einen Briefkasten in Ihrem Wartezimmer oder an einer anderen leicht zugänglichen Stelle in Ihrer Praxis anbringen, in den er ein vorgefertigtes Formular anonym einwerfen kann, beispielsweise mit konstruktiver Kritik)

- Vermeiden Sie Konfliktsituationen, wenn Sie Spannungen bemerken, sprechen Sie diese an, aber auf eine ruhige Art und versuchen Sie, diese gemeinsam mit Ihrem Patienten, aus „dem Weg zu schaffen"

 → **Wir sind Dienstleister – unser Patient und damit „Kunde" ist König!**

Auch wenn Sie selbst „nur" ein Mensch sind, der nicht stets die pure Lebenslust versprühen kann, sollten Sie auf folgende Dinge achten:

- Sorgen Sie dafür, dass Sie Ihre Probleme nicht mit in die Praxis nehmen

- Sorgen Sie dafür, dass in Ihrer Praxis ein gutes Betriebsklima herrscht, wenn Sie Mitarbeiter angestellt haben (hier hilft übrigens Supervision – eine offene Diskussionsrunde mit Besprechung von Problemen, ggf. geleitet durch einen Psychologen –, falls interne Probleme auftauchen sollten)

- Sorgen Sie für den menschlich-emotionalen Abstand zu Ihren Patienten (auch wenn manche Leser jetzt vielleicht sagen „Wie kann man denn so was in Frage stellen": gerade Berufsanfänger übersehen leicht die fachlich notwendige Distanz. So fällt beispielsweise während einer klassischen homöopathischen Befragung der Satz: Das kenne ich, mir ist einmal etwas ähnliches passiert)

- Vermeiden Sie abfällige Bemerkungen gegen wen auch immer (Patienten, Sekretärin, Ihre Kollegen), denn Ihr Patient wird sich sicher sein, dass Sie auch über ihn reden könnten, sobald er Ihre Praxis verlassen hat

- Vermeiden Sie eine herablassende Art und „Fachchinesisch"

- Sorgen Sie dafür, dass auch der letzte Patient am späten Freitagnachmittag ohne Zeitdruck und mit der gleichen Motivation behandelt wird wie der erste am Montag morgen.

Hinterfragen Sie Ihr Tun und Handeln von Zeit zu Zeit und seien Sie selbstkritisch. Verstellen Sie sich nicht, bringen Sie Ihre Persönlichkeit mit in Ihre Praxis.

Erscheinen Sie kompetent und freundlich, nicht aufgesetzt.

Äußere Fragen des „Warum" betreffend:

- Ihre Registrierung/Mitgliedschaft in einem Berufsverband

- Ihre Registrierung in den örtlichen Telefonbüchern, den „Gelben Seiten", dem Internet

- Mitgliedschaft in kommunalen Vereinen, dadurch großflächiger Bekanntschaftskreis bis hin zu

- persönlichen Empfehlungen, begründet durch Ihre gute Arbeit und guten Erfahrungen, die man mit Ihnen als Heilpraktiker gemacht hat. Überprüfen Sie immer wieder, ob Ihr Praxiskonzept und somit der Umgang mit Ihrem Patienten sämtliche Wünsche und Bedürfnisse beider Seiten berücksichtigt und erfüllt, denn ein medizinischer Behandlungserfolg allein genügt nicht, um den Patienten an sich „zu binden", es erfordert eine Menge „Fingerspitzengefühl", gepaart mit persönlicher, fachlicher und moralischer Kompetenz Ihrerseits und dem Gefühl, dass man sich auf Sie verlassen kann.

Zusätzlich bemühen Sie sich, Ihren Patienten Informationen zukommen zu lassen, die er in den Alltag umsetzen kann, um aktiv an seinen gesundheitlichen Fortschritten mitzuarbeiten.

▶ **Sehen Sie sich stets als eine Art „Dienstleistungsunternehmen mit Herz und Verstand", dann gehen Sie den richtigen Weg.**

6.4 Wozu wollen Sie diese Zielgruppen erreichen?

Diese Frage ist vielleicht die wichtigste, denn sie beinhaltet die **Werbe-, oder auch Marketingziele.** „Was für eine Frage", werden Sie denken, natürlich um Patienten zu gewinnen.
Doch dies ist nur ein Teil des Mosaiks.
Ihre allgemeinen Marketingziele unterscheiden sich in

❶ *„streutechnische"* Werbeziele, das heißt durch den gezielten Einsatz verschiedener Werbeelemente (inklusive Ihrer Öffentlichkeitsarbeit) soll Ihre Praxis an Bekanntheitsgrad gewinnen

❷ *„psychologische"* Werbeziele, das heißt Sie erregen zunächst die Aufmerksamkeit, dann das Interesse und zu guter Letzt das „Verlangen" Ihrer Patienten, Sie und Ihre Praxis kennen zu lernen und sich von Ihnen therapieren zu lassen.

Überlegen Sie sich ganz genau, welche Botschaft Sie übermitteln möchten.

Ihre **Werbeziele** bestehen auch darin

- sich bekannt zu machen (Erlangung des Bekanntheitsgrades bis hin zur Erhaltung und nach Möglichkeit Erhöhung desselben)

- Zur Information (Bei welchen Erkrankungen kann man zu Ihnen kommen, unterstützen Sie auch Raucher, die sich das Rauchen abgewöhnen wollen; was kostet eine Behandlung bei Ihnen?)

- Zur Schaffung einer Vertrauensbasis

- Und natürlich in letzter Instanz, damit der Patient zu Ihnen in die Praxis kommt und Sie ihm dort helfen können.

Abgesehen davon geht es selbstverständlich auch um

- Umsatzsteigerung

- die Gewinnung neuer Patienten (die auch bei Ihnen bleiben)

- die Zielsetzung, Ihren Bekanntheitsgrad zu erhöhen

- die Patientenbindung zu stärken und somit letztendlich auch

- zu einer Erhöhung des Marktanteils in unserer Branche.

Beispiel:

Herr Schubert hat seine Naturheilpraxis vor neun Monaten, von Berlin kommend, in Berchtesgaden eröffnet.

Er hat zwar tagtäglich den Watzmann vor Augen, doch seine Praxis floriert nicht richtig und er weiß, dass er etwas ändern muss, um zu „überleben" (wirtschaftlich gesehen).

Dass er nur wenig Patienten hat, schiebt er eher auf sein Defizit, den Dialekt seiner Patienten zu verstehen, als auf sein Handeln.
Er will stets schnell fertig werden, um für den nächsten Patienten bereit zu sein.
Er hat gute Behandlungserfolge (Behandlungsschwerpunkt Allergiebehandlung; Atemwegserkrankungen) vorzuweisen, doch er ist unzufrieden.

Nach Durcharbeiten dieses Buches setzt er sich hin und plant seine Marketingziele für das kommende Jahr 2003.

Die Planung sieht so aus:
ich erstelle mir eine Liste mit
→ Erwartungen, die meine Patienten an mich haben (s. o.)
→ Erwartungen, die sie in meine Behandlung setzen
→ Erwartungen, die sie an den Praxisablauf und an meine Räumlichkeit stellen
Anhand der Branchenbücher, dem Internet, der regionalen Presse u. ä. fertige ich mir eine Liste mit allen Ärzten; Heilpraktikern; Therapeuten (siehe diesbezüglich auch Kapitel 13.3.1) Apotheken; Rehabilitationskliniken, Asthmazentren etc. an, vereinbare Termine und stelle mich dort vor, meine Praxis (mit der dazugehörigen Praxisphilosophie), mein Leistungsangebot, …
Erhöhung meiner Patientenzahlen um 75 %
Erhöhung meines Umsatzes um 100 % ohne meine Behandlungshonorare zu erhöhen
Erhöhung meines Bekanntheitsgrades bei örtlichen Selbsthilfegruppen für Atemwegserkrankungen und den Asthmazentren

7 Werbeplanung und Durchführung in zeitlicher Abfolge

Mit der Budget- und Etatplanung verschaffen Sie sich den Durchblick und vermeiden unnötige Kosten.

Bevor Sie Ihre Planung über mögliche Werbeaktionen in die Tat umsetzen, sollten Sie sich folgende Dinge überlegen:

7.1 Etatplanung

Die Planung eines **Etats** für Investitionen in die Werbung ist sicher ein schwieriger Punkt.

Man kann nicht ohne weiteres von teuren oder billigen Werbemitteln sprechen, da man sie in Relation zu Erfolgs- und Kontaktchancen, die man als Folge dieser Aktivitäten erwarten kann, setzen muss.

Nur sollten Sie sich im klaren sein, dass man einige Werbemittel (z. B. eine wöchentliche Fernsehwerbung) anhand bestimmter vorgegebener Etathöhen bereits von vornherein ausschließen kann.

Die genaue Planung des Etats erfordert Informationen nach

- der Zielgruppe
- der Botschaft, die Sie vermitteln möchten
- dem Werbeträger

Rein wirtschaftlich gesehen gibt es drei Methoden, die zur Festlegung des Werbeetats benutzt werden.

→ **die ausgabenorientierte Methode**

Sie orientiert sich am Gewinn des letzten Jahres.

Einfach gesagt, jedoch eher geeignet für Heilpraktiker, die eine Praxis übernehmen und somit zahlenmäßig aussagekräftige Anhaltspunkte haben.

Hat Ihr Vorgänger im Vorjahr beispielsweise 3000 Euro für Werbemaßnahmen ausgegeben und hat er diese Ihrer Meinung nach sinnvoll eingesetzt?

War Ihr Kollege zufrieden mit den jeweiligen Werbekampagnen – und vor allem, würde er die Firmen noch mal beauftragen?
Hat er diesbezüglich noch die entsprechenden Unterlagen?
Inklusive Ansprechpartner?

Dann nehmen Sie Kontakt mit den jeweiligen Personen auf, erzählen Sie von der Praxisübernahme und fragen nach Sonderkonditionen: Sie glauben gar nicht, wie viel Spielraum einzelne Betriebe diesbezüglich haben.

Wenn möglich, investieren Sie in der gleichen Art wie er (natürlich ist der Betrag von 3000 Euro ein Fixbetrag und von dem Jahreseinkommen der Praxis abhängig) in die Werbung.

Bei einer Neugründung ist die ausgabenorientierte Methode leider nicht möglich, da die Gewinnzahlen des Vorjahres noch fehlen.

Auch wird bei dieser Form nicht unbedingt in erster Linie auf die finanziellen Rahmenbedingungen geachtet. Stellen Sie sich vor, Sie haben im Vorjahr Ihre Praxis so weit gebracht, dass Sie jeden Monat etwas Kapital ansparen konnten, um sich in diesem Jahr ein neues Irisdiagnosegerät kaufen zu können.

Sollten Sie sich nun lediglich am Gewinn des Vorjahres orientieren, geben Sie vielleicht mehr finanzielle Mittel aus als Ihnen, in Anbetracht der Kosten beim Kauf Ihres Irisdiagnosegerätes noch zu leisten imstande sind.

 → Nach Informationen der Industrie- und Handelskammer Potsdam geben Betriebe unterschiedlicher Größe bei dieser Methode zwischen zwei und 15 Prozent vom geplanten Umsatz aus.

→ **Konkurrenzorientierte Methode**

Wie der Name bereits vermuten lässt wird hier die Höhe des Werbe-Etats anhand der Ausgaben der Konkurrenz bemessen.

Dies ist nicht immer leicht nachzuvollziehen, da man nicht alles mitbekommt, was Ihr Kollege an „Werbefeldzügen" unternimmt.

→ Ziel- und aufgabenorientierte Methode

Frei nach dem Motto: „Last but not least", kommt die erfolgversprechendste Methode zum Schluss.

Hierbei richten Sie sich im Rahmen Ihrer finanziellen Möglichkeiten nach Ihren Marketingzielen.

Ist die Werbeplanung auf den eigenen Etat und das Ziel abgestimmt, bringt auch der kleinste Werbeetat den gewünschten Erfolg.

7.2 Auswahl der Zielpersonen

Die Zielgruppen sind Ihnen mittlerweile bekannt (vgl. Kapitel 6.1).

Denn je genauer Sie diese definieren, umso präziser können Sie Ihre Werbemedien und Mittel planen.

Wenn zum Beispiel eine Firma, die Laminatböden verlegt, auf einem Stadtplan in China wirbt, ist dort mit Sicherheit nicht ihre Zielgruppe zu erwarten, denn ein chinesischer Bürger interessiert sich kaum dafür, wie und von wem man die schönsten Laminatböden in Deutschland kaufen und verlegen lassen kann.

Dann lieber Werbung für 1.000 Personen, als an 100.000 vorbei.

7.3   Festlegung der Botschaft

Auch die Botschaft, die Sie mittels Ihrer Werbekampagnen weitergeben möchten, haben wir im Kapitel 6 ausführlich besprochen.

Sie besteht in dem Ziel

• die Mitwelt (Öffentlichkeit, Patienten, Mitarbeiter, Zielgruppen) über Ihre Praxis zu informieren,

• Aufmerksamkeit zu wecken und

• Sympathie/Vertrauen zu gewinnen.

7.4   Auswahl der verschiedenen Werbemittel bzw. Werbeträger

Die Auswahl der von Ihnen gewünschten Werbeträger ist sehr wichtig, da sie den größten Teil des Etats beanspruchen, die Möglichkeiten der Gestaltung bestimmen und die unterschiedlichen Zielgruppen definieren.

Unter dem Begriff „**Werbeträger**" versteht man ein Medium, auf dem Werbung geschaltet werden kann.

Der wesentliche Unterschied zum **Werbemittel** besteht darin, dass das Werbemittel die **Werbebotschaft** zur **Zielgruppe** transportiert und zwar mit Hilfe des **Werbeträgers**.

Somit legt die Werbemittelstrategie die Ausdrucksform der Werbung mittels

• Anzeigen

• Funk- und Fernsehspots und

• Ihrer Homepage fest.

Die Werbeträgerstrategie dagegen funktioniert über das Medium, welches Ihre Botschaft an die entsprechende Zielgruppe transportiert.

Entscheidungskriterien sind hier

▷ die Verfügbarkeit

▷ die Möglichkeit der Selektion

▷ Wie hoch sind die Kosten für eine definierte Reichweite?

▷ Wie gut lassen sich die verschiedenen Werbeträger darstellen; welchen Nutzen haben sie sowie

▷ die Möglichkeit einer Erfolgskontrolle

Zu nennen sind hier:

• Zeitungen (lokale Tageszeitungen oder Fachzeitschriften)

• Handzettel, Flyer, Faltblätter

• Radio und Fernsehen

• Wegweiser

• Firmenwagen

• Verkehrsmittel

• Kino

• Branchenbücher und

• dem Internet

Nachfolgend eine Umfrage zur Mediennutzung der Bevölkerung 1998 (noch ohne Einbeziehung des Mediums Internet). Aus: Arbeitsmappe Sozial- und Wirtschaftskunde, Zahlenbilder Erich Schmidt Verlag

Für unsere Praxis würde das beispielhaft bedeuten, dass Ihr Auto, welches Sie an der Heckscheibe mit einer Werbung versehen haben, der „Werbeträger" wäre.

Das Auto **trägt** Ihre **Werbung** auf den Straßen und zwar mit der Aufschrift, dem sogenannten Werbemittel.

Die Auswahlkriterien sind z. B.

• Reichweite

• Kosten

• Image/Wertschätzung

• Selektivität

Die unterschiedlichen Werbeträger finden Sie im Kapitel 13 unter dem Begriff der „Werbedurchführung" – hier jedoch befassen wir uns schwerpunktmäßig mit der Etatplanung, das heißt mit den Kosten, die Sie für diese Werbungen aufbringen müssen.

Zur Reichweite:

Natürlich würden Sie mittels einer Werbung für Ihre Praxis im Fernsehen eine viel größere Reichweite haben als beispielsweise mit einem Inserat in Ihrem lokalen Tagesblatt.

Abgesehen jedoch vom Kostenfaktor erreichen Sie mittels Ihrer gezielten Werbung in einer re-

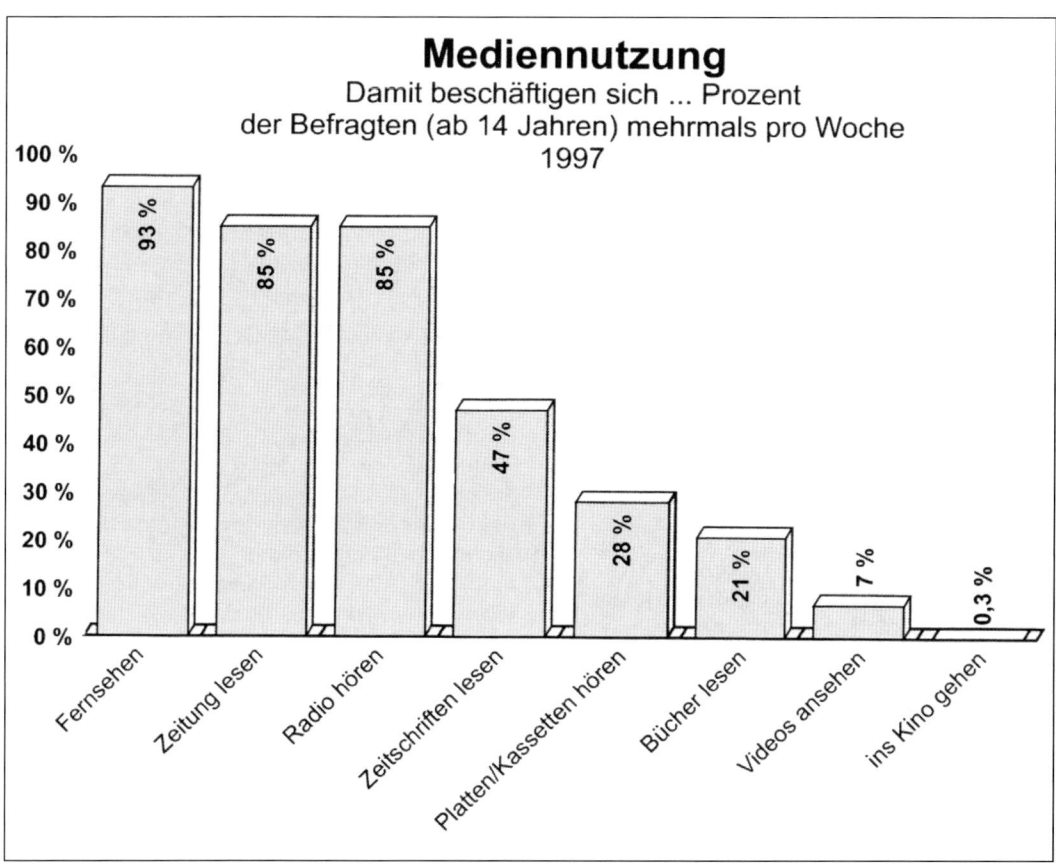

Mediennutzung
Damit beschäftigen sich ... Prozent
der Befragten (ab 14 Jahren) mehrmals pro Woche
1997

gionalen Tageszeitung eine viel enger abgesteckte Zielgruppe, nämlich die Ihrer zukünftigen Patienten.

In unserem Beruf wird außerdem der Werbung im Fernsehen mit Sicherheit keine Glaubwürdigkeit zugesprochen – begründet oder unbegründet.

Die Kostenfrage:

Auch hier sind die Unterschiede nicht unerheblich.

So können Sie sich mit den Basiselementen der Werbungsmöglichkeiten „begnügen", oder soviel Geld investieren, dass Sie bereits die „Luxusausstattung" haben, doch brauchen Sie dies zu Beginn?

Nein!

Gemeint ist damit nicht, am falschen Ende zu sparen, z. B. indem Sie Ihre Informationsbroschüren oder Flyer zu laienhaft selbst erstellen.

Vielmehr ist damit gemeint, sich Gedanken über die Notwendigkeiten einiger Werbemittel zu machen.

Nehmen Sie Ihre Homepage (vgl. Kapitel 11.3.3) – wenn Sie diese nicht selbst erstellen können sondern sich dabei auf eine Fremdfirma verlassen müssen, so wird Ihnen Anbieter „XX" ein angemessenes Angebot unterbreiten, während Ihnen „XY" eine Homepage mit Sicherheitsstandards verkaufen will, die selbst ein Geldinstitut vor Neid erblassen ließen (dies wiederum würde sich allerdings freuen, weil Sie für solch eine Homepage vermutlich einen Kredit aufnehmen müssten).

Image/Wertschätzung

Unterschätzen Sie die Wirkung nicht, die Sie als „Person, die in der Öffentlichkeit steht" haben – gerade, wenn Sie Ihre Praxis nicht als 23ter in München, sondern als einziger Heilpraktiker in einem kleinen Ort eröffnen.

Man wird Sie genauestens beobachten und Rückschlüsse aus Ihrem Verhalten ziehen.

Daher sollten Sie auch in Fragen der Werbung auf Ihre Image achten.

Dies bedeutet für Ihre Werbung, dass sie nicht die halbe Ortschaft mit Ihren Plakaten und Wegweisern tapezieren sollten, sondern versuchen, Ihre Werbung immer mit den Augen Ihrer Adressaten zu sehen.

Weniger ist meist mehr.

Selektivität

Da Sie nicht alle Werbemöglichkeiten gleichzeitig und zu Beginn Ihrer beruflichen Laufbahn als Heilpraktiker einsetzen können (es sei denn, Sie haben einen großen finanziellen Rückhalt), müssen Sie selektieren.

→ Was ist gerade vor Praxisbeginn wichtig?

→ was ist wichtig, um den Bekanntheitsgrad zu erhalten?, etc.

Behilflich ist Ihnen dabei die Tabelle 2 („Selektion der Werbemöglichkeiten") auf Seite 41.
Doch was bedeutet nun „günstig" oder „teuer" oder „kalkulierbar" um auf die ursprüngliche Frage nach der Etatplanung zu kommen.
Regional gesehen gibt es unterschiedliche Preisgestaltungen für sämtliche oben geschilderte Kategorien.

Fertigen Sie sich eine Liste mit den für Sie in Frage kommenden Werbemitteln an.
Erstellen Sie eine Vorlage (Muster) und gehen damit in mindestens (!) zwei verschiedene Geschäfte, um sich Kostenvoranschläge geben zu lassen (oder lassen Sie sich die Kostenvoranschläge zusenden, dann können Sie die Preise Zuhause in Ruhe vergleichen) – vgl. Tabelle 1 „Werbekosten" auf Seite 41.

Erzählen Sie ruhig, dass Sie in Kürze eine Praxis eröffnen, vielleicht gibt das in dem ein oder anderen Geschäft Rabatte.

Vergessen Sie auch nicht, sich Kataloge über **Praxisbedarf** zuschicken zu lassen.
Denn auch diese Anbieter haben oft Schilder, Stempel u. ä., ein Preisvergleich lohnt sich in jedem Falle. Doch auch hier sollten Sie Ihren Wohnort miteinbeziehen:
Wenn Sie in München oder Frankfurt wohnen, leben Sie statistisch gesehen relativ anonym.
Wohnen Sie aber in einem kleinen Dorf, in dem Jeder den Anderen kennt, sollten Sie vielleicht einige Euro mehr investieren, um Ihre Rezeptblöcke bei der Druckerei im Ort anfertigen zu lassen.
Dies steigert zum einen Ihren Bekanntheitsgrad; da Sie die Nähe zu Ihren Nachbarn suchen.
Außerdem tun Sie etwas für die dörfliche Gemeinschaft – das sollten Sie in einem kleinen Dorf niemals unterschätzen – und kommen zum anderen mit den Einheimischen ins Gespräch.
Nutzen Sie diese Chance, auch wenn Sie dafür erst einmal einige Euros mehr ausgeben.

Der eine oder andere, der sich bisher nicht getraut hat, zu Ihnen in die Praxis zu kommen, überwindet jetzt vielleicht seine Hemmungen, nachdem er Sie kennen gelernt hat.

Tabelle 1   Werbekosten"

Werbemittel	Umfang des Werbemittels	Kosten
1 Inserat in einer Fachzeitschrift (HP-Heilkunde)	30 alphanumerische Zeichen	7 Euro; Chiffregebühr 7,50 Euro
1 gewerbliches Inserat in einer lokalen Tageszeitung (TAZ)	3 Zeilen à 50 Zeichen (jede weitere Zeile kostet 10 Euro)	30 Euro; + MwSt. 2 % Skonto bei Bankeinzug
Werbung auf Homepage der TAZ	140x60 Pixel (4 Werbeplätze inklusive aller zug. Texte)	17,40 Euro
Verbandszugehörigkeit – dadurch Verbandslogo, Mitgliedstempel		ca. 120 Euro jährlich
Schriftaufkleber für PKW	nach Absprache und Aufwand	ab 20 Euro
Visitenkarte (info@Schnitzbauer.de)	50 laminierte Visitenkarten	39,80 Euro inkl. Versand
Aufschrift auf einem Wegweiser	Buchstaben je nach Absprache	Ab 95,00 Euro
Kino-Spot, Standbild oder Animation (Firmendia)	5 Sekunden	46 Euro zuzügl. MwSt. (+ Erstellung 18 Euro)
Radiowerbung	Mo–Fr 30 Sek. zwischen 16–17.00 Uhr	1380,00 Euro; pro Sek. 46,00 Euro
Fernsehwerbung	Mo–Sa 30 Sek.	⌀ 2973,00 Euro zzgl.MwSt.
Inserat im Branchenverzeichnis	Name, Beruf, Telefonnummer	ab 50 Euro jährlich
Homepage	je nach Absprache	ca. 300 Euro

Tabelle 2   Selektion der Werbemöglichkeiten

Werbeträger	Zeitungen	Faltblätter; Flyer; Handzettel	Radio	Internet
Werbemittel	Anzeigen; Inserate	Inhalte	Rundfunk-Sendungen	Homepage
Kosten des Werbemittels	gut kalkulierbar, relativ gering	gut kalkulierbar, relativ gering	günstig	je nach Ausstattung günstig
Möglichkeiten der Erfolgskontrolle	gut durch Patientenbefragung; ansonsten unmöglich	gut durch Patientenbefragung, ansonsten unmöglich	schwierig bis unmöglich	gut durch Besucher-Zähler

Umfang der möglichen werblichen Aussagen	sehr gut	sehr gut	gut	sehr gut!
Wirkungsdauer	sehr gut	sehr gut	mäßig	sehr gut!
Kontaktsituation	gut	gut	mäßig	sehr gut!
Anzahl und Art der kombinierbaren Werbeelemente	mittelmäßig (nur optisch, farblich)	mittelmäßig (nur optisch und farblich)	Schlecht (nur akustisch)	sehr gut! – sowohl optisch, akustisch und farblich, Möglichkeit der Bewegung sowie Interaktivität des Patienten
Zielgruppenorientiert	mäßig	sehr gut	mäßig	sehr gut!

Kino	Firmenwagen	Fernsehen	Wegweiser	Branchenbücher
Werbung im Vorlauf	Aufschrift mit Praxisangaben	Vorstellung der Praxis	Aufschriften	Praxisangaben
Hoch	sehr günstig	hoch	gut kalkulierbar; günstig	Je nach Ausstattung gering bis hoch
Schwierig bis unmöglich	Gut durch Patientenbefragung	schwierig bis unmöglich	gut durch Patientenbefragung	gut durch Patientenbefragung
gut	gut	gut	mäßig	mäßig
gut	gut	gut	sehr gut	gut
gut	sehr gut	gut	gut	mäßig
Gut – sowohl Optisch, akustisch, farblich, Möglichkeit der Bewegung	schlecht (nur optisch)	gut – siehe Kino	schlecht – (nur optisch)	schlecht – (nur optisch)
Mäßig	sehr gut	mäßig	sehr gut	mäßig

Genauere Zahlen können wir Ihnen hier nicht bieten, dazu ist die Preissituation auf dem deutschen Markt zu vielfältig.

Sie sollten jedoch sehen, dass Ihre Ausgaben für die Werbung (Ihr Werbeetat) so kalkulierbar **sein und bleiben** sollten, dass Sie laufende Kosten sowie Ihren Lebensunterhalt von Ihren finanziellen Reserven bezahlen könnten, für den Fall, dass noch kein Patient den Weg zu Ihnen in die Praxis findet.

Auch müssen Sie für die Werbung dann nicht extra einen Kredit aufnehmen.

Rechnen Sie nach Durcharbeitung der beiden Tabellen zusammen:

Wenn Sie in zwei verschiedenen lokalen Tageszeitungen inserieren, sich zur Praxiseröffnung ein Paket mit 50 Visitenkarten bestellen, einem Verband zugehörig sind und womöglich noch einen Wegweiser zur besseren Auffindung Ihrer Praxis benötigen, sind Sie, ohne dass Sie erst einmal einen positiven Effekt daraus ziehen können, mindestens 350 Euro los.

Dazu noch ca. 300 Euro (ein Durchschnittswert) für die Erstellung und Pflege Ihrer Homepage sowie Hinterlegung Ihrer Praxisinformationen auf verschiedenen Suchmaschinen.

 → **Auch wenn sich diese Summe (die sich nach oben beliebig steigern lässt) erst einmal enorm anhört, so sollten Sie diese dennoch investieren, um bekannt zu werden.**

Sie können im Zeitalter des Computers auch viele Kosten einsparen, in dem Sie Faltblätter, Handzettel, Briefköpfe u. ä. selbst gestalten und ausdrucken, anstatt diese Dinge in eine teure Druckerei zu geben.

Achten Sie aber beim Kauf des Papiers auf hochwertige Qualität und denken Sie an den Eindruck, den dies auf Ihre Patienten macht (für unseren Berufsstand: vielleicht sogar auf recyceltem Papier?).

Nehmen wir hier wieder das Beispiel des Herrn Schubert aus Berchtesgaden:

Er ist der einzige Heilpraktiker mit diesen Behandlungsschwerpunkten innerhalb der Gemeinde, außer ihm gibt es noch drei weitere Heilpraktiker.

Diese bieten jedoch alle Therapien an, ohne sich zu spezialisieren.

Herr Schubert entscheidet sich für folgende Marketingmaßnahmen:

Mein Plan
► Ab sofort nehme ich mir für die Erstanamnese etwa 1 Stunde Zeit, damit ich meinem Patienten genügend Zeit zur Untersuchung und zur Aufklärung widmen kann und die Sitzung ist nicht eher beendet, bevor ich nicht alle seine Fragen beantwortet habe
► Ich informiere ab sofort jeden Patienten über den Ablauf innerhalb der Praxis sowie über die Dauer und Kosten der Therapie
► Ich melde mich für ein Kommunikationsseminar an, um meine Kompetenz auf diesem Gebiet zu erweitern und vertiefen
► Der Patient ist König – ich bitte ihn einen Fragebogen in anonymer Form im Wartezimmer auszufüllen, um konstruktive Kritik und Anregungen zu erhalten, das Formular erstelle ich in den nächsten zwei Tagen
► Ich bemühe mich, eine vertrauensvolle Bindung zu meinem Patienten aufzubauen und scheue mich auch nicht, ihn zu fragen, wenn ich beispielsweise seinen Dialekt nicht gleich verstehe
► Einführung eines Gesprächskreises für Patienten und Angehörige des Asthmazentrums alle 14 Tage
► Anzeigen zur Ankündigung des Gesprächskreises in der Berchtesgadener Rundschau sowie dem Berchtesgadener Anzeiger
► Verfassung einer Informationsbroschüre zum Thema „Atemwegserkrankungen" und Auslegung dieser Broschüren in den ortsansässigen Apotheken; Rehabilitationskliniken (er nimmt diese gleich mit, wenn er sich bei den verschiedenen Institutionen vorstellt und zusätzlich an seine Patienten verschickt)
► Er beschriftet seinen PKW mit den Praxisangaben
► Er lässt seine Homepage ins Internet stellen und weist noch einmal auf diese Spezialisierung hin (ebenso gibt er dort die Termine bekannt sowie die Wegbeschreibung)
► Ausarbeitung einer aussagekräftigen Praxisbroschüre – diese gibt er zur ortsansässigen Druckerei und berichtet auch dort noch einmal ausführlich über seine Praxis

Dabei rechnet er mit folgenden Kosten (**Marketingkostenplan**):

- Anzeigen in den Tageszeitungen 120 Euro
- Druck der Broschüre (inklusive Grafik) 800 Euro
- Erstellung einer Homepage 300 Euro
- Mailingaktion inklusive Porto und Versand 150 Euro

8 Festlegung des Werbezeitraumes

8.1 Prosaisonale Werbung

Sind Sie in Ihren Vorbereitungen, die Praxiseröffnung betreffend schon so weit, dass Sie den Termin festlegen können?

Oder beschäftigen Sie sich gerade erst mit der Frage nach den geeigneten Praxisräumen etc.?

Dann können Sie sich noch auf einen Eröffnungszeitpunkt festlegen, das heißt, Frühlingsanfang, Sommer, Herbst oder Winter.

Warum wird dies hier angesprochen?

Nehmen wir das Beispiel „Eröffnung Ihrer Praxis im Herbst":

Kurz vor Praxisbeginn geben Sie Ihren Freunden, Kollegen, Ihren zukünftigen Patienten oder einfach dem interessierten Fußgänger, der an Ihrer Praxis vorüberläuft, die Chance, Ihre Praxis während des „Tages der offenen Tür" unverbindlich zu besichtigen.
Sie verhalten sich natürlich entsprechend den Wettbewerbsregulatorien und offerieren keine übertriebene oder marktschreierische Werbung.

Der Herbst ist von der Jahreszeit her kalt und feucht – was wäre also angebrachter als etwas warmes und trockenes (phytotherapeutisch gedacht) in Form eines „Herbsttees"?

Erklären Sie beim Ausschenken des Tees die Inhaltsstoffe mit ihrer wohltuenden Wirkung (z. B. Fumariae, der Erdrauch, ein Mittel gegen schwarzgallige Gemütsbewegungen, damit ein Mittel gegen nicht therapiebedürftige Herbstdepressionen im weitesten Sinne ... und andere Ingredienzien) – denken Sie jedoch daran, dass lt. HWG § 10

❶ für verschreibungspflichtige Arzneimittel nur „bei Ärzten, Zahnärzten, Tierärzten, Apothekern und Personen, die mit diesen Arzneimitteln erlaubterweise Handel treiben, geworben werden" darf, also nicht bei unseren Patienten und

❷ für Arzneimittel, die dazu bestimmt sind, bei Menschen die Schlaflosigkeit oder psychische Störungen zu beseitigen oder die Stimmungslage zu beeinflussen, außerhalb der Fachkreise nicht geworben werden darf.

Deshalb:

→ Halten Sie sich an die Gesetzgebung und stellen Sie während Ihrer Eröffnungsfeier zweifelsfrei klar, dass dieser Tee kein Therapeutikum sein soll sondern lediglich zum Aufwärmen gedacht ist (man muss sich nicht gleich zu Praxisbeginn Feinde in Form von eifersüchtigen Kollegen machen).

Des weiteren können Sie im Wartezimmer **Informationsbroschüren von Arzneimittelherstellern** auslegen (jedoch nur solche, hinter deren Wirkungsweise Sie auch stehen, falls Sie von Patienten auf solche Mittel angesprochen werden!).

Andere Wege, um geeignete Patienteninformationsbroschüren zu bekommen, sind Fachmessen, Verbände, medizinische Datenbanken.

Es gibt Firmen, die mittlerweile **Gutscheine** anbieten.

Gutscheine für Vitalisierungskuren im Bereich der Prävention oder zur Stärkung des Immunsystems bevor die kalten Wintertage anbrechen.

Sehr gern wählen z. B. Enkel diesen Weg, die ihren Großeltern mal etwas anderes schenken wollen als die obligatorische Flasche „Doppelherz" zu Weihnachten.

Bei dem hier ausgewählten Beispiel handelt es sich um einen **Gutschein für eine Vitalisierungskur.**

Achten Sie darauf, dass beispielsweise § 12 HWG einige zu behandelnde Krankheiten ausschließt, auf die sich dieser Gutschein nicht berufen dürfte (vgl. Kapitel 12. 4).

Legen Sie so etwas aus, versehen mit Ihrem Praxisstempel.

Ein anderer Ansatzpunkt, das Thema „Herbst" betreffend, wäre ein eigenständig erstelltes Informationsblatt, angefangen mit der Anatomie der oberen Luftwege, der Schutzfunktion der Flimmerhärchen in der Nase, die Abwehrfunktion der Mandeln mit der dazugehörigen Pathophysiologie: Viren gelangen in die oberen Luftwege, der ganze Kreislauf, vielleicht noch bildlich dargestellt.

Auch hier wieder darauf achten, gesetzeskonform zu bleiben, das heißt lt. § 11 HWG „Außerhalb der Fachkreise darf für Arzneimittel, Verfahren, Behandlungen [∴] nicht geworben werden …

… mit der bildlichen Darstellung [∴] von Veränderungen des menschlichen Körpers oder seiner Teile durch Krankheiten, Leiden oder Körperschäden, bei der Wirkung eines Arzneimittels, eines Verfahrens, einer Behandlung.

Doch kann Ihnen niemand verbieten, Ihren Patienten Angstgefühle von vornherein zu nehmen, indem man – konzipiert für den Laien – die oberen Luftwege aufmalt (natürlich ohne krankhafte Veränderungen).

Anschaulich erklärt kann man den Bogen weiterspannen, indem man auf die Wichtigkeit der Tonsillen eingeht, auf die Flimmerhärchen in der Nase und was mit ihnen passiert, wenn sie anhaltendem Tabakgenuss ausgesetzt sind usw.

Lassen Sie Ihrer Phantasie freien Lauf, Sie sehen, es gibt so viele Ansatzpunkte.

Das gleiche gilt für die anderen Jahreszeiten

* **Frühling:**
  Vorbereitung auf den Sommer; den Körper nach der Winterkälte wieder „auftanken"; Einfluss des Sonnenlichts; Vit. D, Umwandlung im Körper von Vit. D.; gelenkschonende Übungen, die man zur Kreislaufregulation im Freien absolvieren kann. …

* **Sommer:**
  wie entsteht ein Sonnenbrand; Anatomie der Haut; Wirkung von Carotin (z. B. in Möhren) und der damit verbundenen gesundheitsbewussten Ernährung; Schutz der Haut; Prävention; ausreichende Flüssigkeitszufuhr bei übermäßigem Schwitzen; was passiert mit

dem Körper; welchen Weg nimmt das Wasser; ...

• **Winter:**
Wie wirken die kalten Wintertage mit ihren langen dunklen Nächten auf den menschlichen Körper; Hinweise zur gesundheitsbewussten Ernährung mit Vitaminen, Mineralstoffen; gelenkschonende Übungen z. B. zur Vorbereitung auf den Skiurlaub, ...

Die Liste wäre fast endlos fortzusetzen; auch hier ist wieder Ihre Kreativität gefragt.

Sie möchten Ihren Patienten doch etwas vermitteln, machen Sie sie neugierig (aber erzeugen keine Angstgefühle) und erklären Sie ihnen die Hintergründe.

▸ Passen Sie sich den Jahreszeiten an.

Solche Aktionen kosten in der Vorbereitung zwar Zeit, jedoch wenig Geld und beides haben Sie, gerade zu Praxisbeginn.

Artikel des Stuttgarter Stadtanzeigers 07/2003

was tun gegen die Winterdepression ?

Licht macht gute Lau

Sie fühlen Sich schlapp und trübsinnig, haben unerklärliche Angst, können schlecht schlafen, Ihnen fehlt der Appetit, nur manchmal haben Sie Heißhunger auf Süßes: Das kennen Sie wohl auch? Wenn es so ist, gehören Sie zu den rund 20 Millionen Deutschen, die während der dunklen Jahreszeit unter einer leichten Form von Winterdepression leiden. Dagegen sollten Sie unbedingt etwas tun.

Mangel an Licht

Viele glauben, die Abgespanntheit liege am Mangel an Vitaminen. Aber das ist es nicht. Es handelt sich vielmehr um einen Mangel an Licht. Und deshalb ist helles Tageslicht die beste Vorbeugung gegen Winterdepression. Ein halbstündiger Aufenthalt im Freien, wenn an hellen, aber bewölkten Wintertagen eine Lichtstärke von mindestens 1000 Lux herrscht, kann das

fürs erste schon vorbeugen. Ersatzweise hat die Industrie für medizinische Zwecke auch Lampenbatterien mit hoher Leuchtkraft entwickelt. In ärztlichen Praxen oder Ambulanzen werden sie zur Lichttherapie bei Winterdepressionen eingesetzt, die sich in Angstzuständen äußern bis zum Selbstmord führen können. Etwa 800 000 Menschen in Deutschland sind von dieser Form betroffen.
Scheint die Sonne, sind es bereits 10 000 Lux, die auf Haut und Augen der Menschen einwirken. Am Äquator werden sogar 80 000 Lux geboten. Dagegen nimmt sich die künstliche Funzelbeleuchtung unserer Büros und Wohnzimmer mit 300 bis 800 Lux doch sehr bescheiden aus. Die Bestrahlung der Haut ist zwar gut für die Bildung von Vitamin D – durch die Augen dringt aber das Licht ein und

nere Uhr im schüttung be: ne und Boten: nin, Noadren: zum Beispiel. wird zuviel v Melatonin ge anderem das verstärkt: We werden wir d tisch müde. N Gegenspieler das uns leistu und glücklich

Ein Spazie wirkt wun

Nur wenn es haupt nicht n wird, ist eine T ziallampen ar Kassenleistur Die Anwendur chen Gerätei zwischen 40 N Stunden – je i tensität, die und 10 000

8.2   Antisaisonale Werbung

Im Umkehrschluss gibt es die sogenannte „antisaisonale Werbung".

Stellen Sie sich vor, Sie sitzen kurz vor Weihnachten im Wartezimmers Ihres Heilpraktikers, sind gestresst, ausgelaugt und gefrustet, weil es ge-

rade mal 17.00 Uhr ist und draußen bereits stockdunkel.
Da lesen Sie eine ausgestellte Broschüre mit der Aufschrift „Haben Sie Lust auf ein Eis? Das kühlt und erfrischt" – doch angesichts der äußeren Umstände bewirkt es genau das Gegenteil bei Ihnen.

Kalt ist Ihnen bereits, die Vorstellung, ein Eis zu essen, wird dieses Gefühl noch verstärken und Ihr Widerwille dem angepriesenen Eis gegenüber verstärken.

Nicht nur, dass sich der Werbende diese Mühe und Ausgaben zu dem Zeitpunkt hätte sparen können, er verstärkt auch noch den Widerwillen gegenüber dem Produkt, für welches er ursprünglich werben wollte.

Daher überlegen Sie sich parallel zu Ihren „Kampagnen" den richtigen Zeitpunkt.

Ausarbeiten können Sie all diese Dinge bereits im Vorfeld, zu Praxisbeginn, wo Sie vermutlich noch mehr Zeit haben werden, solche Dinge zu erstellen.

9 Marketingkommunikation

9.1 Definition

Der Begriff stammt aus der Wirtschaftswelt und umfasst alle notwendigen Maßnahmen, um

- auf Ihre Praxis hinzuweisen
- auf das Praxisangebot aufmerksam zu machen
- den Patientennutzen klar herauszukristallisieren

und zwar mittels Werbung und Kommunikation.

Fertigen Sie sich eine Liste mit Ihren **Marketingzielen** an, die Sie dann konsequent verfolgen:

→ Benennen Sie Ihre Marketingziele für den Zeitraum Ihrer Praxiseröffnung

→ Benennen Sie Ihre Marketingziele für das erste Jahr nach Ihrer Praxiseröffnung sowie Ihre Ziele nach 5 und 10 Jahren

Erreicht werden diese unter anderem durch eine Repräsentation Ihrer Praxis sowie Ihrer eigenen Person in der Öffentlichkeit sowie durch die formale Repräsentation, zu denen wir nun im folgenden kommen:

9.2 Repräsentation nach außen

9.2.1 Öffentlichkeitsarbeit

Hinter diesem Begriff verbirgt sich nichts weiter als Ihre persönliche Präsentation als Heilpraktiker in der Öffentlichkeit mit dem bewussten und geplanten Bemühen, Vertrauen in Ihre Person und Fertigkeiten aufzubauen und zu pflegen – der sogenannten „**Public Relations**".

Beginnen Sie mit **Leserbriefen** in

- regionalen Tageszeitungen
- der Fachpresse
- Unterhaltungsmagazinen

Informationsabende, von Ihnen organisiert, könnten die nächsten Schritte sein (vgl. Abb. S. 51).

Auch wenn es zugegebenermaßen nicht einfach ist, vor Publikum zu reden, versuchen Sie es.

Selbst wenn Sie zu Beginn ein wenig nervös und unsicher sein sollten – dies ist nur zu menschlich und niemand wird Ihnen einen „Strick daraus drehen".

Der Vorteil eines Informationsabends, Gesprächskreises oder Workshops besteht darin, dass es sich meist um eine sehr kleine, überschaubare Gruppe handelt.
Man kann flexibel auf die Wünsche der Teilnehmer eingehen, bietet ihnen neue Anregungen und Ansatzpunkte und zu guter Letzt erhöht sich auch noch Ihr Bekanntheitsgrad.

Aber auch die **Volkshochschule** kann Ihnen ein Podium bieten, um mit interessierten Laien in Kontakt zu treten und dem ein oder anderen Patienten den Weg zu Ihnen in die Praxis erleichtern.

Erwiesenermaßen sitzen in solchen Kursen zwar eher Menschen, die sich selbst kurieren möchten, doch vielleicht findet der ein oder andere den Weg zu Ihnen in die Praxis, oder Sie haben den **Streuungseffekt**.

Streuungseffekt bedeutet, dass eventuell ein Bekannter dieser Teilnehmer auf der Suche nach einem Heilpraktiker ist und man erinnert sich in positiver Weise an Sie (vgl. hierzu auch Kapitel 2.4).

Achten Sie hier nur darauf, dass Sie keine Werbung machen „mit Veröffentlichungen, die dazu anleiten, bestimmte Krankheiten, Leiden, Körperschäden oder krankhafte Beschwerden beim Menschen selbst zu erkennen und mit den in der Werbung bezeichneten Arzneimitteln, Gegenständen, Verfahren, Behandlungen oder anderen Mitteln zu behandeln (§ 11 HWG, vgl. auch Kapitel 12).

Verboten

Nachdem Sie mittlerweile „medienerprobt" sind, können Sie sich überlegen, ob Sie vielleicht einen **Ratgeber** für interessierte Laien **schreiben und veröffentlichen** wollen (siehe hierzu Kapitel 14).

Je nach Tätigkeitsschwerpunkt wird das Ihren Bekanntheitsgrad um ein Vielfaches erhöhen als dessen Folge Sie sicherlich den einen oder anderen Patienten neu gewinnen werden.

Überlegen Sie sich hierzu jedoch ein Thema, zu dem es noch etwas „zu sagen gibt" – vielleicht nicht gerade das Thema „Apfelessig", das in zahllosen Ratgebern angeboten wird.

9.2.2 Präsentation Ihrer Praxis

Es ist absolut nicht verboten, wenn Sie einen **Informationsstand** auf Veranstaltungen, sowohl öffentlicher als auch privater Art, (jedoch nur mit Zustimmung des Veranstalters) haben.

Informieren Sie über Ihre Praxis; Ihr Leistungsangebot, jedoch ohne übertriebene oder marktschreierische Werbung, ohne Verstoß gegen die guten Sitten, …

Dies könnte sich gerade in einem Erholungs-, Kurort anbieten, welcher jedoch in erreichbarer Nähe Ihrer Praxis liegen sollte.

Neuerdings sieht man, beispielsweise in Krankenhäusern, Litfass-Säulen mit zahlreichen Praxen.

Auch Heilpraktiker sind dort vertreten.

Erkundigen Sie sich vor Ort, ob es diese Möglichkeit auch bei Ihnen gibt.

→ All die genannten Beispiele sind durch unsere Gesetzgebung legitimiert, sofern sie nicht die Tatbestände von Zuwiderhandlungen erfüllen. Gemeint ist damit beispielsweise § 11 HWG, welcher besagt, dass Werbevorträge, die mit dem Anbieten oder der Entgegennahme von Adressen verbunden ist, nicht erlaubt sind. Doch wer kann Ihnen verbieten, Ihr Manuskript mit Ihrem Namen, Ihrer Telefonnummer sowie Adresse zu versehen?

Oder an dem Informationsstand Ihre Visitenkarten zu hinterlegen?

9.3 Repräsentation nach innen

9.3.1 Allgemeines

Übergeordnet spricht man vom sogenannten „Corporate Identity" – dem strategisch geplantem Selbstbild Ihrer Praxis.

Es hat die Funktionen der

- Eigenmotivation

- Der Identität mit der Praxis sowie

- Einer Botschaftsfunktion an Ihre Patienten, Kooperationspartner und allen Interessensgruppen, die mit Ihrer Praxis zu tun haben

Die Grundlage besteht aus einem einprägsamen Praxissignet, welches Sie, nach Rücksprache mit Ihrem jeweiligen Berufsverband, verwenden.

Suchen Sie sich ein **Logo** aus, welches Ihnen gefällt, mit dem Sie sich identifizieren können und bleiben Sie dabei.

▸ Erlaubt sind Blumen, Zeichen wie Yin und Yang, Regenbögen, etc., soweit sie § 11 HWG beachten, das heißt „mit der bildlichen Darstellung von Personen in der Berufskleidung oder bei der Ausübung der Tätigkeit von Angehörigen der Heilberufe".

Erlaubte Symbole:

Verbotene Symbole:

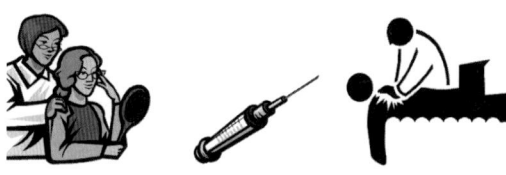

Im Zweifelsfall fragen Sie bei Ihrem **Berufsverband** nach.

▷ Wechseln Sie Ihr Signet nach Möglichkeit nicht, weil man gewisse Dinge bereits nach

kurzer Zeit mit Ihnen verbindet und sie das Praxiskonzept bestimmen.

Mit immer wiederkehrenden Symbolen und Elementen bekommt Ihr Patient einen „roten Faden", so dass nach gewisser Zeit ein **Wiedererkennungseffekt** stattfindet.

Damit haben Sie dann das sogenannte „Corporate Image" erreicht, das Fremdbild.

Den Wiedererkennungseffekt Ihrer Praxis von Außen, so dass Sie mit Ihrer Corporate Identity und dem Corporate Image beide Seiten der Medaille zusammengefügt haben.

▷ Achten Sie auf jeden Fall bei der Auswahl Ihres Signets darauf, dass es zu Ihrer Praxis und Ihrer Philosophie, die Sie vermitteln möchten, passt und diese professionell wirken.

▷ Zusätzlich können Sie das Logo Ihres Berufsverbandes verwenden (Anmerkung: lt. unserer Berufsordnung, Artikel 16, wird dies sogar gewünscht).

▷ Sie sollten nach Möglichkeit Ihr Signet mit Ihren Praxisfarben abstimmen, auch im Rahmen Ihrer Werbemaßnahmen (→Verstärkung des Werbeeffekts).

▷ Verzichten Sie auf übertriebene Selbstdarstellung, Ihre Patienten wählen Sie aufgrund Ihres Könnens, der Art wie Sie mit Ihnen umgehen und Ihrer Persönlichkeit.

Sie müssen sich nicht verstellen.
Auch hier gilt:
Weniger ist mehr und: Das Besondere fällt auf!

9.3.2 Das Praxislogo

Überlegen Sie sich bereits vor dem Druck/Gestaltung Ihrer ersten Visitenkarte ein passendes Logo.

Sie sind leidenschaftlicher Phytotherapeut? Wie wäre es mit einer ausgesuchten Pflanze?

Sie beschäftigen sich schwerpunktmäßig mit Kraniosakraltherapie?

Wie wäre es mit einzelnen Knochen oder dem Skelettsystem?

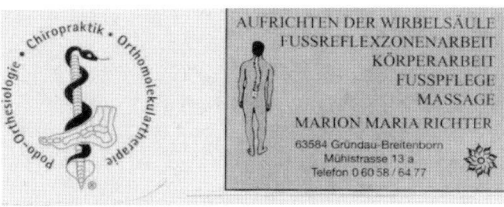

Sie praktizieren vornehmlich im Bereich der Psychotherapie?

Wie wäre es mit Symbolen, die Glück, Entspannung und Ausgeglichenheit zum Ausdruck bringen?

9.3.3 Ihr persönliches Erscheinungsbild

Versetzen Sie sich in die Lage Ihrer Patienten.

Sie kommen (zum ersten Mal) in eine Naturheilpraxis. Was erwarten Sie?

Während eines Praktikums habe ich damals eine Diskussion verfolgt, in der es um genau das Thema ging.

Wie sollte man während der Sprechstunden gekleidet sein?

Im weißen Kittel, steril und an einen Arzt erinnert?

Oder doch eher „zivil"?

Meiner Meinung nach sollte während einer Behandlung auf weiße „Schutzkleidung" nicht verzichtet werden.

Es macht nicht nur einen sauberen, sondern auch einen professionellen Eindruck und Professionalität ist doch das, was Sie vermitteln möchten.

Vielleicht sieht ein beispielsweise klassischer Homöopath dieses anders, der weder Eigenblutbehandlungen, Akupunkturen o. ä. durchführt und dessen Schwerpunkt auf der „Nähe zum Patienten" ruht und einen „weißen Kittel" vielleicht eher als Barriere deutet.

Hier muss jeder seinen eigenen Weg finden.

Dazu ein **nicht nachahmenswertes Beispiel:**
Der Heilpraktiker Klaus Humerus möchte sich selbständig machen und sucht passende Praxisräume.

Seinen Behandlungsschwerpunkt sieht der geprüfte Heilpraktiker mit der Zusatzausbildung zum naturheilkundlichen Psychotherapeuten in den Krankheitsbildern der Depression; Trauerarbeit; Verstimmungen etc.

Er findet günstige Praxisräume in der 1. Etage eines Mehrfamilienhauses, in welchem das Erdgeschoss an ein Beerdigungsinstitut vermietet ist.

Seine mystische Ader bewegt ihn dazu, schwarze Drucke mit Traumsymbolen im Wartezimmer aufzuhängen und die Praxis insgesamt sehr dunkel zu gestalten.

Auch ist sein persönlicher Kleidungsstil, auf den er nicht verzichten möchte, eher dunkel angehaucht und er wird selten ohne schwarze Hose und Hemd gesehen. ...

Welche Erfolgschance geben Sie ihm?

9.3.4 Ihre Praxis

Ich möchte in diesem Kapitel weniger auf eine architektonisch durchdachte Praxisaufteilung eingehen als vielmehr auf gewisse Rahmenstrukturen.

▶ **Denn: Es gibt nichts wichtigeres als den ersten Eindruck.**

Sobald der Patient Ihre Praxis betritt, sollte er sich wohl fühlen.

Dieses Gefühl kann von Ihnen positiv unterstützt werden, indem Sie

- darauf achten, dass der Eingangsbereich/ Wartezimmer hell und freundlich erscheint

- Ihre Praxis farbpsychologisch abgestimmt gestalten, streichen Sie die Wände des Wartezimmers beispielsweise hellgelb. **Gelb** wirkt geistig anregend, steigert die Konzentrationsfähigkeit und fördert den verbalen Austausch **Grün** ist ein Symbol für Hoffnung, Regeneration, Heilung und ewiges Wachstum – planen Sie diese Farbe ruhig im Bereich Ihres Behandlungszimmers mit ein.

- sehr angenehm und entspannend wirken musikalische Hintergrundmelodien; z. B. Klassik, Meditationsmusik

- Pflanzen und Bilder lassen Ihre Räumlichkeiten ebenfalls warm erscheinen

Wohlwollend bemerkt man sicher auch bequeme Stühle (im Gegensatz zu zahlreichen Arztpraxen) und eine kindgerechte „Krabbelecke" mit Spielsachen und eventuell kleinen Stühlchen.

Insgesamt gesehen sollten die Räumlichkeiten sauber sein (ich hatte im Wartezimmer mal einen hellbraunen Veloursteppich – wenn es draußen geregnet hatte, sah dieser Teppich abends regelmäßig aus als wäre er um Jahre gealtert – schon nach kurzer Zeit kein schöner Anblick mehr).

9.3.5 Vertriebsfragen/Praxisform

Haben Sie sich bereits überlegt, welche Form der Praxis Sie führen möchten?

Bevorzugen Sie feste Sprechzeiten, beispielsweise

Montag – Donnerstag
9.00–12.00 u. 13.00 – 18.00

Freitag 9.00 – 12.00

Montag – Donnerstag,
9.00 – 12.00 u. 13.00 – 18.00

Freitag 9.00 – 12.00

Variante A

oder eher Termine ausschließlich nach telefonischer Vereinbarung?

Termine nur nach telefonischer
Vereinbarung unter
Tel:: 00000–000000

Variante B

Beide Formen der Praxisführung haben sowohl Vor- als auch Nachteile.

Gerade zu Beginn Ihrer Selbständigkeit kann es eine Weile dauern, bis Sie bekannt sind bzw. bis man Sie weiterempfiehlt.

So kann es passieren, dass Sie bei der ersten Variante (A), den festen Sprechzeiten, größtenteils allein in Ihrer Praxis sitzen und viel „Leerlauf" haben.

Natürlich können Sie dem Ganzen auch etwas Positives abgewinnen, indem Sie sagen: „Das ist ganz in meinem Sinne, dann kann ich viel lesen oder dies und das ausprobieren" – doch vielleicht kommt auch eine gewisse Frustration auf (Es ist normal, dass es eine gewisse Zeit dauert, bis sich Ihre Praxis herumgesprochen hat geschweige denn sich selbst trägt!).

Sollte dies der Fall sein, entscheiden Sie sich für die Variante B.

Weiterhin sollte man sowohl den Praxisstandort als auch den Familienstand mit in die Wahl der Sprechzeiten miteinbeziehen.
So kann beispielsweise eine Praxis in den eigenen Souterrain-Räumlichkeiten mit einer Klingel versehen werden, die Sie im gesamten Haus hören.
Das hätte den **Vorteil**, dass Sie in ruhigen Zeiten Dinge des Alltags erledigen könnten und gleichzeitig jederzeit erreichbar wären.

Nachteil dieses Standorts könnte dann allerdings auch sein, dass Patienten, Pharmareferenten usw. sie auch privat erreichen, das heißt außerhalb jeglicher Sprechzeiten und sieben Tage die Woche.

Termine nach telefonischer Vereinbarung haben den Vorteil, dass Sie in der Lage sind, verschiedene Termine zeitlich angrenzend planen zu können und nicht „vergebens" in Ihrer Praxis zu sitzen.

Sie sollten nur jedes Mal ausreichend Zeit für Ihre Termine veranschlagen, gerade bei Therapieformen wie der „Klassischen Homöopathie". Da kann aus einem 2-stündigen Gespräch schnell ein 3-stündiges werden, wenn der Patient erst einmal Vertrauen gefasst hat.

Und jeder von uns hat dies in der ein oder anderen Praxis schon einmal erlebt – da hat man einen Termin, und muss trotzdem stundenlang warten.

Bei Abwägung des Für und Wider beider Varianten entscheiden Sie sich vielleicht für die Mischform, das heißt sowohl feste Sprechzeiten als auch die Möglichkeit der festen Terminabsprache.

Ihr Schild die Sprechzeiten betreffend könnte dann folgendermaßen aussehen:

Montag – Mittwoch 9. 00 – 12. 00

Donnerstag 9. 00 – 18. 00

Freitag nur nach telefonischer Vereinbarung Tel. 0000–00000

Variante C

 → Abgesehen von Ihren Sprechzeiten gibt es weitere Ansatzpunkte, wie Sie Ihren Patienten einen gewissen „Service" bieten und sich damit von Ihren Kollegen abheben können:

→ führen Sie feste **Telefonsprechzeiten** ein. Ihre Patienten haben so beispielsweise die Möglichkeit, Laborwerte zu erfragen oder sich nach anderen Befunden zu erkundigen. Dabei können sie sich sicher sein, Sie nicht in Ihrem Behandlungsalltag zu stören und sind sich somit Ihrer vollen Aufmerksamkeit sicher

→ geben Sie bekannt (z. B. an der Pinnwand in Ihrem Wartezimmer); dass Sie auch **Termine außerhalb der üblichen Sprechzeiten** vereinbaren; manche Menschen haben Schichtdienst und werden Ihnen dankbar sein

→ führen Sie eine Art **„Erinnerungsdienst"** ein – entweder für altersbedingt sehr vergessliche Patienten oder bei Terminen, die bereits vor

längerer Zeit vereinbart worden sind (wenn Sie einen Computer haben, kann man diese Funktion unter Umständen in Ihr Programm aufnehmen und der Computer zeigt Ihnen automatisch an, wenn Sie jemanden erinnern müssen)

→ bereiten Sie eine **Skizze** vor, die Ihren Patienten den Weg zu Ihrer Praxis mit dem PKW sowie mit öffentlichen Verkehrsmitteln weist und senden Sie diese auch auf Wunsch zu.

9.4 Formale Repräsentation

9.4.1 Allgemeines

Die „Formale Repräsentation" vermittelt Ihren Patienten, Kollegen sowie allen anderen Personen, die Drucksachen von Ihnen bekommen, ein bestimmtes Bild von Ihnen.

So macht es beispielsweise einen professionellen Eindruck, wenn ein Bogen Briefpapier oder Rechnungsbogen maschinell erstellt oder gedruckt wurde, anstatt ihn handschriftlich zu verfassen.

Auf jeden Fall sollten sämtliche Drucksachen folgende Daten beinhalten:

- Ihren Namen
- Ihren Beruf
- Ihre Anschrift
- Ihre Telefonnummer sowie Fax-Nummer
- Ihre Internetadresse und Homepage
- Ihre Mobilnetznummer
- Nach Möglichkeit Ihr Verbandslogo (wird bereits in der Berufsordnung, Artikel 16, erwähnt „Verbandszugehörigkeiten sollten auf Rezepten, Rechnungen u. a. durch Abdruck des Mitgliedsstempels kenntlich gemacht werden").

9.4.2 Visitenkarten

Wie Sie Ihre Visitenkarte entwerfen, bleibt Ihnen überlassen, sofern Sie folgende Dinge beachten:

Sie sollten sich in jedem Falle mit Ihrem Berufsverband absprechen, in wie weit Sie außer Ihrem Verbandslogo gewisse andere Logos/Symbole benutzen dürfen.

Vielfach findet man Logos wie

- Yin und Yang

- Oder Aeskulapstäbe

Auch hier noch einmal der Hinweis:

Gesetzlich gesehen bedürfen Sie keiner Genehmigung durch Ihren Berufsverband-Sie haben in der Auswahl der Logos freie Wahl.

Doch im Rahmen Ihrer freiwilligen Mitgliedschaft in Ihrem Verband sollten Sie die dort herrschenden Regeln nach Möglichkeit akzeptieren (oder die Konsequenzen ziehen).

 → **Ihr Name, Ihre Adresse, Telefon-Faxnummer sowie ein Verweis auf Ihre Homepage im Internet sollten keinesfalls fehlen.**

Angelehnt an die Berufsordnung (vgl. Kapitel 12.6) dürfen Sie auf Ihrer Visitenkarte bis zu drei Therapien abdrucken (gesetzlich gesehen auch hier wieder der Fall, dass diesbezüglich keine Vorschriften mehr existieren).

Daher sollten sich vorab überlegen, welche **Therapieschwerpunkte** Sie wählen.

Bitte denken Sie jedoch daran, dass Sie aufgrund HWG § 3 keine Heilungsversprechen oder ähnliches machen dürfen (z. B. „erfolgreicher Krebstherapeut").

Was Sie ebenfalls bedenken sollten, ist die Tatsache, dass es sich um Therapieformen handeln muss, das heißt *Therapieformen* wie z. B.

- Aderlass; Akupressur; Akupunktur; Aromatherapie

- Bach-Blütentherapie

- Injektionen

- Magnetfeldtherapie usw.

Eigentliche „Untersuchungs- bzw. Diagnosemethoden" sind damit nicht gemeint, werden aber oft unwissentlich verwendet.

Beispiele wären hier:

- Irisdiagnose

- Kirlianfotographie – dabei handelt es sich strenggenommen nicht um Therapieformen!

Auch Ihr Beruf – **Heilpraktiker** – sollte klar definiert auf Ihrer Visitenkarte stehen.

Bis Anfang 2002 waren diese Zusatzbezeichnungen/Spezialisierungen seitens der Verbände durch unsere Berufsordnung verboten – Kinderheilpraktiker oder Sportheilpraktiker – diese Bezeichnungen waren undenkbar.

Wie zu Beginn des Buches erläutert, wird auch heute noch der Berufsstand der Heilpraktiker stets an den Verboten der Ärzteschaft gemessen.

Die Landesärztekammer hielt Spezialisierungsbezeichnungen für berufswidrig, da § 27 der Berufsordnung für Ärzte eine anpreisende Werbung für Ärzte verbietet.

Das Bundesverfassungsgericht entschied, dass diese Spezialisierungsbezeichnung in einem Informationsblatt nur dann berufswidrig sei, wenn sie „keine interessengerechte und sachangemessene Information darstellt" (BverfG 2002-02-08;1 BvR 1147/01;Rechtsbereich/Normen).

Genannt wurde hier das Beispiel eines Kniespezialisten.

Umgesetzt für unsere Berufsgruppe und damit auch für Sie, würde das bedeuten, dass Sie eine solche Zusatzqualifikation führen dürften.

„Heilpraktikerin Klothilde Apoplexia – Homöopathin"

Wählen Sie Produkte für: Büro Familie

Mein Konto | Anmelden |

Home | Visitenkarten | Postkarten | Adressaufkleber | Broschüren | Betriebsdienste

Exklusiv Visitenkarten Gratis Visitenkarten Gratisangebot Preise

☑ Jetzt Abonn
Sie erhalten GR,
Tipps und Sond

E-Mail Adre

Abon

Geld und Zeit sparen – Bestellen Sie Ihre Visitenkarten Online!

Wir bieten Ihnen die komfortabelste Möglichkeit hochwertige Visitenkarten zu bestellen und dazu noch GRATIS. Sie zahlen nur die Versandkosten. Wozu eine Druckerei besuchen, wenn Sie Ihre Visitenkarten von zu Hause bestellen können? Warum sollten Sie deren Preise zahlen? Und warum sollten Sie Ihre Karten selbst zu Hause in nur ein oder zweit Farben ausdrucken, wenn Sie professionell gedruckte, vollfarbige Visitenkarten gratis erhalten können?

Hier Klicken, um anzufangen!

GRATIS Angebotdetails

- 250 Visitenkarten
- Professionelle Druckqualität
- Fester, 265 g/qm Kartenkarton
- Vierfarbiger (CMYK) Druckprozess
- 30 Designvorlagen
- Zufriedenheit garantiert! Hier klicken für weitere Details.

Hier Klicken, um anzufangen!

Seien Sie einer von mehr als 2.000.000 zufriedenen Kunden

Sie können Ihre GRATIS Visitenkarten in weniger als fünf Minuten bestellen! Folgen Sie einfach diesen Schritten:

1. Wählen Sie eine unserer GRATIS Visitenkartenvorlagen (einfach darauf klicken)
2. Geben Sie den Text, den Sie auf der Karte wünschen, ein und gehen Sie zur Vorschau
3. Fügen Sie Ihre Karte dem Warenkorb hinzu und gehen Sie zur Kasse

▸ **Corporate**

Zeigen Sie sich in einem professionellen Image

▸ **Ausdrucksstark**

Fallen Sie auf mit stilbewusstem Design

▸ **Privatkarten**

Geben Sie Ihre Kontaktdaten an Freunde und Familie weiter

▸ **Betrachten Sie unsere Galerie voll mit Designvorlagen**

TIEFPRE

Anzahl

250
500
1000

Visitenk;
erstellen

Visitenk;
Dimensi
87 mm ›

Hoch
Qu
265
Visitenk;

Familie L

Schauen Sie sich u
Ihre Familie einmal
unserer neuen
Karikaturadressauf
140 Stück für nur

Stellen Sie jedoch sicher, dass Sie mittels Ihrer Fachweiterbildungen wirklich zum Spezialisten avanciert sind, da Sie mit Einwänden von Kollegen und eventuell Ihres Berufsverbandes rechnen müssen.

Wägen Sie ab, ob Sie sich bereits als „Neueinsteiger" Spezialist nennen wollen oder doch erst einmal einige Zeit Berufserfahrung diesbezüglich sammeln.

 **Ein Tipp noch zum Format:**

Wählen Sie nach Möglichkeit ein gängiges Visitenkartenformat, auf dem alle wesentlichen Informationen auf der Vorderseite beinhaltet sind. Die Rückseite können Sie, ganz patientenorientiert, mit einem kleinen Stadtplan / Lageplan versehen, welcher den Weg zu Ihrer Praxis weist. Die Karten passen in alle gängigen Geldbörsen. Visitenkarten zum aufklappen sind meist so konzipiert, dass sie zwar genauso groß, aber ca. 1 cm breiter sind und somit sehr unterschiedlich aufzubewahren (geschweige denn weiterzugeben).

Abgesehen von Druckereien und Firmen, die Praxisbedarf führen, besteht auch hier die Möglichkeit, Ihre Visitenkarten via Internet zu erstellen, Preisvergleiche zu tätigen und sich zuschicken zu lassen.

Einige Anbieter werben mit Gratisangeboten zum Einstieg – erkundigen Sie sich, Sie können unter Umständen eine Menge Geld sparen.

9.4.3   Rezeptblöcke

Auch auf diesem Formular sollte keineswegs Ihr Name, Ihre Berufsbezeichnung, Ihre Adresse sowie Telefon-, Fax- und Mobilnetznummer sowie Ihre Internetadresse fehlen.

Wenn Sie auf Ihren Visitenkarten ein Verbandslogo oder ein anderes Emblem haben aufdrucken lassen, sollten Sie es auch hier mit einbringen.

Einen Rezeptblock farbig zu hinterlegen ist wohl eher ungünstig.

Dieses Dokument ist grundlegend weiß zu halten, es soll schließlich einen fachlich korrekten

Klothilde Apoplexia
Heilpraktikerin
Prothesenstr. 2; 23333 Musterhauser
Tel./Fax.:01234 – 6789
www.kapoplexia.de

und medizinisch versierten Eindruck vermitteln, welches schwerlich möglich wäre, wenn es mit rosa Gänseblümchen unterlegt wäre.

Wenn Ihre formellen Drucksachen in einer Druckerei in Auftrag gegeben werden, holen Sie sich diesbezüglich dort Rat.

Für den Fall der Eigenkreation können Sie sich auch Anregungen von Ihren Kollegen einholen.

9.4.4   Terminblöcke

Siehe 9.4.3

9.4.5   Rechnungen

Abgesehen von den oben genannten formalen Informationen sollte auf diesem Formular Ihre komplette Bankverbindung angegeben werden.

Sie können diese Information in einen Satz am Ende des Briefes einflechten, beispielsweise: „Bitte überweisen Sie die Summe von 93,44 Euro bis zum 01. 01. 2003 auf folgendes Konto: Bankinstitut Diarrhoes; Bankleitzahl 0000011; Kontonummer 12345677"

Für den Fall, **dass Sie ein** spezielles Anwendungsprogramm für Ihren Computer besitzen, brauchen Sie Ihre Grunddaten vermutlich nur einmalig eingeben und der Computer druckt Ihnen automatisch ein Rechnungsformular.

Für den Fall, **dass Sie kein** solches Programm besitzen – sollten auf Ihrem Rechnungsformular nicht fehlen:

* Ihre Praxisangaben

* Adresse des Patienten

* Eine Rechnungsnummer

* Ein Rechnungsdatum

- Eine aussagekräftige Diagnose
- Kennziffer des GebüH mit Anzahl der Therapiesitzungen, Einzelpreis und Endsumme
- Förmlicher Anrede
- Gesamtsumme
- Bankverbindung

- Behandlungszeitraum
- Datum, bis wann Ihr Patient die Rechnung überweisen soll.

Beispielsweise könnte ein Rechnungsformular folgendermaßen aussehen:

Naturheilpraxis
Klothilde Apoplexia

Prothesenstrasse 2
23333 Musterhausen
Tel/ Fax :01234 / 6789
www. kapoplexia.de

Frau Östrogenia Muster
Musterhausender Straße 1

23333 Musterhausen

Ihre Rechnung

Rechnungsnummer: 3/02
Rechnungsdatum: 01.03.2002

Sehr geehrte Frau Muster;

Für meine Bemühungen für die Zeit vom 15.02.02 bis zum 28.02.02 erlaube ich mir den Betrag von 22,00 Euro zu berechnen.

Spezifikation:
Diagnose: chron.Musteritis

Datum	Menge	GebüH	Bezeich. Leistung	Preis E
15.2.02	1	1	Eingehende Untersuchung	12,-
	1	25.1	Injektion subcutan	5,-
27.2.02	1	25.1	Injektion subcutan	5,-

Rechnungsbetrag 22,- Euro

Bitte überweisen Sie den Betrag bis zum 15.03.02 auf folgendes Konto:
Naturheilpraxis Klothilde Apoplexia; Hemibank Musterhausen
BLZ:1234567;Kontonummer:3333333

Hier noch ein Tipp:

In den Zeiten der bargeldlosen Bezahlungen sollten Sie die Möglichkeit in Betracht ziehen, Ihrem Patienten die Wahl zu lassen, Ihre Rechnung bar zu zahlen, zu überweisen oder direkt in Ihrer Praxis mit einer „EC-Karte" zu begleichen. Ein möglicher Anbieter für Naturheilpraxen ist bisher die Deutsche Post:

Bargeldloser Zahlungsverkehr

- Gehen Sie mit der Zeit!!
**Bieten Sie Ihren Patienten die Möglichkeit, bargeldlos zu zahlen!
Nach dem Wegfall der eurocheque-Garantie seit dem 01.01.2002 ist neben der Barzahlung die elektronische Kartenzahlung mit ec-Karte, Visa und Eurocard die**

- **moderne und einfache**
- **aktuelle und schnelle**
- **sichere und bequeme**
- **selbstverständliche**
- **kundenfreundliche**

Zahlungsmöglichkeit, mit der Sie Ihren Mitbewerbern vielleicht den berühmten Dienstleistungsschritt voraus sind.

Heilpraktiker.de empfiehlt folgendes Angebot:

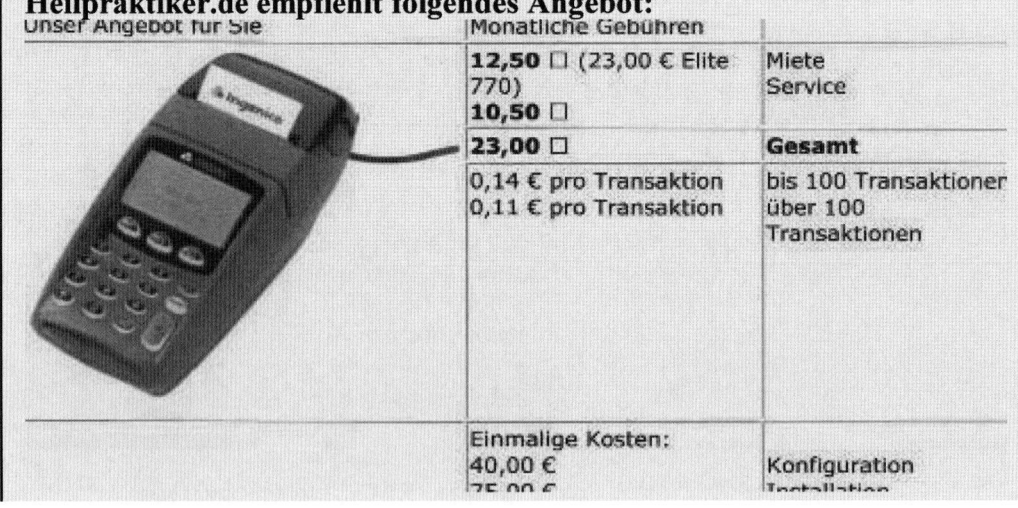

Unser Angebot für Sie	Monatliche Gebühren	
	12,50 ☐ (23,00 € Elite 770) **10,50** ☐	Miete Service
	23,00 ☐	**Gesamt**
	0,14 € pro Transaktion 0,11 € pro Transaktion	bis 100 Transaktionen über 100 Transaktionen
	Einmalige Kosten: 40,00 € 75,00 €	Konfiguration Installation

9.4.6 Briefpapier

Ihr Briefpapier sollte, ähnlich dem Formular eines Rezeptblockes, Ihren Namen, Berufsbezeichnung Adresse und Telefonnummer sowie Internet-Adresse im Briefkopf enthalten.

Dazu Ihre, vorausgesetzt es wird von Ihnen gewünscht, Therapieschwerpunkte und Öffnungszeiten.

9.4.7 Aufnahmen der Irisdiagnose

Wenn Sie ein Irismikroskop in Ihrer Praxis haben sollten, überlegen Sie sich, ob Sie Ihren Drucker so einstellen bzw. umrüsten können, dass unter den Aufnahmen jeweils Ihr Name mit Berufsbezeichnung und der Telefonnummer steht.
Sie können einen Abzug der Aufnahmen Ihren Patienten mitgeben.
Dies ist nicht nur ein schönes Andenken, sondern man wird die Aufnahmen des eigenen Auges im Freundeskreis herumzeigen. Denn wer hat denn schon so eine Aufnahme des eigenen Auges vorzuweisen (Anmerkung: hier greift nicht der § 11 des HWG „Außerhalb der Fachkreise darf für. ... Behandlungen nicht geworben werden. ... mit der bildlichen Darstellung von Veränderungen des menschlichen Körpers.")?

9.4.8 Praxisstempel

Ihr Praxisstempel sollte klein und kompakt sein, da Sie ihn des öfteren mitnehmen müssen.
Sie können ihn entweder in einer Druckerei in Auftrag geben oder in Katalogen bestellen (mittlerweile bieten Hersteller von Praxis-, oder Bürobedarf ebenfalls Stempel an).

Es gibt Stempel mit integriertem Stempelkissen oder Stempel mit separatem Stempelkissen.

Die erste Variante eignet sich besser für den „mobilen Einsatz", z. B. auf Messen (bei der Anforderung von Arzneimittelmustern, etc.).
Inhaltlich sollten auch hier Ihr Name; Ihre Berufsbezeichnung; die Adresse; Tel-/Faxnummer sowie Ihre Internetadresse sichtbar sein.
Je nach Layout zusätzliche Angabe Ihre Therapieschwerpunkte und Öffnungszeiten.

9.4.9 Flyer/Praxisbroschüre

Ihre Praxisbroschüren, auch oft „Flyer" genannt, sind ein wichtiges Aushängeschild für Ihre Praxis.
Sie dienen der Darstellung Ihres Praxisprofils; Ihrer Praxis; Ihrer Leistungsangebote; der Praxisphilosophie und Ihrem Hintergrund.
Suggestivwerbung ist hier absolut fehl am Platz, hier dominiert die Information.

All diese Informationen erfährt der Patient durch diese Praxisbroschüre, deren Inhalt Sie ganz allein bestimmen.
Doch lässt sich so eine Broschüre nicht nur für Ihre Patienten nutzen.
Sie können Sie genauso gut für Ihre „Vorstellungsbesuche in eigener Sache" für Ihre Kooperationspartner (vgl. Kapitel 6) benutzen.
Gemeinsam mit einem kurzen Informationsschreiben senden Sie diese vorab an Ihre jeweiligen Zielgruppen.

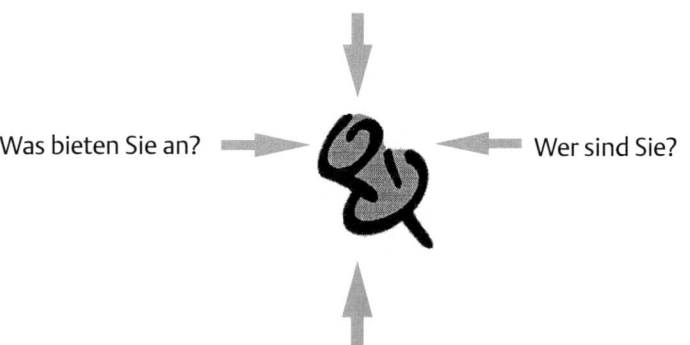

Was kann Ihr Partner von Ihnen erwarten?

Was bieten Sie an?   Wer sind Sie?

Welchen positiven Nutzen kann er aus einem Besuch bei Ihnen ziehen?

Solch eine Broschüre beinhaltet sowohl Ihre

- Daten wie
  - Anschrift inkl. Name und Berufsbezeichnung
  - Telefon-/Faxnummer sowie Ihre
  - Handynummer (Tipp: Überlegen Sie sich im Vorfeld genau, ob Sie Ihre Handynummer weitergeben möchten – Sie werden dann auch sehr oft privat angerufen)
  - Internet- und E-Mail-Adresse
  - Ihre Sprechzeiten als auch
- Ihr Leistungsangebot mit Beschreibung der verschiedenen Therapieformen sowie
- eine Wegbeschreibung
- eine Visitenkarte
- je nach eigenem Wunsch eine Preisliste

Heutzutage gibt es zwei gegenteilige Meinungen zur Erstellung solch einer Broschüre.

Die eine Gruppe der Heilpraktiker favorisiert die professionelle, kühl und nüchtern anzusehende kartonierte Form einer kleinen Broschüre, die andere Gruppe farbige (in Abstimmung mit dem bereits besprochenen Praxissignet) „Flyer", die ihrer Meinung nach persönlicher wirken.

Wir werden nun auf beide Formen der Darstellung eingehen.

❶ Ein Flyer, in die Praxis umgesetzt, würde bedeuten, dass Sie die Formatvorlage eines DIN A 4-Bogens haben, welchen Sie, waagerecht gehalten, dritteln um so 6 Seiten zu erhalten.

Das unten genannte Beispiel könnte die Vorderseite und die Rückseite darstellen.

▷ Beide Seiten sind Blickfänger.

Die erste Seite sieht man, bevor man den Flyer öffnet – sie signalisiert Ihrem Patienten eine sachbezogene, informative Werbung in Form Ihrer Daten, Adresse und Ihrer Sprechzeiten.

Des weiteren vermitteln Sie ihm mittels einer kleinen, persönlichen Ansprache in Form der beiden kurzen Sätzen eine sehr persönliche, ansprechende Note, ohne dass dies aufgesetzt wirkt.

Sie vermitteln ihm, dass es Ihnen mit Ihrem Beruf ernst ist.

Wird nun der Flyer aufgeklappt, sind drei Innenseiten vorhanden.

Versuchen Sie, Ihr Leistungsangebot auf diesen drei Seiten zu koordinieren, am besten mit einer aktuellen Preisstaffelung.

Sie müssen sich vor Praxisbeginn für eine Form der Preisgestaltung entscheiden: Berechnen Sie Ihre Behandlungen je nach Therapieart oder nach Erstanamnese; Folgebesuch etc.?

Auch sollten Sie bedenken, ob Sie beispielsweise 2 Euro billiger sind, wenn Ihre Patienten bar bezahlen, da Sie keine Rechnungen schreiben müssen etc. – halten Sie diesbezüglich Rücksprache mit Ihrem Steuerberater und Berufsverband.

Absoluter Blickfänger ist eine Visitenkarte auf der mittleren Seite ganz unten, mit der Überschrift „Zum Weitergeben" o.ä.

Auf der hinteren Umschlagseite kann man, wie unten skizziert, eine Wegbeschreibung inklusive Erreichbarkeit mit diversen öffentlichen Verkehrsmitteln, platzieren.

Die mittlere Rückseite sollten Sie nach Möglichkeit nicht beschriften, da sie durch die Art des Faltens die äußere Umschlagseite darstellt.

Wenn Sie einen guten Drucker besitzen, können Sie sich diese Flyer auch selbst erstellen; alternativ wäre ein Copy-Shop oder eine Druckerei.

Die Möglichkeit, die Flyer selbst zu erstellen, ist mit Sicherheit die kostengünstigste Variante – achten Sie nur darauf, dass es ordentlich aussieht, da Sie ansonsten einen Bumerang-Effekt bekommen.

Die Variante, Ihre Flyer in einem Copy-Shop erstellen zu lassen, ist nicht wesentlich kostenintensiver, bekommt aber mit Sicherheit ein professionelleres Design.

Den Auftrag an eine Druckerei zu vergeben, wäre die teuerste Variante.

Lassen Sie sich auch hier Kostenvoranschläge zusenden.

Klären Sie im eigenen Interesse vorher ab, welche Kosten auf Sie zukommen, wenn Ihnen keine Mustervorschläge gefallen.

Sie werden sehen, der Informationsbedarf ist enorm und viele Interessenten werden sich solch einen Flyer gern mitnehmen.

Denken Sie auch hier wieder an die Wirkung verschiedener Farben.

Ein klares Blau, versehen mit schwarzer Schrift macht beispielsweise einen sehr ansprechenden Eindruck.

Ob Sie zusätzlich Ihr Verbandslogo oder ein anderes, erlaubtes Symbol benutzen, bleibt Ihnen überlassen.

Sie sollten es auch hier konform zu Ihren übrigen Drucksachen gestalten (denken Sie an das einheitliche Erscheinungsbild).

❷ Eine Praxisbroschüre im klassischen Sinn lässt sich mit einem Flyer nicht vergleichen.

Abgesehen von den Inhalten (s.o.) beauftragt man in jedem Falle eine Druckerei, die das Ganze professionell umsetzt.

Meist auf weißem Papier, eingefasst in einen kartonähnlichen Einband, stellen Sie auf einigen Seiten (Format DIN A 6) Ihre Praxis vor.

Welche Art der Darstellung Sie für Ihre Praxis benutzen, bleibt natürlich Ihnen überlassen.

Sie ist abhängig von Ihrer Persönlichkeit und von dem, was Sie Ihrem Umfeld vermitteln wollen sowie der Praxisphilosophie, die hinter dem Ganzen steht.

Praxisinformation

Klothilde Apoplexia
Heilpraktikerin
Prothesenstrasse 2
23333 Musterhausen

Tel./Fax: 01234 / 6789
k.apoplexia@webadresse.de

Sprechzeiten:
Montag – Donnerstag
9.00–12.00 und 14.00–17.30
Mittwoch
6.30–12.00
und nach Vereinbarung

Als Heilpraktikerin stehe ich Ihnen bei all Ihren Sorgen, Nöten und Krankheiten jederzeit zur Verfügung.

Damit Sie sich leichter bei mir zurechtfinden, möchte ich Ihnen einige Hinweise geben.

So kommen Sie zur Praxis:

– **von Essen auf der B 224 Richtung Dorsten; nach der Ortseinfahrt die erste Ampel rechts Richtung Zentrum auf der Globetrotterstraße.**
 Vor der Bahnhofsapotheke, die nach 100 m auf der rechten Seite erscheint, stehen Ihnen ausreichend Parkplätze zur Verfügung.
 Die Praxis befindet sich links von den Räumlichkeiten der Apotheke, Hausnummer 24

– **mit dem Bus nehmen Sie vom Hauptbahnhof aus die Linie 35; sie hält direkt vor der Apotheke, Haltestelle Globetrotter.**

****

Falls Sie nach Ihrem Besuch in der Praxis Anregungen bzw. Verbesserungsvorschläge haben sollten, teilen Sie mir diese bitte umgehend mit.
Ich freue mich auf eine gute Zusammenarbeit und verbleibe
mit herzlichen Grüßen
Ihre Heilpraktikerin
Klothilde Apoplexia

10 Kommunikationssysteme

10.1 Allgemein

Nichts ist heutzutage so wichtig wie die ständige Erreichbarkeit.

Die schnelle Weiterleitung von Informationen, Fragen, Terminvereinbarungen u. ä. geschieht heutzutage nicht mehr per Post, sondern man bedient sich meist der verschiedenen Formen der Telekommunikation.
Größtenteils per Telefon oder Fax, doch seit einigen Jahren mit steigender Tendenz auch per Internet.
Wer dann keinen Computer mit einen Internetanschluss sowie einer eigenen Homepage hat, ist schnell nicht mehr „up to date" und damit nicht länger konkurrenzfähig.

Abgesehen von nicht vorhersehbaren Notfällen sollten Sie während der von Ihnen gewählten Form der Sprechzeiten stets erreichbar sein.

Denn nichts macht einen negativeren Eindruck als eine geschlossene, nicht zu erreichende Praxis.

10.2 Telefon/Handy

Ihr Telefon sollte während der Sprechzeiten immer in erreichbarer Nähe sein.

Ist es für Sie (sofern Sie keine Mitarbeiter haben, die diese Tätigkeit übernehmen) einmal nicht möglich ans Telefon gehen zu können, weil Sie gerade in einer Behandlung sind, schalten Sie auf jeden Fall Ihren Anrufbeantworter ein.

Wenn Sie Ihre Praxis, wie in Kapitel 9.3.4 beschrieben, im eigenen Haus haben und gerade nicht in den Praxisräumen sind, sollten Sie auf jeden Fall eine Anrufweiterleitung geschaltet haben, so dass Ihre Patienten Sie doch noch erreichen können.
Denken Sie in diesem Falle immer daran, dass gerade ältere Leute sehr ungern auf einen Anrufbeantworter sprechen.

▷ Bitte bedenken Sie bei der Anmeldung Ihres Praxisanschlusses sich einen ISDN-Anschluss zuzulegen.
Er bietet den Vorteil, dass Sie auch dann noch telefonisch erreichbar sind, wenn Sie gerade etwas im Internet suchen oder eine andere Leitung durch eine Faxsendung belegt ist.
Auch ist solch ein Anschluss bei der Form der „Praxisgemeinschaft" sinnvoll – ein Telefon genügt, da bei einem ISDN-Anschluss stets mehrere Telefonnummern vorhanden sind.

10.2.1 Anrufannahme

Ruft nun ein Patient bei Ihnen an, gerade wenn es um einen ersten Termin bei Ihnen geht, ist er vielleicht unsicher. Helfen Sie ihm über diese Unsicherheit hinweg, indem Sie sich erst einmal mit vollständigem Namen sowie Ihrer Praxis melden: „Naturheilpraxis Klothilde Apoplexia; Apoplexia, guten Tag?"

Wenn Sie Ihr Gegenüber namentlich nicht richtig verstanden haben, fragen Sie gleich zu Beginn nach, damit Sie ihn mit Namen anreden können. Nehmen Sie sich Zeit und Aufmerksamkeit für das Gespräch – wenn Sie Dinge nebenher erledigen, und sei es nur, dass Sie gerade Spritzen aufziehen, der Patient merkt es – er fühlt sich gleich zu Beginn nicht mehr ernstgenommen und sucht sich vielleicht einen anderen Therapeuten. Nach Möglichkeit sollten Sie sich, sofern es um die Terminvereinbarung und Darstellung seiner Beschwerden geht, Notizen machen.

Sagen Sie ihm dies jedoch, z. B. mit den Worten: „Herr Schub; darf ich Sie kurz unterbrechen? Ich hole mir geschwind einen Stift, damit ich mir Ihre Beschwerden notieren kann" – sofort wird sich Herr Schub ernstgenommen fühlen. Hier unterscheiden sich bereits einige Menschen. Während Sie die einen kaum bremsen können, ihre Krankengeschichte zu erzählen, müssen Sie anderen die benötigten Informationen geradezu „aus der Nase ziehen". Legen Sie sich ein Fragenschema zu, nach dem Sie bei jedem Gespräch vorgehen.

 → Auch hier gelten die sogenannten „W-Fragen" – Wer – Was – Wann – Wo – Wie und Womit und vor allem: Was ist AKUT?

Fassen Sie am Ende des Gespräches die wichtigsten Dinge zusammen und verweisen Sie noch einmal auf den vorher vereinbarten Termin.

Hinterfragen Sie, ob er den Weg zu Ihrer Praxis kennt oder ob Sie ihm vorab eine **Wegbeschreibung** zukommen lassen sollen. Bedanken Sie sich für das Gespräch und wiederholen noch einmal, dass Sie sich freuen, wenn er zu Ihnen in die Praxis kommt. Vergessen Sie nicht, den Termin sofort in Ihren Terminkalender zu übertragen und legen nach Möglichkeit gleich eine Patientenkartei an, in der Sie die Telefonnotiz einheften.

10.2.2 Anruf

Lächeln Sie nicht, nach dem Motto:„anrufen", was soll da schon schief gehen?
Nichts, weil Sie folgende Dinge bereits vorab abgeklärt haben:

→ Sie wissen, wen Sie mit welcher Zielsetzung anrufen möchten und haben sich dementsprechend vorbereitet, das kann im Rahmen einer Vorstellung sein, z. B.:

„Klothilde Apoplexia, guten Tag Herr Dr. Brummel. Entschuldigen Sie die Störung, ich bin die Heilpraktikerin aus der Praxis 2 Etagen über Ihnen. Da ich mich sehr gern kurz bei Ihnen vorstellen würde, frage ich Sie, wann ich bei Ihnen vorbeikommen kann. Es wäre doch sehr schön, wenn wir uns kennenlernen könnten. ... Wäre es Ihnen vielleicht Montag, 7. 30 Uhr recht oder lieber in der Mittagspause oder nach Feierabend? ... Ja, ich freue mich ebenfalls. Ich wünsche Ihnen noch einen schönen Tag. Auf Wiederhören. ... "

Geben Sie ihm gleich einen **Wunschtermin** sowie einen **Ausweichtermin** vor, nennen Sie freundlich Ihr Anliegen.

→ Melden Sie sich auch hier wieder mit Ihrem vollständigen Namen sowie Ihrer Praxis

→ Sorgen Sie dafür, dass Sie ungestört telefonieren können und schalten Sie nach Möglichkeit alle Geräuschquellen wie Staubsauger, Kaffeemaschine, Radio, etc. aus

→ Wenn Sie niemanden erreichen, hinterlassen Sie eine Nachricht auf dem Anrufbeantworter mit Ihrem Namen, Ihrem Anliegen und Ihrer Telefonnummer.

10.3 Fax

Die Möglichkeit, Sie mittels eines Faxgerätes zu erreichen, sollte in Ihrer Praxis keinesfalls fehlen.

Auch in „Zeiten des Internet" werden einige Dokumente gefaxt. Vorteil ist hier der aussagekräftige Sendebericht, mit dem man bei Bedarf beweisen kann, dass man ein bestimmtes Dokument erfolgreich verschickt hat. Es gibt auch Geräte, die sowohl als Fax als auch als Telefon benutzt werden können und sich zugleich mit Ihrem Computer vernetzen lassen.

10.4 Anrufbeantworter

Für den Fall, dass Sie nicht erreichbar sind und Ihren Anrufbeantworter geschaltet haben, sollten Sie folgendes beachten:

→ Besprechen Sie Ihren Anrufbeantworter, wenn es notwendig ist, täglich! Er sollte immer auf dem aktuellen Stand sein!

Denn welchen Eindruck hinterlässt es, wenn Ihren Patienten dienstags mitgeteilt wird, dass Sie bis zum vorangegangenen Freitag auf einem Seminar (geben Sie ruhig die Fachrichtung an) waren?

Wenn Sie gerade in einer Behandlung sind, sollten Sie Ihren Anrufbeantworter dementsprechend besprechen.

Ihr Text könnte wie folgt lauten:

„Sie sind verbunden mit der Naturheilpraxis Klothilde Apoplexia – zur Zeit befinde ich mich gerade in einer Behandlung und kann leider nicht ans Telefon gehen – bitte hinterlassen Sie den Grund Ihres Anrufes sowie Ihre Telefonnummer, damit ich Sie schnellstmöglich zurückrufen kann – vielen Dank".

Versäumen Sie dann aber nicht, auch wirklich zurückzurufen.

11 Internet

Da das Medium „Internet" immer mehr an Bedeutung gewinnt und sehr umfangreich ist, widmen wir ihm ein separates Kapitel, obwohl es selbstverständlich auch eine Form des Kommunikationsmittels ist.

Nirgendwo sonst sind die Möglichkeiten so variabel wie bei diesem Medium, was natürlich auch zu Missbrauch führen kann, so dass Ihre Möglichkeiten, sich legal und aussagekräftig im Internet zu präsentieren, hier genau erarbeitet werden sollen.

11.1 Was ist das Internet

Das Internet, so wie wir es heute kennen, ist ein interaktives Medium mit dem Ziel der Informationsbeschaffung und dem Zweck der internationalen Kommunikation.

Wussten Sie, dass das Internet bereits seinen 30sten Geburtstag gefeiert hat?
Ende der 60er Jahre des letzten Jahrhunderts fand das Internet Einzug in die Wirtschaft und Wissenschaft. Sowohl Wissenschaftler als auch das Militär begannen, ihre Computer miteinander zu vernetzen um so, verteilt über den gesamten Erdball, neueste Erkenntnisse und Forschungsergebnisse untereinander auszutauschen.
Der „Feldzug" des Internet startete von Amerika aus; bereits 1973 waren die dort ansässigen Universitäten untereinander vernetzt und es dauerte 20 Jahre, bis sich diese Gründung international ausgebreitet hatte.
Das Internet war geboren.
Anfangs lediglich genutzt von Experten, seit der Entwicklung des WorldWideWeb (www) durch ein Schweizerisches Institut jedoch als Standardwerk zugänglich für jedermann.

▷ Wenn wir heute vom Internet reden, meint der Großteil das „www", welches ohne jegliche Fachkenntnisse genutzt werden kann.

11.2 Zugangsvoraussetzungen

Um Zugang zum Internet zu bekommen, benötigen Sie außer einem Computer und einer Maus einen Telefonanschluss.
Abhängig von Ihrem Telefonanschluss benötigen Sie

→ bei einem analogen Telefonanschluss ein Modem sowie die Zugangssoftware eines Providers (Anbieters) – die beiden größten Anbieter in Deutschland, bekannt aus der **Werbung**, sind die Firmen AOL und T-Online.

→ bei einem ISDN-Anschluss eine ISDN-Karte für Ihren Computer sowie die Zugangssoftware eines Providers

→ bei einem DSL-Anschluss eine Ethernetkarte für Ihren Computer sowie ein spezielles DSL-Modem.
Bei einer DSL-Lösung sollten Sie sich in jedem Falle beraten lassen (z. B. von der Deutschen Telekom), da hier eine Sicherheitssperre, die sogenannte „Firewall", anzuraten ist. Sinn ist es, Ihren Rechner bei dieser Art des Internetzugangs, einer leichter angreifbaren Verbindung, vor Fremdzugriffen zu schützen.

11.3 Einsatzmöglichkeiten mittels Internetzugang

11.3.1 Datenrecherche und Informationsaustausch

Ein sehr wichtiger Aspekt, das Internet zu nutzen, ist die Recherche.

Unabhängig, ob Sie Informationen über

• gewisse Therapieformen
• Untersuchungsmethoden
• Fachbücher
• Kollegen
• Ihren Berufsstand
• Fachfortbildungen

- die aktuellsten Gesetzesänderungen sowie Musterurteile oder
- Praxisbedarf (mit Preisangaben) wünschen, hier finden Sie alles, und zwar

→ **„rund um die Uhr"**

→ **24 Stunden täglich**

→ **7 Tage wöchentlich**

→ **weltweit**

Dabei ist es unerheblich, welchen Rechner Sie haben, da sogenannte **Browser-Programme** Texte und Grafiken darstellen.

Texte können verknüpft werden (mittels „Links"), so dass per Anklicken mit der Maustaste von einem Thema zum nächsten gewandert werden kann.

Durch bewegte Bilder und Tonanimationen bekommt man einen Multi-Media-Effekt.

Am Beispiel der Internetseite „Naturheilpraxis.de"
sieht man, welche Oberbegriffe man „anklicken" kann, um die jeweiligen gewünschten Informationen zu bekommen.

11.3.2 **Suchmaschinen**

Im Internet gibt es sogenannte „Suchmaschinen", welche das gesamte Internet nach Seiten durchsuchen, die das von Ihnen angegebene Stichwort enthalten.

Die bekanntesten sind wohl

▸ **www.google.de** sowie **www.yahoo.de**.
  Wenn Sie nun beispielsweise Informationen zum Thema „Homöopathie" suchen, gehen Sie wie folgt vor:

Tippen Sie www.yahoo.de ein und warten, bis die Benutzeroberfläche erscheint.

Dann geben Sie unter „Suchbegriff" das Wort „Homoeopathie" ein (benutzen Sie bitte diese Schreibweise, das Internet tut sich schwer mit Umlauten) und werden eine ganze Liste von Homepages angezeigt bekommen, die irgendwo das Wort „Homöopathie" enthalten.

Dieses Bild zeigt sich dem Internet-User als erstes Suchergebnis.

Selbstverständlich können Sie auch mehrere Suchbegriffe gleichzeitig eingeben, um die Suchfunktion einzuschränken und die Ergebnisliste zu präzisieren (z. B. Homoeopathie Hausapotheke).

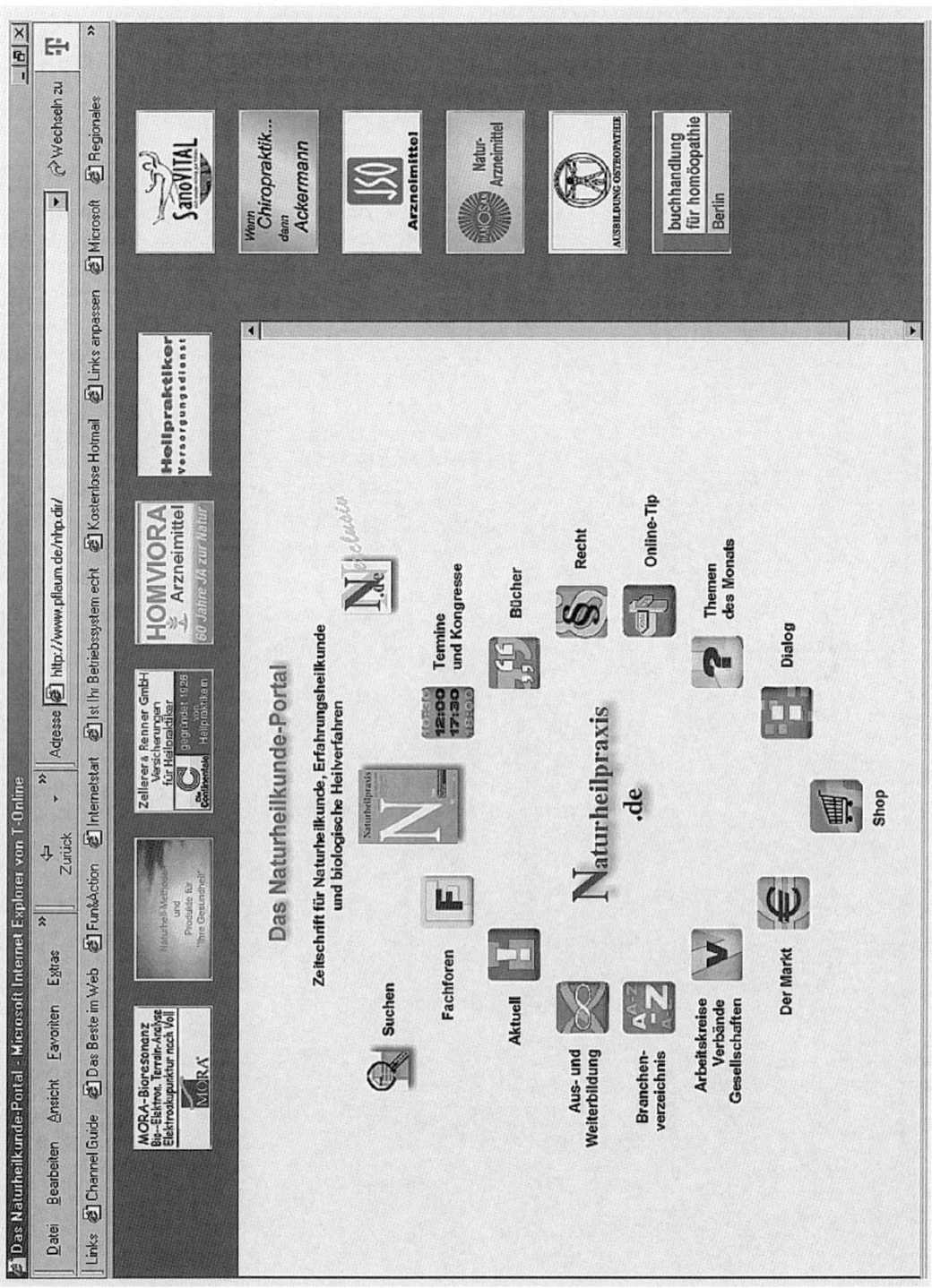

Yahoo! Deutschland - Microsoft Internet Explorer von T-Online

Datei   Bearbeiten   Ansicht   Favoriten   Extras

Zurück   Fun&Action

Links   Channel Guide   Das Beste im Web   Internetstart   Ist Ihr Betriebssystem echt   Kosterlose Hotmail   Links anpassen   Microsoft   Regionales

Adresse   http://de.yahoo.com/   Wechseln zu

HandySMS   Reisen   E-Mail   Chat   Mein   ? Hilfe
Personalisieren   Messenger

YAHOO! DEUTSCHLAND

Yahoo! Finanzen - Informationen zur Einführung der neuen Indexfamilie der Deutschen Börse am 24.03.!

Mein Organizer   Anmelden

Entdecken Sie das neue Yahoo! Mail
Jetzt Tour ansehen · Personalisieren

amazon.de **PREIS-HITS**
Hier klicken!

Aktuelle Nachrichten

· Irak-Konflikt - Krieg gegen Saddam
  Irak zeigt Bilder toter und gefangener
  US-Soldaten - Saddam Hussein hält
  "historische" TV-Ansprache
· Angeblich Chemiewaffenfabrik entdeckt
· Besorgnis über Türkei-Pläne für Nordirak
· Deutsche Börse mit neuer Index-Architektur
· "Oscar" - Eklat und Überraschungen
· Wunderliches beim Internet-Explorer
· Nürnberg stiehlt 3 Punkte beim VfB Stuttgart
· Börse: DAX ↓ -3.36% · TecDAX 0.00%

Nachrichten · Wetter · Sport · Aktienkurse

Marktplatz

· American Express DailyCash - Zinsen bis
  3,5 % - Monatliche Zinsgutschrift
· Yahoo! Shopping

| Homoeopathie | | Suche starten |

Erweiterte Suche

Neu!   Technik die begeistert: Das grosse Cebit-Speciall

Marktplatz   Autos · Immobilien · Jobs · Reisen · Shopping
Information   Finanzen · Nachrichten · Routenplaner · Sport · Wetter
Unterhaltung   Horoskope · Lotto · Movies · Musik · Spiele · Style · TV

Organisieren   Adressbuch · Fotos · Kalender · Mappe · Mein Yahoo!
Kommunizieren   Chat · Domains · DSL · GeoCities · Groups · Grußkarten
                HandySMS · Mail · Messenger   **Alle Services**

Yahoo! Finanzen

Kurse   Nachrichten   Finanzplanung
· DAX   · DAX Marktberichte   · Girokonten
· TecDAX   · General/Prime Standard · Tagesgeld
· Gold   · Öl-Nachrichten   · Ratenkredite
· Ölpreis   · Handelsblatt Top News · Baufinanzierung
· Wechselkurse · Firmenmeldungen   · Online-Steuer

Diskutieren Sie mit anderen Usern über Aktien in unseren Foren!
z.B. MLP, Allianz, Mobilcom, Intershop oder SAP.

Web-Verzeichnis - thematisch gegliederte Sammlung von Web-Sites

Ausbildung & Beruf   Lifestyle
Uni/FH, Schulen, Jobs, Bewerbung...   Mode, Esoterik, Essen & Trinken, Erotik...

Computer & Technik   Nachrichten & Medien

Fertig   Arbeitsplatz

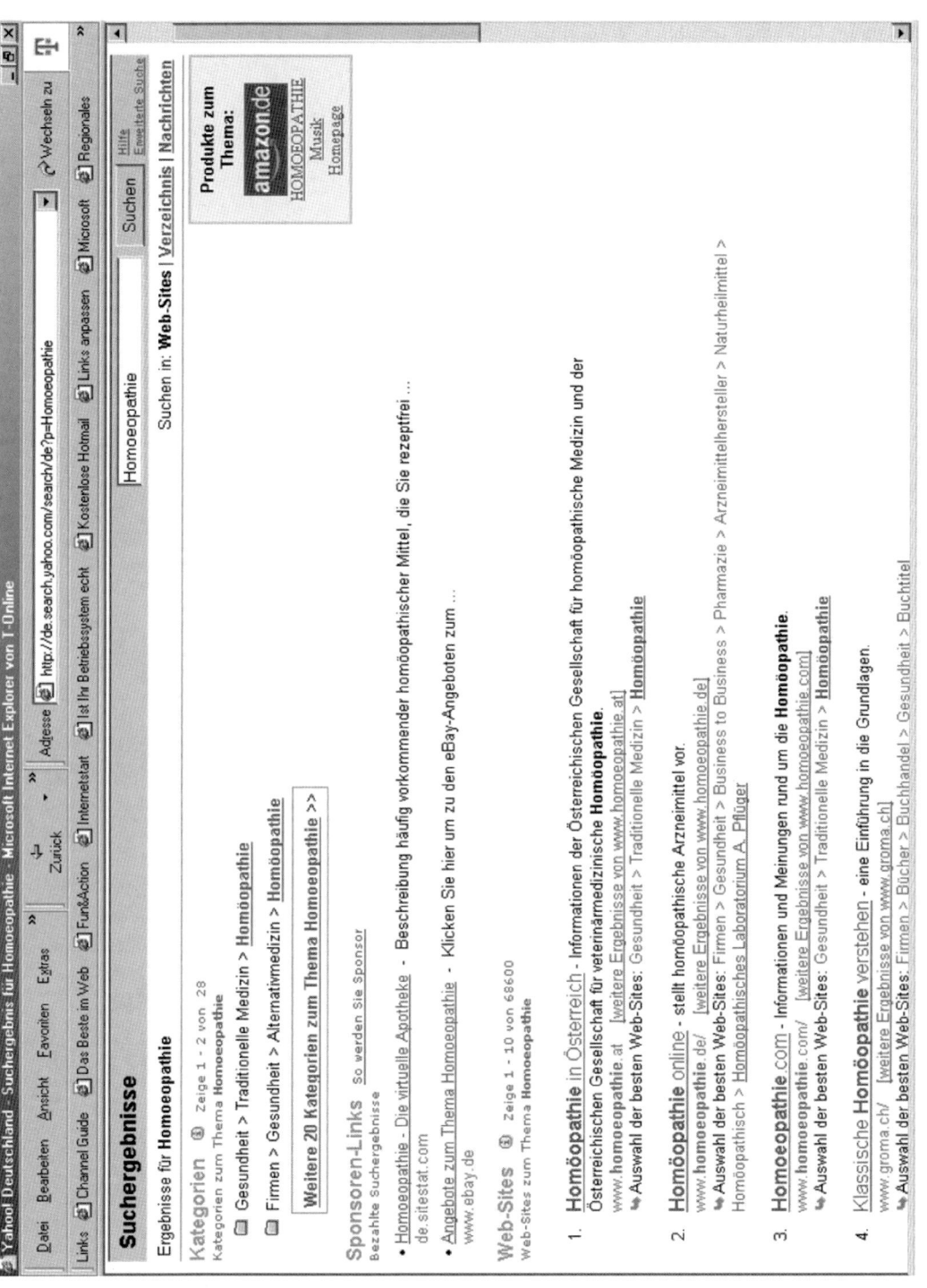

Ein ganz anderes Beispiel für den Einsatz einer Suchmaschine bietet sich für Therapeuten an.

Geben Sie einfach die Suchbegriffe „Heilpraktiker" und „Irisdiagnose" ein.

Als Ergebnis werden Ihnen u. a. Heilpraktiker angezeigt, die diese Form der Anamneseerhebung anbieten.

Sie können sich kostenlos in Datenbanken registrieren lassen – hier ein Beispiel:

Sie sind Heilpraktiker?

Dann tragen Sie sich jetzt kostenfrei in unsere Datenbank ein.

Nutzen auch Sie, wie schon viele Ihrer Kollegen vor Ihnen, den besten/merkbaren Namen im Internet www.Heilpraktiker.de

Hier klicken und Sie kommen direkt zum Formular.

Nehmen Sie an unserer Heilpraktikersuche teil und wir geben Ihre Informationen an die Heilpraktiker/ Suchenden weiter.

Wir möchten mit unserer Website mehr Transparenz in die Tätigkeiten des Heilpraktikers bringen, Patienten eine Orientierungshilfe bei der Heilpraktikersuche bieten und Interessierten eine Hilfe bei der Suche nach einem anspruchsvollen Ausbildungsplatz für diesen verantwortungsvollen Beruf sein.

Verschiedene ganzheitliche und naturheilkundliche Diagnose- und Therapiemethoden werden auf leicht verständliche Art veranschaulicht und die Wichtigkeit einer fundierten und qualifizierten Schulung für die Entwicklung eines tiefgehenden Gesundheits- und Krankheitsverständnisses wird in unserem Ausbildungsteil beleuchtet.

Sie können diese Seite gerne zu Ihren Favoriten hinzufügen.

Warum sage ich Ihnen das Ganze?

Die oben geschilderte Vorgehensweise ist die eines typischen „Internet-Users", von denen es weltweit Millionen gibt.

Heutzutage besitzt fast jeder dritte Privathaushalt einen Computer mit Internetzugang.

Vor allem jüngere Leute greifen mehr und mehr auf dieses Medium zurück und beschaffen sich vorab Informationen über die Dinge, die sie interessieren, z. B. über alternative Heilmethoden, Heilpraktiker in ihrer unmittelbaren Umgebung, etc.

Ist es nun nicht interessant, wenn auch Ihre Homepage in der Ergebnisliste angezeigt würde?

▶ **Das ist möglich.**

Natürlich unter der Voraussetzung, dass Sie im Internet mittels einer eigenen Homepage vertreten sind und einige Punkte beim Einrichten Ihrer Internet-Präsenz beachten.

11.3.3 Ihre Internetpräsenz – Homepage

Zunächst einmal sollten Sie selbst einen Internetzugang besitzen und sich mit dem Internet vertraut machen.

Eine Homepage ist nichts anderes als eine oder mehrere Dateien, die auf einem Computer gespeichert sind, welcher eine feste Verbindung an das Internet hat und somit selbst zum Bestandteil des Internet wird, **nämlich die Repräsentation Ihrer Praxis.**

 → **Kurz gesagt Ihre Visitenkarte im Internet.**

Diese Homepage-Dateien können über eine Internetadresse erreichbar gemacht werden, z. B. www.apoplexya.net, vergleichbar mit einer Postanschrift (Anmerkung: Die hier gewählte Webadresse dient lediglich der Veranschaulichung und ist fiktiv).

Diese Adresse muss im gesamten Netz eindeutig und einmalig sein, das heißt, es kann und darf keine Adresse mehrfach geben.
Damit kommen wir zum wichtigsten Punkt – der Registrierung Ihres Internetnamens, bzw. Ihrer „Domain".

Haben Sie einen außergewöhnlichen Namen? Fein, dann ist es relativ einfach, Ihren Wunschnamen anzumelden, schwieriger wird es bei Namen wie „Pusemuckel.de" o. ä.

Einige befassen sich bereits so intensiv mit dem Internet, dass sie selbst in der Lage sind, ihre eigene Homepage zu erstellen. Sollten Sie sich jedoch nicht zu diesem Personenkreis zählen, gibt es die verschiedensten Anbieter, die Ihnen dabei behilflich sind. Vergleichen Sie hier genauestens die unterschiedlichen Anbieter. Sie benötigen für Ihre Internetpräsenz nicht die „Luxus-Sicherheitsausstattung" einer Bank, die wesentlich teurer würde als das von Ihnen benötigte. Klären Sie bei den verschiedenen Anbietern zugleich auch noch ab, ob diese mit den wettbewerbsbeschränkenden Gesetzesvorgaben unseres Berufs hinreichend vertraut sind, denn auch im virtuellen Internet sind Sie an diese Gesetze gebunden.
Lassen Sie sich ruhig die ein oder andere Musterhomepage zeigen.

Sollte die Homepage gerade erstellt werden, können Sie dort bereits auf „das Kommende" hinweisen.

Diese Seite befindet sich im Aufbau.

In den nächsten Wochen werden Sie hier folgende Themenbereiche finden:

Hier ein Beispiel einer praktizierenden Heilpraktikerin – die Homepage ist farbig unterlegt, der Internet-User bekommt gleich zu Beginn einen visuellen Eindruck der Behandlerin.

Danach kann er sich mittels weiterer Abfragen über Therapien, Diagnosen, etc. informieren

☐ Diagnose

☐ Therapie

☐ Vorschlag

☐ Kontakt

11.4 Zielsetzung

Bevor wir uns nun mit den Gesetzesvorgaben u. ä. zur Erstellung einer Homepage befassen, erst einmal die Frage „Warum"?

„Warum so ein Aufwand", werden Sie vielleicht denken, und „Ich will therapieren und nicht der Hacker des nächsten Jahrhunderts werden".
Dazu eine kurze Anekdote, welche die Werbewirksamkeit solch einer Internetpräsenz verdeutlicht:

Ein Patient kam zu mir in die Praxis.
Er litt seit längerer Zeit unter Schwindelattacken einhergehend mit Ohrgeräuschen und hatte aufgrund seiner Beschwerden bereits den gesamten Ärzteapparat durchlaufen.

Der Hausarzt überwies ihn zum HNO, dann zum Orthopäden und von dort aus zum Neurologen.

Danach folgte eine Kernspintomographie, nach deren Befund er erneut zum Hausarzt musste, der ihn mangels Diagnose zu einem weiteren HNO schickte.

Diesmal kam er mit der Diagnose „benigner Schwindel" zurück und der Aussage des Arztes „da kann man nicht viel machen".

Da der Patient auch beruflich viel mit dem Internet zu tun hatte, fing er an, dort nach Informationen zu diesem Symptom zu recherchieren. Ergebnis war,

a) dass er „Leidensgenossen" fand, denen es ähnlich erging. Sie tauschten sich untereinander aus, ihre Arztodysseen, Symptome etc. Allein dies motivierte ihn, dass er sich nicht länger als Hypochonder sah

b) dass es in dieser „Internet-Selbsthilfegruppe" eine Frau gab, welche mittels einer homöopathischen Behandlung bei einer Heilpraktikerin ihren Schwindel „in den Griff bekommen hatte". Sie stellte den Namen ihrer Heilpraktikerin den anderen zur Verfügung. Nach Aussage des Patienten gab es begeisterte Rückmeldungen.

c) dass mein Patient sich dazu entschloss, nun seinerseits ebenfalls einen Heilpraktiker in seiner Nähe zu suchen. **Und wo? Natürlich im Internet!**

 → **Hier hat eine, zwar recht kleine, Personengruppe den Weg zum Heilpraktiker gefunden, die sonst gar nicht auf die Idee gekommen wäre, dorthin zu gehen.**

11.5 Praktische Umsetzung

11.5.1 Für Mitglieder eines Berufsverbandes

Im Falle einer Mitgliedschaft in einem Verband wird Ihre Praxis oft schon automatisch vom Verband ins Internet gestellt.

Halten Sie hier Rücksprache mit Ihrem jeweiligen Berufsverband über das entsprechende Vorgehen, damit Sie registriert werden, falls es nicht automatisch erfolgt.

Sie können sich auch ohne Verbandsmitgliedschaft auf den jeweiligen Verbandsseiten regis-

trieren lassen – nehmen Sie mit dem zuständigen Verband Kontakt auf.

Denn auch unsere Heilpraktikerverbände sind online vertreten.

Die Deutschen Heilpraktikerverbände (DDH) sind eine Gemeinschaftsinitiative der sechs großen Heilpraktiker- Berufsverbände **BDH, FDH, FH, FVDH, UDH** und **VDH**.

Im Internet finden Sie diese jeweils unter:

- Bund Deutscher Heilpraktiker (BDH) unter http://www.bdh-online.de/
- Fachverband Deutscher Heilpraktiker e. V. (FDH) unter http://www.heilpraktiker.org/
- Freie Heilpraktiker e. V.(FH) unter http://www.freieheilpraktiker.com/
- Freier Verband Deutscher Heilpraktiker (FVDH) unter http://www.fvdh.de/
- Union Deutscher Heilpraktiker (UDH) unter http://udh-bundesverband.de/
- Verband Deutscher Heilpraktiker (VDH) unter http://www.heilpraktiker-vdh.de/

Auf ihren Seiten können sich sowohl Heilpraktiker als auch interessierte Laien über die verschiedensten Themen, die Gesundheit betreffend, informieren.

Ihr Berufsverband bietet Ihnen eine Plattform, sich mittels Angabe dreier Therapieformen zu präsentieren.

So hat beispielsweise der Bund Deutscher Heilpraktiker (BDH) auf seiner Internetseite den Link (Querverweis)

„Heilverfahren" mit der Erklärung:

„Die verschiedenen Heilverfahren finden Sie hier:
Klicken Sie auf ein Heilverfahren das Sie interessiert.
Suchen Sie sich dann mit der Postleitzahlsuche Ihren Heilpraktiker in Ihrer Nähe." eingefügt.

Der interessierte Patient kann sich nun anhand eines Heilverfahrens, z. B. „Magnetfeld-Therapie", welches ihn interessiert, als erstes einen Überblick über den Hintergrund der Therapie verschaffen (teilweise sogar mit Preisangaben).

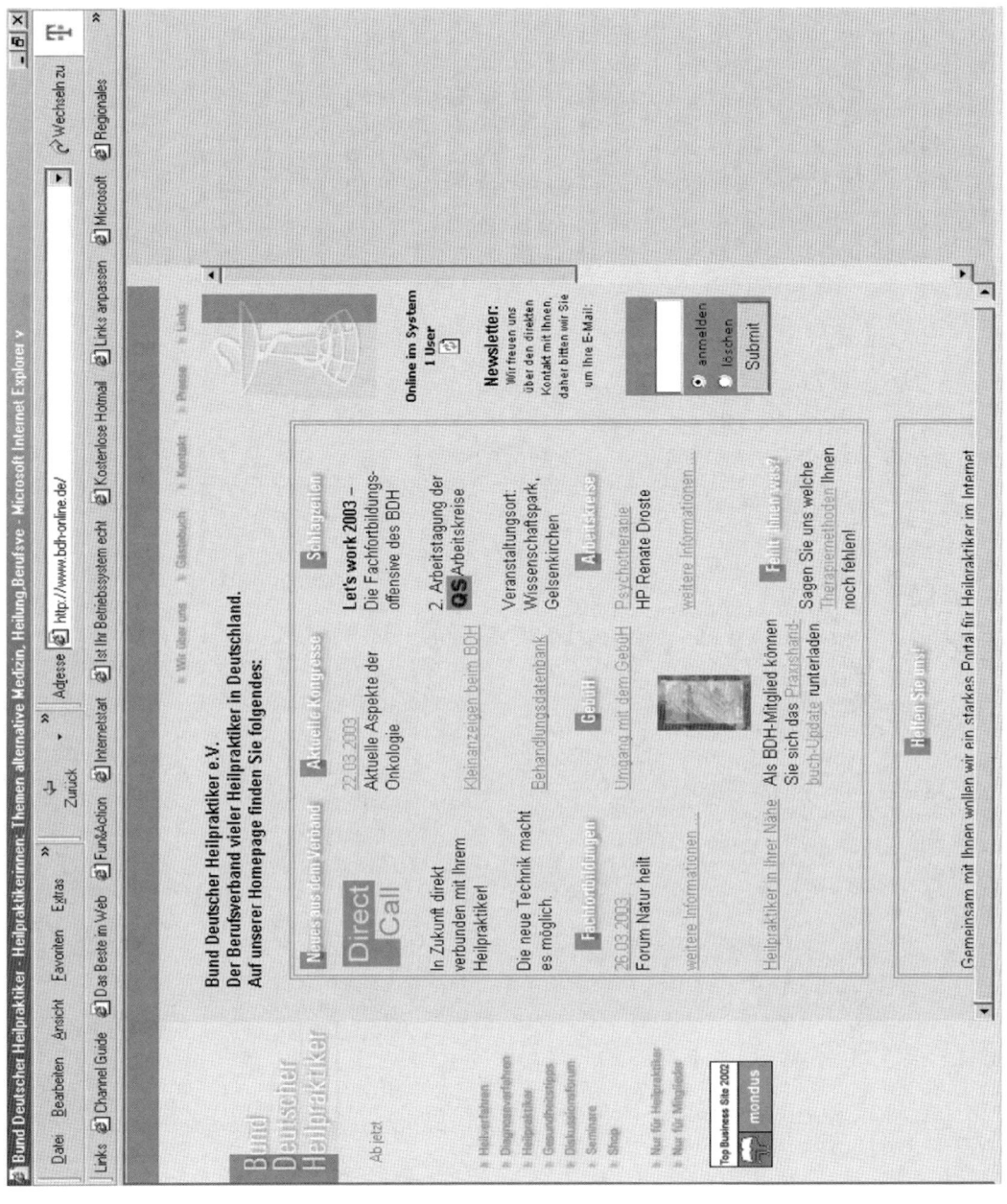

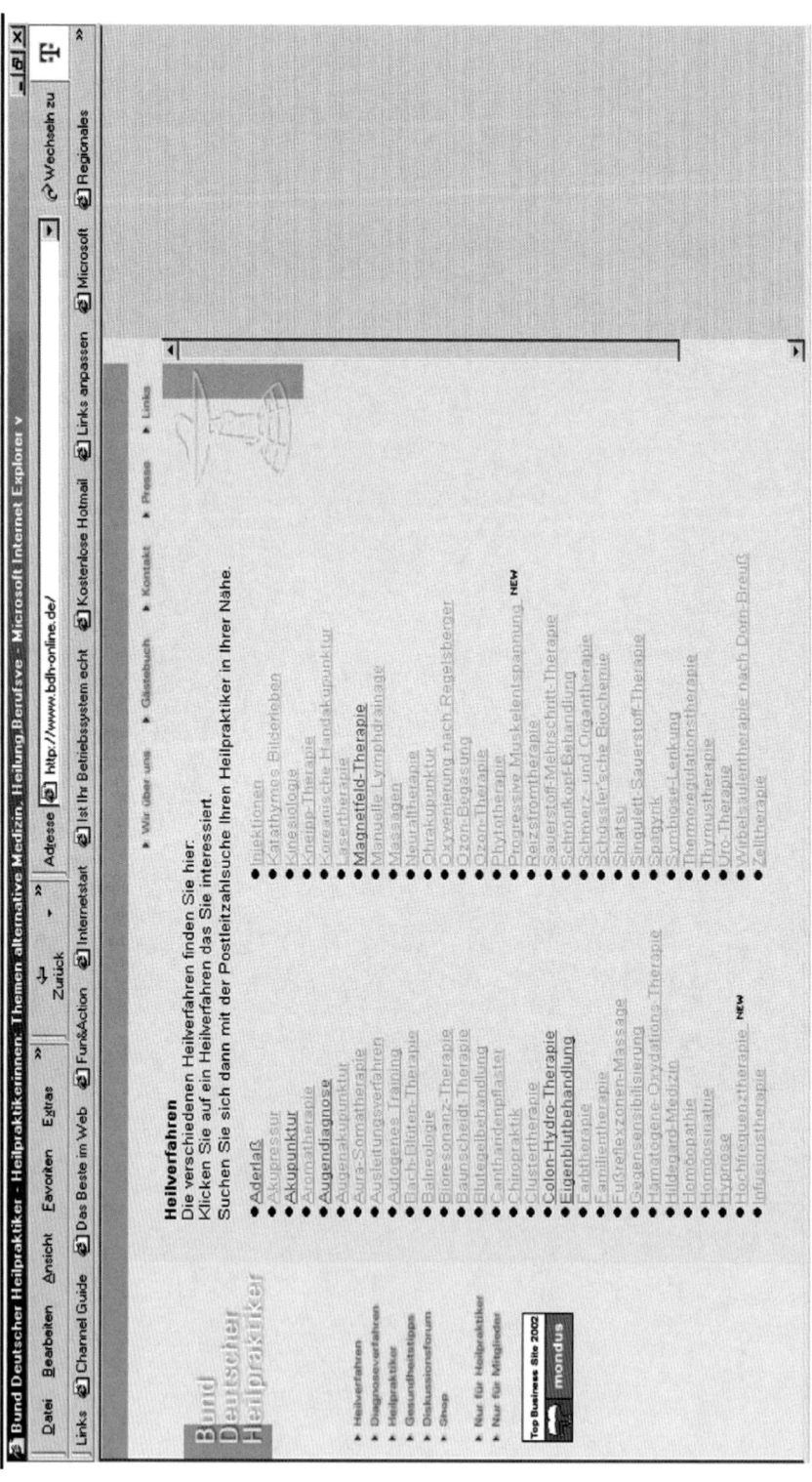

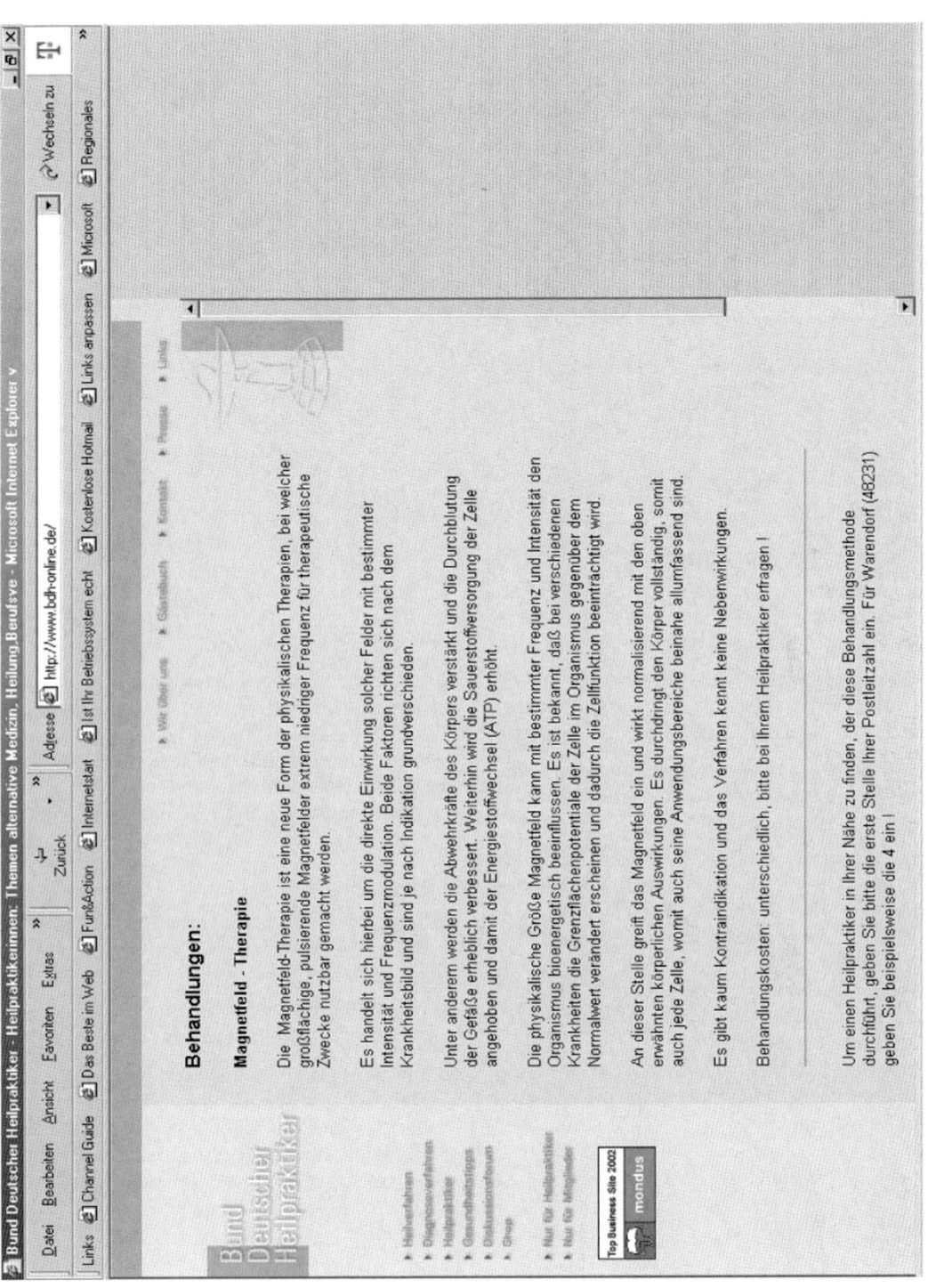

Behandlungen:

Magnetfeld - Therapie

Die Magnetfeld-Therapie ist eine neue Form der physikalischen Therapien, bei welcher großflächige, pulsierende Magnetfelder extrem niedriger Frequenz für therapeutische Zwecke nutzbar gemacht werden.

Es handelt sich hierbei um die direkte Einwirkung solcher Felder mit bestimmter Intensität und Frequenzmodulation. Beide Faktoren richten sich nach dem Krankheitsbild und sind je nach Indikation grundverschieden.

Unter anderem werden die Abwehrkräfte des Körpers verstärkt und die Durchblutung der Gefäße erheblich verbessert. Weiterhin wird die Sauerstoffversorgung der Zelle angehoben und damit der Energiestoffwechsel (ATP) erhöht.

Die physikalische Größe Magnetfeld kann mit bestimmter Frequenz und Intensität den Organismus bioenergetisch beeinflussen. Es ist bekannt, daß bei verschiedenen Krankheiten die Grenzflächenpotentiale der Zelle im Organismus gegenüber dem Normalwert verändert erscheinen und dadurch die Zellfunktion beeinträchtigt wird.

An dieser Stelle greift das Magnetfeld ein und wirkt normalisierend mit den oben erwähnten körperlichen Auswirkungen. Es durchdringt den Körper vollständig, somit auch jede Zelle, womit auch seine Anwendungsbereiche beinahe allumfassend sind.

Es gibt kaum Kontraindikation und das Verfahren kennt keine Nebenwirkungen.

Behandlungskosten: unterschiedlich, bitte bei Ihrem Heilpraktiker erfragen !

Um einen Heilpraktiker in Ihrer Nähe zu finden, der diese Behandlungsmethode durchführt, geben Sie bitte die erste Stelle Ihrer Postleitzahl ein. Für Warendorf (48231) geben Sie beispielsweise die 4 ein !

Danach gibt er seine Postleitzahl an und bedient
den Button „Abfrage ausführen".

Um einen Heilpraktiker in Ihrer Nähe zu finden, der diese
Behandlungsmethode durchführt, geben Sie bitte die erste
Stelle Ihrer Postleitzahl ein. Für Warendorf (48231) geben Sie
beispielsweise die 4 ein !
I

Ihr Postleitzahlbereich 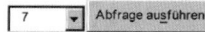 7 ▼ Abfrage ausführen

---

Probieren Sie das oben genannte Beispiel einmal aus und Sie werden feststellen, dass noch ein erheblicher Handlungsbedarf besteht.

▶ Noch nicht einmal 25 % der eingetragenen Heilpraktiker haben ihre eigene Homepage, einige mehr zumindest eine E-Mail-Adresse.

Denken Sie immer daran, dass Sie Ihren Patienten vorab informativ beraten, was z. B. Ihre Therapieschwerpunkte betrifft.

Erklären Sie es benutzerfreundlich, das heißt Fachbegriffe führen leicht zu Missverständnissen (und wie wir wissen, dürfen wir lt. HWG § 11 mit „Fachchinesisch" keine Angstgefühle etc. erzeugen).
Es kann auch nicht schaden, wenn Sie Auflockerungen in Form von Hintergrundmusik oder Karikaturen verwenden.
Ein sehr schönes Beispiel finden Sie diesbezüglich unter der WWW-Adresse : http://www.akupunktur-preine.de/

Sie sehen, dass Sie das Internet auf jeden Fall als Medium nutzen sollten, allein schon um konkurrenzfähig zu bleiben.

So haben auch die großen Heilpraktikerverbände in dieser Richtung bereits einiges unternommen. Zu nennen wäre hier eine Pressemitteilung des FDH vom Februar 2000, in welcher das CYBER-RADIO TV, ein Internetsender, seinen Hörern und Internetnutzern die Möglichkeit gibt,

● Interviews

● Moderation und

● Demonstration von **Naturheilverfahren**, wie sie der Heilpraktiker in seiner täglichen Praxis anbietet, zu verfolgen.

Man rechnet mit ca. 250.000 Internet-Hörern und -Sehern von Cyberradio TV pro Stunde.

Damit wird ein neues Zeitalter der Internet-Präsentation begonnen, da der doch eher traditionelle Beruf des Heilpraktikers und das Medium der Zukunft, das Internet, verknüpft werden.
Ziel ist es, die Möglichkeit einer vielfach höheren Aufmerksamkeit zu erlangen, und zwar sogar weltweit.

Sie haben ein Problem ?   Rufen Sie mich bitte an unter ...

11.5.2 Netzwerkmarketing

Ein weiterer Grund, einen Internetzugang sowie eine eigene Homepage zu besitzen, ist die Möglichkeit, mit Kollegen in Kontakt zu treten, und zwar auf einer Basis der allgemeinen Marktwirtschaft.

Zum einen gibt es den fachlichen Austausch unter den interessierten Heilpraktikern in sogenannten **Newsgroups.**

Vergleichen Sie es mit der Privatnutzung eines Internetzugangs per „Chatten" – dem Unterhalten mehrerer Personen in einem virtuellen Raum.

Nur dass es hier um Fachthemen geht.

Sie finden diese Newsgroups im Internet, indem Sie über eine Suchmaschine gehen.

So geben Sie www.google.de auf Ihrer Tastatur ein und klicken auf der Internetseite dann auf das Wort „Groups", um dort den Begriff „Naturheilkunde" einzugeben.

Als Ergebnis bekommen Sie eine Liste mit Newsgroups präsentiert, in denen Sie sich mit unseren Kollegen austauschen können.

Einen kleinen Ausschnitt zeigt Ihnen die angeführte Internetseite.

Als Beispiel sei hier auch die Newsgroup „de.alt.naturheilkunde" erwähnt.

Des weiteren können Sie sich anhand der anderen Homepages über Ihre Kollegen informieren und ggf. ansprechen, weil Sie die ein oder anderen Seminarunterlagen interessant finden und gern verwenden würden.

Auch ist es denkbar, dass Sie Patienten haben, die der kontinuierlichen Behandlung aufgrund eines Krankheitsbildes bedürfen, jedoch gern in Urlaub fahren würden.

Über das Internet können Sie einen Kollegen am Urlaubsort ausfindig machen, der die Versorgung in dieser Zeit übernehmen wird.

Im Bereich des Netzwerkmarketing ist Ihrer Kreativität wieder einmal „Tür und Tor geöffnet" – überlegen Sie sich, gemeinsam mit Kollegen, Ansatzpunkte, um sich bekannter zu machen.

Entwerfen Sie gemeinsam Broschüren, Seminarunterlagen, Slogans, etc. – das spart nicht nur Zeit, es bereichert auf jeden Fall bereits durch die Ideenvielfalt der unterschiedlichen Personen und spart zudem noch Geld (dies wiederum hat eine Reduzierung des Marketingbudgets zur Folge).

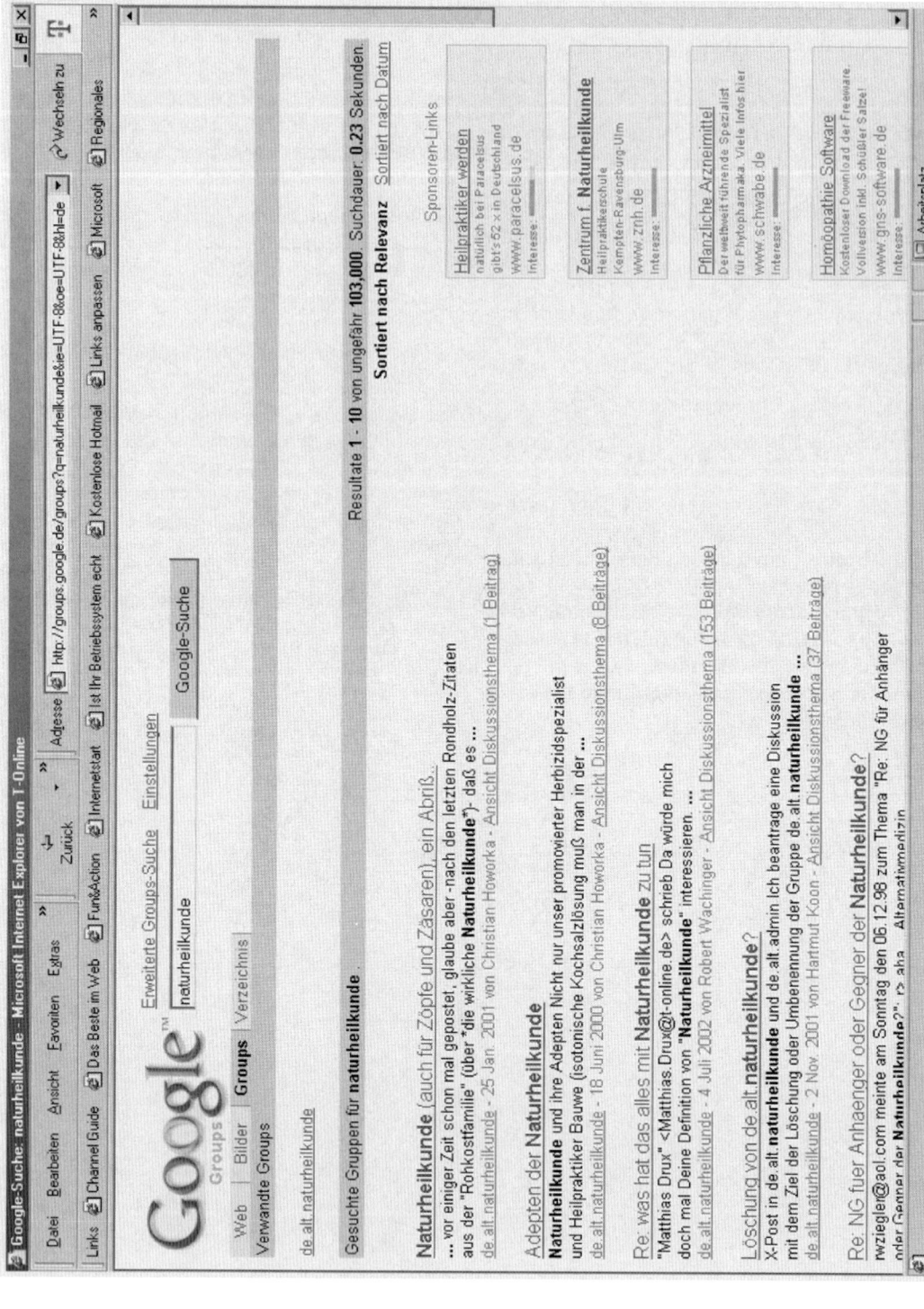

Google-Suche: naturheilkunde - Microsoft Internet Explorer von T-Online

Datei   Bearbeiten   Ansicht   Favoriten   Extras

Zurück

Links   Channel Guide   Das Beste im Web   Fun&Action   Internetstart   Internetstart

Adresse   http://groups.google.de/groups?q=naturheilkunde&ie=UTF-8&oe=UTF-8&hl=de   Wechseln zu

Ist Ihr Betriebssystem echt   Kostenlose Hotmail   Links anpassen   Microsoft   Regionales

Google™
Groups

Web | Bilder | **Groups** | Verzeichnis
Verwandte Groups

Erweiterte Groups-Suche   Einstellungen

naturheilkunde   Google-Suche

de.alt.naturheilkunde

Gesuchte Gruppen für **naturheilkunde**

Resultate 1 - **10** von ungefähr **103.000**. Suchdauer: **0.23** Sekunden.

Sortiert nach Relevanz   Sortiert nach Datum

Sponsoren-Links

Naturheilkunde (auch für Zöpfe und Zäsaren), ein Abriß...
... vor einiger Zeit schon mal gepostet, glaube aber -nach den letzten Rondholz-Zitaten
aus der "Rohkostfamilie" (über "die wirkliche **Naturheilkunde**") daß es ...
de.alt.naturheilkunde - 25 Jan. 2001 von Christian Howorka - Ansicht Diskussionsthema (1 Beitrag)

Adepten der **Naturheilkunde**
Naturheilkunde und ihre Adepten Nicht nur unser promovierter Herbizidspezialist
und Heilpraktiker Bauwe (isotonische Kochsalzlösung muß man in der ...
de.alt.naturheilkunde - 18 Juni 2000 von Christian Howorka - Ansicht Diskussionsthema (8 Beiträge)

Re: was hat das alles mit **Naturheilkunde** zu tun
"Matthias Drux" <Matthias.Drux@t-online.de> schrieb Da würde mich
doch mal Deine Definition von "**Naturheilkunde**" interessieren. ...
de.alt.naturheilkunde - 4 Juli 2002 von Robert Wachinger - Ansicht Diskussionsthema (153 Beiträge)

Löschung von de.alt.**naturheilkunde**?
X-Post in de.alt.**naturheilkunde** und de.alt.admin Ich beantrage eine Diskussion
mit dem Ziel der Löschung oder Umbenennung der Gruppe de.alt.**naturheilkunde** ...
de.alt.naturheilkunde - 2 Nov. 2001 von Hartmut Koon - Ansicht Diskussionsthema (37 Beiträge)

Re: NG fuer Anhaenger oder Gegner der **Naturheilkunde**?
rwziegler@aol.com meinte am Sonntag den 06.12.98 zum Thema "Re: NG für Anhänger
oder Gegner der **Naturheilkunde**?" (> aha Alternativmedizin

Heilpraktiker werden
natürlich bei Paracelsus
gibt's 52 x in Deutschland
www.paracelsus.de
Interesse

Zentrum f. **Naturheilkunde**
Heilpraktikerschule
Kempten-Ravensburg-Ulm
www.znh.de
Interesse

Pflanzliche Arzneimittel
Der weltweit führende Spezialist
für Phytopharmaka. Viele Infos hier
www.schwabe.de
Interesse

Homöopathie Software
Kostenloser Download der Freeware.
Vollversion inkl. Schüßler Salze!
www.gns-software.de
Interesse

Arbeitsplatz

11.6 Praxisbezogene Umsetzung Ihrer Homepage

11.6.1 Rechtliche Hintergründe

Zunächst folgt eine Zusammenfassung der Beschlüsse, was dem Arzt und somit auch dem Heilpraktiker (im Bezug auf die Gleichstellung nach BGH, WRP 90,246 aus dem Jahre 1989) in öffentlich nutzbaren Computerkommunikationsnetzen, beispielsweise via Internet, erlaubt ist.

Es wird unterschieden zwischen:

❶ Informationen gegenüber Dritten auf einer „Homepage".

❷ Weitergehende Informationen, die nur über eine Schaltfläche auf der Homepage abgefragt werden können.

❸ Informationen gegenüber anderen Kollegen in einem Intranet.

Die drei Infoquellen dürfen die Person des Heilpraktikers nicht werbend herausstellen und müssen sich auf sachliche Inhalte begrenzen.

11.6.2 Informationen gegenüber Dritten auf einer Homepage

Unter Berücksichtigung, dass der interessierte Patient/Leser beim Suchprozess im Internet zunächst nur Zugang zu einer Homepage des Heilpraktikers erhalten kann, dürfen dort ausschließlich die für das Praxisschild zugelassenen Informationen zu finden sein.

▶ Erst nach einer weiteren Nutzerabfrage (z. B. durch das Anklicken auf einen Punkt) dürfen die Praxisinformationen zugänglich gemacht werden.

Das bedeutet im Klartext für Sie, dass Sie auf Ihrer „**Frontpage**" folgende Daten einstellen dürfen:

→ Ihren Namen

→ Ihre Berufsbezeichnung

→ Ihre vollständige Adresse mit Telefon/Faxnummer

→ Ihre Web-, sowie E-Mail-Adresse

→ Ihre Therapieschwerpunkte

→ Die Öffnungszeiten Ihrer Praxis

→ Die Form der Praxis („Gemeinschaftspraxis, Praxisgemeinschaft, ...")

Gestalten Sie die erste Seite ruhig farborientiert.

So vermag eine grüne (vielleicht nicht gerade „giftgrüne") Benutzeroberfläche das menschliche Unterbewusstsein beruhigen, harmonisieren und ausgleichen.
Grün ist die Farbe der Heilung und damit mit Sicherheit richtig auf Ihrer Homepage.
Doch auch andere Farben haben ihre Symbolik und können jederzeit von Ihnen benutzt werden (z. B. Indigoblau, Orange).

Hier ein Ausschnitt aus der Homepage eines praktizierenden Heilpraktikers:

Praxis für Naturheilkunde
HP Jochen Asel
Andreas-Kasperbauer-
Str. 14
85540 Ottendichl
Tel: 089-9038962
Fax:089-9030554
Mobil: 01776782926
aselinfo@praxishpasel.de

| THERAPIEN | GASTE

Sehr geehrte Patienten,

Ziel meiner Therapie ist, mit Engagement und Zuwendung für Ih
Gesundheit zu sorgen.

SPRECHSTUNDE:
*(Termine nur nach
Vereinbarung)*
Montag:
10.00 - 12.30 & 15.00 -
19.00
Dienstag:
15.00 - 19.00
Mittwoch:
09.00 - 12.00 & 15.00 -
19.00
(Do & Fr. keine Sprechstd.)

MEIN KONZEPT:
- Professionelle Vorsorge und Beratung
- Innovative, moderne Naturheilkunde
- Ihr Wille zum Erfolg

ALLGEMEINE NATURHEILKUNDE:
Fortschrittliche Methoden mit biologisch verträglichen Arzneimit

COLON - HYDRO - THERAPIE:
Gründliche Darmreinigung, Befreiung von Altlasten und Schlac

LABORDIAGNOSTIK:
In unserer Heilpraktiker-Laborgemeinschaft e
Ihnen Ihre persönliche biologische Blutanalys
ganzheitlicher Betrachtungsweise.Haarminer:
ICP Dr.Krause
Stuhluntersuchungen im Labor Dres. Hauss

EIGENBLUTBEHANDLUNG:
Mit verschiedenen biologischen Heilmitteln UVE - u.UV behand

FUSSREFLEXZONENMASSAGE und THERAPIE:
Eine sanfte Art der Therapie für Körper Geist und Seele.

BLUTEGEL - THERAPIE:
Eine alternative Heilmethode.

SPENGLERSAN - THERAPIE:
Spenglersan Blut-Kolloidtest in der Praxis.

DARMSANIERUNG:
Wiederherstellung einer gesunden Darmflora und ihrer Mikrobic

MAGNETFELD - THERAPIE
Entspannen Sie sich und nehmen Sie neuen Sauerstoff und En
Körper auf.

asion by The Future is Today ©2002

Wenn Sie Ihre Homepage nicht selbst erstellen können, gibt es eine Vielzahl an Firmen, die diesen Handlungsbedarf bereits erkannt haben und an die Sie sich wenden können (Informationen über spezielle Firmen bekommen Sie über Ihren Verband, eventuell hat dieser auch Sonderkonditionen mit der jeweiligen Firma ausgehandelt).

 → Doch denken Sie auch bei Selbstdarstellungen im Internet an die wettbewerbseinschränkenden Gesetzesvorgaben, denn sie haben auch hier ihre vollständige Gültigkeit.

So dürfen Sie beispielsweise außerhalb von Fachkreisen „nicht für Arzneimittel, Verfahren, Behandlungen, Gegenstände oder andere Mittel werben [∴]mit der bildlichen Darstellung von Personen in der Berufskleidung oder bei der Ausübung der Tätigkeit von Angehörigen der Heilberufe, des Heilgewerbes oder des Arzneimittelhandels" (HWG § 11) werben.

Eine interessante Oberfläche zur allgemeinen Patienteninformation finden Sie auf der Internetseite des „Verbandes Deutscher Heilpraktiker" (VDH).

Dem Internetbesucher „springt" ein sehr gelungener azurblauer Hintergrund „ins Auge", dahinter hellblau hinterlegt das Verbandslogo.

Die interessierten Patienten haben die Möglichkeit, verschiedene Buttons per Maustaste anzuklicken

- Patienteninformation
- Diagnoseverfahren
- Therapieverfahren
- Praxisbeiträge sowie
- Therapievorschläge

Klickt man den Button der Patienteninformation an, erfährt man als erstes etwas über Geschichte der Naturheilkunde:

> **„Die Naturphilosophen und berühmten Heiler der Antike definierten Krankheit als Missklang von Körper und Seele. Die Natur war für sie die bestimmende Kraft allen Lebens und des Kosmos.**
> **Krankheit galt als Verstimmung der natürlichen Lebenskräfte, die durch die Wiederherstellung der Harmonie von Körper, Geist und Seele wieder in das biologische Gleichgewicht zurückgeführt werden konnte.**
> **Daran hat sich bis heute nichts geändert, denn allen „Naturwissenschaftlichkeitsfanatikern" zum Trotz: es gibt kaum eine wesentliche körperliche Erkrankung, die nicht auch eine seelische und geistige Komponente hat.**

> **Die naturheilkundliche Medizin beruht auf diesen traditionellen, durch die Jahrtausende bewährten Erfahrungen."**

11.6.3 Weitergehende Informationen, die nur über eine Schaltfläche auf der Homepage abgefragt werden können

Nachdem sich der Besucher die Oberfläche Ihrer Internetpräsenz angeschaut und sich mit dieser vertraut hat, möchte er im Rahmen einer eventuellen Behandlung mehr über Sie und Ihre Praxis erfahren.

Dazu gibt es auf Ihrer Homepage ein kleines Fenster, welches sich durch „Anklicken per Maustaste" öffnet und den Weg freigibt.

Ihrer Phantasie sind hier keine Grenzen gesetzt, was die Umsetzung folgender Informationen für Ihre Patienten betrifft:

→ **Hinweise auf einzelne besondere Untersuchungs-, sowie Behandlungsverfahren im Rahmen Ihres Fachgebietes:**

Als Beispiel sehen Sie sich als erfahrenen Irisdiagnostiker.

Sie haben sich auf dieses Thema spezialisiert und können Ihrem Patienten nach der Erstanamnese bereits eine Fülle von Informationen über seinen Gesundheitszustand mitteilen.

Ihr Patient in spe kann sich in aller Ruhe Zuhause am Computer Informationen über genau dieses Verfahren besorgen bzw. ist sehr zufrieden, weil er schon immer zu einem Heilpraktiker mit so einem Behandlungsschwerpunkt gehen wollte, sich jedoch im Vorfeld nicht sicher war, ob ein niedergelassener Heilpraktiker dies auch praktizieren würde.

Unter www.praxis-hans-baldauf.de finden Sie eine sehr gelungene Erklärung zum Diagnoseverfahren „Augendiagnose".

Der Internet-User gelangt nach Anklicken folgender Schaltfläche auf die gewünschte Seite:

Heilpraktikertypische Diagnoseverfahren
(Bitte klicken Sie auf die Schaltfläche vor dem
Diagnoseverfahren, das Sie interessiert:)
- Augendiagnose
- Antlitzdiagnose
- Handdiagnose
- Kirlianphoto
- Kinesiologie
- Zungendiagnose

→ **Beschreibungen bestimmter medizinischer Vorgänge, die zur Vorbereitung des Patienten auf spezielle Untersuchungs- und Behandlungsmaßnahmen für zweckmäßig erachtet werden:**

In diesem Falle denken Sie an die Colonmassage bei der Colon-Hydro-Therapie.

Diese Art der Behandlung ist nicht „jedermanns Geschmack" und es ist für Ihre Patienten sicherlich von Bedeutung, wenn ihnen im Vorfeld beispielsweise die Funktion des Darmes sowie die Bedeutung einer Darmreinigung o. ä. erklärt wird.

Augendiagnose (Irisdiagnose)

Solange es Menschen gibt, ist das Auge jenes geheimnisvolle Organ, das nicht nur alles Sichtbare aufnimmt, sondern das auch persönliche Kraft und Bewegung ausstrahlt, das Mensch und Tier in seinen zauberhaften Bann schlägt, das alle seelischen Erregungen vom tiefsten Schmerz bis zum höchsten Entzücken wiederspiegelt und zugleich im erlösenden Tränenfluss Beruhigung und Heilung spendet. In den Schriften der Hildegard von Bingen erscheint zum ersten Mal eine größere Ausführung über das Auge als Spiegelbild seelischleiblichen Befindens.

Sicher sind diese Erkenntnisse gesammelt aus den Erfahrungen von weisen Frauen und Männern aus dem Volke, in deren Händen damals zum größten Teil die gesundheitliche Betreuung lag. Wie weit sich diese Diagnostik auf die kommenden Jahrhunderte erstreckte, entzieht sich heute noch unserer geschichtlichen Kenntnis.

Die Augendiagnostik ist ein auf Erfahrungen begründetes Verfahren zur Hinweisdiagnose. Auf der Grundlage bestimmter Merkmale im Auge (Farbe, Dichtigkeit, Gefäße, spezielle Zeichen) können Zusammenhänge zu bestimmten Funktionsstörungen, Erbkrankheiten und/oder Erbschwächen in bestimmten Organgruppen erstellt werden.

Nach Josef Angerer werden folgende Irisphänomene unterschieden:

- formale Zeichen (z.B. Krypten, Substanzdefekte)
- strukturelle Zeichen (z.B. Irisfasern, Auflockerungen)
- vasale Zeichen (z.B. blutgefüllte Gefäße)
- nervale Zeichen (z.B. Reizfasern)
- humorale Zeichen (z.B. Kristallbildung)
- chromatische Zeichen (z.B. Pigmentierungen)

Eine weitere Einteilung nach J. Deck differenziert nach organ-, reflektorischen und physiologischen Zeichen.

Hinweise auf eine individuelle Neigung zu Erkrankungen und eine genetische Ansprechbarkeit auf bestimmte Krankheiten werden aus der Farbe und der Struktur der Iris gewonnen und als "Konstitutionszeichen" gedeutet.

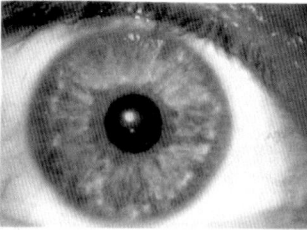

Das Auge im Mikroskop

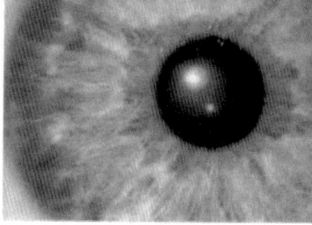

Detailansicht

Die Colon-Hydro-Therapie säubert den Darm von innen.

Mittels dieser Therapieform werden Gärungs- und Fäulnisstoffe von den Wänden des Darmes entfernt.

Diese Stoffe haben sich durch unausgewogene Ernährung, Nikotingenuss, Übergewicht, zu wenig Bewegung. ... an den Darmwänden angelagert, dicken ein und der Stuhl stagniert.

Dieser natürliche Säuberungsprozess bewirkt, dass die Symptome, die direkt oder indirekt mit dem Nichtfunktionieren des Darmes zusammenhängen, beseitigt werden. Eine Heilung ist nur möglich, wenn vorher eine Säuberung erfolgt!

Sie liegen während der Behandlung bequem in Rückenlage.

Durch ein Kunststoffröhrchen fließt temperierbares Wasser in Ihren Darm ein.

Ich bin während des ganzen Vorgangs bei Ihnen.

Um Geruchsentwicklungen zu vermeiden, wird das Wasser mit dem nun darin enthaltenen „Rückständen" über ein geschlossenes System per Abwasserschlauch ausgeleitet.

Mit einer unterstützenden, gezielten Bauchdeckenmassage verstärke ich sanft die Wirkung auf Ihren Darm.

Insgesamt gesehen wird durch beide Aktionen Ihr Darm zur Selbstreinigung angeregt, er wird nun verstärkt Ihren Darminhalt weiterbefördern.

Die Colon-Hydro-Therapie erzeugt keine Schmerzen oder Krämpfe und wird vom Patienten als **äußerst angenehm und wohltuend** empfunden.

→ **Hinweise auf Sprechstundenzeiten und Sondersprechstunden sowie Ihre Erreichbarkeit außerhalb der Sprechstunden:**

Auch wenn Sie auf Ihrer Frontpage bereits kurz auf Ihre Sprechzeiten eingegangen sind, dürfen Sie hier noch einmal Angaben über **Sondersprechstunden** machen.

Das können Wochenenddienste ebenso wie Abendsprechstunden, Urlaubsvertretungen und Hausbesuchszeiten sein.

Aber auch spezielle **Sprechstunden nur für Kinder** (ein besonderer Service, den sicher nicht jeder hat!).

Für den Fall der **Urlaubsvertretung** können Sie hier gleich auf Ihren Kollegen verweisen.

Eine Information bzgl. Ihrer Erreichbarkeit außerhalb der Sprechzeiten, ggf. für Notfälle, sollte auf keinen Fall fehlen.

Kindersprechstunde

Folgende Schwerpunkte

Allgemeine Hauterkrankungen	Hyperaktive Kinder
Konzentrationsschwäche	Störung der Immunabwehr
Neurodermitis	

 Zurück

→ **Praxislage in Bezug auf öffentliche Verkehrsmittel-Straßenplan:**

Stellen Sie sich vor, Sie betreiben eine Praxis in der Stadtmitte von Dortmund.

Nicht jeder Patient kommt mittels eines PKW's mit integriertem Navigationsgerät (welches dann vielleicht auch noch aussetzt mit den Worten „Ihr Ziel liegt in einer Fußgängerzone") und kann direkt vor Ihrer Praxis parken.

Überlegen Sie sich, welche Art der Wegweisung die effektivste ist und wie man sie Ihren Patienten leicht anschaulich erklären kann.

Außerdem kopieren Sie einen kleinen Ausschnitt eines Stadtplans und markieren Ihren Standort.

❶ **Anfahrt mit dem PKW**

- Wie heißt Ihre Straße ?
- Welche Hauptstraße kreuzt eventuell?
- Gibt es markante Stellen/Denkmäler/Museen etc. in Ihrer Nähe, die Sie als Wegweiser benutzen können?
- Liegt Ihre Praxis in einer Einbahnstraße?
- Von welcher Seite aus kann man nicht fahren?
- ▶ Angaben über Parkplätze:
- Gibt es Parkmöglichkeiten in unmittelbarer Nähe? Wenn nein, vielleicht ein Parkhaus?

- Gibt es vielleicht Parkplätze, die man unentgeldlich nutzen darf?

❷ **Anfahrt mit dem Bus/Straßenbahn**

- Gibt es eine Bushalte- S-Bahnhaltestelle in direkter Nähe?

- Wie heißen die zwei Haltestellen, die Ihrer Praxis am nächsten sind?

- Gibt es eine Direktlinie vom Bahnhof aus zu Ihnen (denken Sie hierbei auch an die Patienten, die von außerhalb kommen)?

- Welche Nummer hat die Buslinie bzw. die S-Bahn?

Hierbei handelt es sich um die Wegbeschreibung eines praktizierenden Heilpraktikers.
Er geht sowohl auf die Erreichbarkeit mit öffentlichen Verkehrsmitteln, mit dem eigenen PKW als auch „zu Fuß" ein.
Zusätzlich hat er eine Straßenkarte beigefügt.

So finden Sie meine Praxis

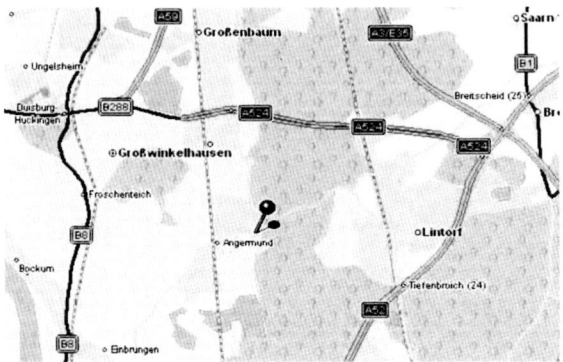

So kommen Sie mit dem Auto zur Praxis:

Von der A 3 kommend fahren Sie am Breitscheider Kreuz auf die A 524 in Richtung Krefeld. Die 2. Abfahrt - Duisburg - Rahm Angermund - fahren Sie ab und unten an der Ampel links auf die Angermunder Straße.

Von Krefeld oder der Duisburger Stadtautobahn kommend fahren Sie in Richtung Breitscheider Kreuz. Die Abfahrt - Duisburg - Rahm Angermund - fahren Sie ab und unten rechts auf die Angermunder Straße.

Auf dieser Straße bleiben Sie bis Ortsende und befinden sich dann auf der Rahmer Straße. Nach 1 km freiem Feld sind Sie schon in Angermund. Hier sehen Sie an der ersten Ampel rechts gegenüber ein schönes altes Haus mit grünen

Blendläden und zur Eingansseite hin mit Arkaden. In diesem Haus befindet sich die Praxis. Rechts daneben finden Sie den Parkplatz.

Von Düsseldorf - Kaiserswerth kommend fahren Sie durch Angermund bis zum Ortsende von Angermund. An der Ampel geht es rechts in die Graf-Engelbert-Straße. Hier befindet sich die Praxis rechts in dem schönen alten Haus mit den grünen Blendläden und zur Eingansseite hin mit Arkaden. Vor der Ampel rechts befindet sich der Parkplatz.

Wenn Sie mit der S-Bahn fahren, kommen Sie so zur Praxis:

Vom Bahnsteig gehen Sie bitte unten an der Treppe links durch die Unterführung und oben links die Bahnhofstraße bis zum Ende (ca. 4 Minuten Fußweg). Dann ein kurzes Stück links bis zur Kreuzung, hier bitte rechts auf dem Bürgersteig die Hauptstraße entlang bis zur letzten Kreuzung (ca. 3 – 5 Minuten Fußweg). An der Ampel geht es rechts in die Graf-Engelbert-Straße. Hier befindet sich die Praxis rechts in dem schönen alten Haus mit den grünen Blendläden und zur Eingansseite hin mit Arkaden.

→ **Besondere Einrichtungen für Behinderte:**

Hier können Sie Ihre Praxis behindertengerecht vorstellen.

Besteht die Möglichkeit eines ebenerdigen Aufgangs, einer rollstuhlgerechten Klingel (die nicht in 1,50 m Höhe angebracht ist) oder eines geräumigen Aufzugs?
Sollten Sie innerhalb Ihrer Praxis besondere Einrichtungen installiert haben, können Sie dies im Interesse Ihrer Patienten hier dokumentieren.

→ **Informationen über fakultative Weiterbildungen (das heißt freiwillige, nicht notwendige und aus eigenem Ermessen heraus besuchte Weiterbildungen)**

Auch hier ist Ihrer Kreativität eine Menge Raum gegeben.

Wie Sie Ihre Fortbildungen, die Sie besucht haben, „vermarkten" bzw. informativ gestaltet auf Ihrer Homepage unterbringen, bleibt Ihnen oder der Firma, mit der Sie zusammenarbeiten, überlassen. (Vergessen Sie jedoch auch hier nicht die wettbewerbsbeschränkenden Gesetzesvorgaben!)

Es ist und bleibt für Ihre Patienten sowie ihrer Angehörigen sehr wichtig zu wissen, dass ihr Behandler auf dem aktuellen Stand der naturheilkundlichen Behandlungen ist.

Viele Menschen bringen dies ausschließlich mit dem Besuch von Fortbildungen in Verbindung.

→ **Fachkunde:**

Erzählen Sie etwas über das, was Sie in Ihrer Praxis machen.
Berichten Sie von Ihren Behandlungsschwerpunkten und erklären dem virtuellen Besucher etwas über die Naturheilkunde.

Damit nehmen Sie einem bisher vielleicht ausschließlich schulmedizinisch behandeltem Patienten die Scheu, sich Ihre Meinung als naturheilkundlich orientiertem Heilpraktiker in seinem spezifischen Krankheitsfall anzuhören.

→ **Ihre Person:**

Unter diesem Aspekt dürfen Sie folgende Angaben zu Ihrer Person machen:

• Geburtsjahr des Praxisinhabers

• Zeitpunkt der Überprüfung durch den Amtsarzt und damit Zulassung als Heilpraktiker

• Zeitpunkt der Niederlassung

• Sonder-Sprechstunden

• Sprachkenntnis (dies ist von besonderer Bedeutung, wenn Sie Fremdsprachen wie z. B. Türkisch, Arabisch, Polnisch, Russisch etc. beherrschen, denn unsere ausländischen Mitmenschen haben oft einen großen Bedarf an ihre Sprache beherrschenden Behandlern und sind weder der deutschen noch der englischen Sprache mächtig).

• Konfession

• Bilder des Praxisteams (Sie lesen richtig – und gehen damit sogar konform mit dem HWG § 11, denn Sie lassen sich nicht während Ihrer Arbeit oder in Ihrer Berufskleidung ablichten, sondern „einfach als Mensch" bzw. „nettes Behandlerteam". Dies nimmt den Menschen oft schon die Scheu, weil sie sich vorab ein Bild (im wahrsten Sinne des Wortes) von Ihnen machen konnten.

→ **Logo der Praxis:**

Benutzen Sie durchgängig das gleiche Logo – sowohl hier in Ihrer Internetpräsenz als auch auf Ihrer Visitenkarte, Ihren Rechnungsformularen, Briefköpfen etc.

→ **Zugehörigkeit zu einem Praxisverbund**:

Hier können Sie noch einmal auf die Form Ihrer Praxis eingehen.
Haben Sie eine Praxisgemeinschaft mit einem anderen Kollegen?
Oder gar einem Kollegen einer anderen Berufssparte (z. B. einen Logopäden)?

→ **Zusammenarbeit mit Selbsthilfegruppen:**

Unter diesem Punkt können Sie Ihrem virtuellen Besucher genauere Informationen liefern, mit welchen Selbsthilfegruppen Sie in Kontakt stehen.
Das können beispielsweise Diabetikergruppen, Allergikergruppen etc. sein.

Auch hier soll sich Ihr Patient vorab ein genaues Bild über Ihren Tätigkeitsrahmen verschaffen können (ohne dass Sie natürlich gegen die guten Sitten im Sinne des Wettbewerbrechts verstoßen), so dass er vorab entscheiden kann, ob Sie derjenige sind, den er als Behandler schon so lange vergeblich gesucht hat.

→ **Anzeigen, z. B. über die Niederlassung, Urlaub, Vertretung etc.:**

Auch hier sind Ihrer Kreativität keine Grenzen gesetzt, was die Umsetzung dieser Informationen betrifft.

Sie sollten nur bei allem, was Sie machen, darauf achten, dass es gesetzkonform ist und der Patient nicht erst einen Text von einer halben Stunde lesen will sondern sich möglichst knapp, illustriert und vor allem informativ belesen möchte. Zum Urlaub gehören beispielsweise auch Informationen, dass man zur Zeit nicht erreichbar ist.

> **Liebe Besucherin, lieber Besucher,**
> **Meine Internet-Praxis ist leider vorübergehend geschlossen!**
>
> **Bitte treten Sie also NICHT ein...**

▷ Auch wenn vermutlich 80 % der Internetuser nun Ihre Homepage erst recht betrachten wollen, Sie haben Ihre Patienten informiert.

11.6.4 Information anderer Heilpraktiker in einem Intranet

In geschlossenen Netzen, das heißt solchen Computerkommunikationsnetzen, die nur Ihren Kollegen offen stehen (dem Intranet), darf umfassend über das Leistungsangebot der Praxis informiert werden.

Sie können das auf Ihrer Homepage umsetzen, indem Sie einen Button anlegen mit der Aufschrift „**Zutritt nur für Heilpraktiker**" o. ä..
Das Ganze ist Passwort geschützt und bevor man dieses Passwort bekommt, muss man sich registrieren lassen.

Es ist ein nicht unerheblicher Aufwand und der Nutzen für eine Naturheilpraxis hält sich dabei in Grenzen.
Die Entscheidung, ob Sie so etwas auf Ihrer Homepage umsetzen möchten oder nicht, bleibt in jedem Falle Ihnen überlassen.

Der „Bund Deutscher Heilpraktiker" hat auf seiner Internetseite das Intranet durch folgende Buttons sehr schön gekennzeichnet:

▸ **Nur für Heilpraktiker**

▸ **Nur für Mitglieder**

11.6.5 Vorteile für alle Beteiligten

❶ Ihre Patienten können sich über ihre medizinische Versorgung Zuhause, an ihrem Wohnort, ebenso vorab informieren wie für die Zeit ihres Urlaubs

❷ Auch Patienten, die dienstlich unterwegs sind und beispielsweise für eine regelmäßige Eigenbluttherapie einen Heilpraktiker benötigen, werden fündig

❸ Sie als Behandler können sich über das Leistungsspektrum Ihrer Kollegen informieren (und umgekehrt)

❹ Ggf. findet ein Patient so auf Ihr Anraten einen neuen Heilpraktiker, weil Sie ihn aus gewissen Gründen nicht weitertherapieren möchten/können

❺ Sie können, wenn Sie von Ihrem Patienten darum gebeten werden, seine Versorgung vor Ort planen (sollte er verreisen und benötigt ständige Betreuung) und Voraussetzungen für eine Weiterbehandlung und Kontrolle verlässlich prüfen (der Patient wird Ihnen gewiss sehr dankbar sein)

❻ Mit einer Homepage ist Ihre Naturheilpraxis für Patienten, interessierte Laien und Kollegen weltweit rund um die Uhr erreichbar

❼ Ihre Homepage bietet Ihnen die legale Möglichkeit, detailliert über Ihr Praxisangebot zu informieren

Ihre Patienten und Kollegen finden Sie garantiert

Ihre direkte Patientenbetreuung erhält hier eine völlig neue Qualität.
Daneben ergeben sich durchaus auch ökonomischen Vorteile: Die Suche nach Ihrer Homepage erfolgt im Internet über ein Suchmaschine oder Ihren Berufsverband, in dem nach Name, Ort und Fachrichtung gesucht werden kann.
Als Ergebnis erhält Ihr Patient direkt Ihre Homepage beziehungsweise, wenn mehrere Naturheilpraxen den Suchkriterien entsprechen, eine Liste, in der Ihre Homepage aufgeführt ist.

11.7 E-Mail-Adresse

Im Verlaufe des letzten Kapitels haben Sie bereits einige Male den Begriff „E-Mail-Adresse" gelesen.

Hierbei handelt es sich lediglich um eine Art „Hausanschrift" Ihrer Praxisadresse, für den Fall, dass Sie über Ihren Computer Briefe schreiben und versenden möchten.

Sie sollten sich auf jeden Fall so eine E-Mail-Adresse zulegen, die Sie jedes Mal angeben können, wenn Sie sich Informationen schnell zusenden lassen möchten oder jemand mit Ihnen per E-Mail in Kontakt treten will.

Auch ist diese empfehlenswert, wenn Patienten in spe die ein oder andere Frage bzgl. Ihrer Praxis haben – die E-Mail-Adresse können Sie ebenfalls auf Ihrer Homepage hinterlegen.

▶ Einer der wohl bekanntesten Anbieter ist hier die Firma „GMX".
Sie finden diesen Anbieter im Internet unter der Adresse www.gmx.de – die Anmeldung ist kostenlos.

Per elektronischem Briefverkehr gelangt eine Nachricht über Ihr Modem und dann das Internet zum (wiederum elektronischen) Briefkasten des Empfängers.
Er kann die Nachricht lesen, speichern, bearbeiten oder weiterverschicken.

12 Wettbewerbseinschränkende Gesetzesvorgaben

12.1 Maßgebliche Gesetzestexte

Der Berufsstand der Heilpraktiker muss sich gewissen Gesetzesvorgaben, nicht nur im Wettbewerbsrecht, unterwerfen, welche nachfolgend ausführlich angesprochen werden sollen.

Es handelt sich dabei um:

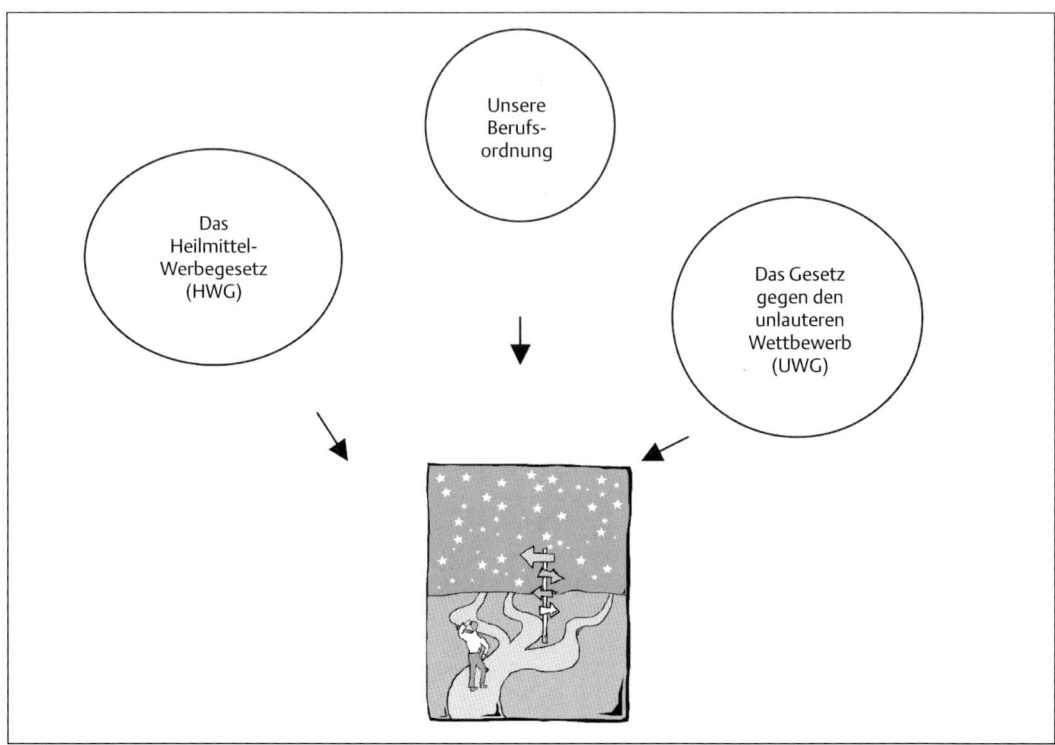

12.2 Rückblick

Bis zur Grundsatzentscheidung des Bundesgerichtshofes aus dem Jahre 1989 (BGH, WRP 90,246) waren Heilpraktiker als Ausübende eines Heilberufes den Auflagen der Ärzteschaft und deren persönlichen Werbeverboten gleichgestellt.

Das bedeutete, dass sie bei Verstößen sowohl gegen das UWG (Gesetz gegen den unlauteren Wettbewerb) als auch dem HWG (Gesetz auf dem Gebiete des Heilwesens) abgemahnt und Ansprüche sowohl auf Unterlassung als auch auf Schadensersatz geltend gemacht werden konnten.

So galt für unseren Berufsstand in Anlehnung an die Ärzteschaft nach Rechtsprechung des Bundesgerichtshofes der Maßstab, in wieweit das konkrete Werbeverhalten seiner Art nach mit den guten Sitten im Wettbewerb vereinbar ist.

Die verbandeseigene „Berufsordnung für Heilpraktiker" war und ist dabei **keine** Grundlage; vielmehr kommt es auf die „übereinstimmende Auffassung innerhalb der beteiligten Verkehrskreise – also dem einheitlichen Empfinden aller Heilpraktiker" an.

(Hierzu Urteil des BGH vom 29.6.1989, AZ I ZR 166/87 = MedR 1990,82).

12.3 Gegenwärtige Rechtslage

Gerade in der letzten Zeit haben die Gesetzgeber eingesehen, dass die Gesetzesvorgaben einer Novellierung bedurften und haben einige Vorgaben gelockert, damit sich „Patienten künftig leichter über die Qualifikation und Tätigkeitsschwerpunkte eines Arztes informieren können" (und damit auch über die eines Heilpraktikers).

Laut Urteil vom Bundesverfassungsgericht (BverfG 2002-02-08;1 BvR 1147/01; Rechtsbereich/Normen) wurde beispielsweise jede Beschränkung bei der Größe der Praxisschilder gestrichen.

Erklärtes Ziel dieser Auflockerungen ist die Herstellung einer Transparenz über das ärztliche Leistungsangebot, wobei jede anpreisende, irreführende oder vergleichende Werbung nach wie vor zum Schutze unserer Patienten verboten bleibt.

Wie bereits oben angeführt, wird unser Berufsstand in vielen Punkten mit der Ärzteschaft verglichen, so dass diese Lockerungen auch bei uns umzusetzen sind.

Die Änderungen bestehen lt. Pressemitteilung der Deutschen Bundesärztekammer vom Mai 2002 in Rostock im Einzelnen darin, dass

- Jede Beschränkung bei der Größe der Praxisschilder gestrichen wurde. Zuvor war ausdrücklich vorgeschrieben, dass das Schild nicht „in aufdringlicher Form gestaltet und das übliche Maß (etwa 35x50 cm) nicht übersteigen" sollte.

- Diese Neuregelungen in der (Muster-)Berufsordnung für das Praxisschild gelten genauso für den Briefbogen, Rezeptvordrucke, Anzeigen oder Internetpräsentationen.

- Auch in Zeitungsanzeigen darf der Arzt in regelmäßigen Abständen auf sich aufmerksam machen, unabhängig davon, ob dazu ein besonderer Anlass wie eine Praxisübernahme besteht.
  Diese Veröffentlichungen in Zeitungen waren vor der Novellierung höchstens drei Mal zu besonderen Anlässen erlaubt!

12.4 Das Gesetz auf dem Gebiete des Heilwesens, das Heilmittelwerbegesetz

12.4.1 Ursprung des Gesetzes auf dem Gebiete des Heilwesens (Heilmittelwerbegesetz; HWG)

Das Gesetz entstand 1965 um „eine möglichst sachliche Information des Verbrauchers auf dem Gebiet des Heilwesens zu erzwingen".

Es wurde mehrmals „überarbeitet", die derzeit gültige Fassung wurde am 19. Oktober 1994 durch Art. 3 des Gesetzes zur Reform des Markenrechts und zur Umsetzung der Ersten Richtlinie 89/104/EWG des Rates vom 21. Dezember 1988 zur Angleichung der Rechtsvorschriften der Mitgliedstaaten über die Marken (Markenrechtsreformgesetz) vom 25. Oktober 1994 (BGBl. I S. 3082) beschlossen.

12.4.2 Einschränkungen durch das Heilmittelwerbegesetz

Die Werbung mit Heilmitteln oder mit Aussagen zur **Gesundheit** regelt das spezielle Heilmittelwerbegesetz.

Artikel 1

§ 1

(1) Dieses Gesetz findet Anwendung auf die Werbung für

1. Arzneimittel im Sinne des § 2 des Arzneimittelgesetzes,

2. andere Mittel, Verfahren, Behandlungen und Gegenstände, soweit sich die Werbeaussage auf die Erkennung, Beseitigung oder Linderung von Krankheiten, Leiden, Körperschäden oder krankhaften Beschwerden bei Mensch oder Tier bezieht.

(3) Eine Werbung im Sinne dieses Gesetzes ist auch das Ankündigen oder Anbieten von Werbeaussagen, auf die dieses Gesetz Anwendung findet.

§ 3

Unzulässig ist eine irreführende Werbung. Eine Irreführung liegt insbesondere dann vor,

1. wenn Arzneimitteln, Verfahren, Behandlungen, Gegenständen oder anderen Mitteln eine therapeutische Wirksamkeit oder Wirkungen beigelegt werden, die sie nicht haben,

2. wenn fälschlich der Eindruck erweckt wird, dass

    a. ein Erfolg mit Sicherheit erwartet werden kann,

    b. bei bestimmungsgemäßem oder längerem Gebrauch keine schädlichen Wirkungen eintreten,

    c. die Werbung nicht zu Zwecken des Wettbewerbs veranstaltet wird,

3. wenn unwahre oder zur Täuschung geeignete Angaben

    a) über die Zusammensetzung oder Beschaffenheit von Arzneimitteln, Gegenständen oder anderen Mitteln oder über die Art und Weise der Verfahren oder Behandlungen oder

    b) über die Person, Vorbildung, Befähigung oder Erfolge des Herstellers, Erfinders oder der für sie tätigen oder tätig gewesenen Personen gemacht werden.

§ 5

Für homöopathische Arzneimittel, die nach dem Arzneimittelgesetz registriert oder von der Registrierung freigestellt sind, darf mit der Angabe von Anwendungsgebieten nicht geworben werden.

§ 6

Unzulässig ist eine Werbung, wenn

1. Gutachten oder Zeugnisse veröffentlicht oder erwähnt werden, die nicht von wissenschaftlich oder fachlich hierzu berufenen Personen erstattet worden sind und nicht die Angabe des Namens, Berufes und Wohnortes des Gutachters oder Ausstellers des Zeugnisses sowie den Zeitpunkt der Ausstellung des Gutachtens oder Zeugnisses enthalten,

2. auf wissenschaftliche, fachliche oder sonstige Veröffentlichungen Bezug genommen wird, ohne dass aus der Werbung hervorgeht, ob die Veröffentlichung das Arzneimittel, das

Verfahren, die Behandlung, den Gegenstand oder ein anderes Mittel selbst betrifft, für die geworben wird, ohne dass der Name des Verfassers, der Zeitpunkt der Veröffentlichung und die Fundstelle genannt werden,

3. aus der Fachliteratur entnommene Zitate, Tabellen oder sonstige Darstellungen nicht wortgetreu übernommen werden.

Es ist unzulässig, Werbegaben (Waren oder Leistungen) anzubieten, anzukündigen oder zu gewähren, es sei denn, dass es sich um Gegenstände von geringem Wert, die durch eine dauerhafte und deutlich sichtbare Bezeichnung des Werbenden oder des Arzneimittels oder beider gekennzeichnet sind, um geringwertige Kleinigkeiten oder um Werbegaben handelt, die als Zugaben zulässig wären. § 47 Abs. 3 des Arzneimittelgesetzes bleibt unberührt.

§ 7

(1) Es ist unzulässig, Zuwendungen und sonstige Werbegaben (Waren oder Leistungen) anzubieten, anzukündigen oder zu gewähren, es sei denn, dass es sich um Gegenstände von geringem Wert, die durch eine dauerhafte und deutlich sichtbare Bezeichnung des Werbenden oder des Arzneimittels oder beider gekennzeichnet sind, um geringwertige Kleinigkeiten oder um Werbegaben handelt, die als Zugaben zulässig wären. Werbegaben für Angehörige der Heilberufe sind unbeschadet des Satzes 1 nur dann zulässig, wenn sie zur Verwendung in der ärztlichen, tierärztlichen oder pharmazeutischen Praxis bestimmt sind. § 47 Abs. 3 des Arzneimittelgesetzes bleibt unberührt.

(2) Absatz 1 gilt nicht für Zuwendungen im Rahmen ausschließlich berufsbezogener wissenschaftlicher Veranstaltungen, sofern diese einen vertretbaren Rahmen nicht überschreiten, insbesondere in bezug auf den wissenschaftlichen Zweck der Veranstaltung von untergeordneter Bedeutung sind und sich nicht auf andere als im Gesundheitswesen tätige Personen erstrecken.

§ 8

(1) Unzulässig ist eine Werbung, die darauf hinwirkt, Arzneimittel, deren Abgabe den Apotheken vorbehalten ist, im Wege des Versandes zu beziehen. Dieses Verbot gilt nicht für eine Werbung, die sich auf die Abgabe von Arzneimitteln

in den Fällen des § 47 des Arzneimittelgesetzes bezieht. (2) Unzulässig ist ferner die Werbung, bestimmte Arzneimittel im Wege der Einzeleinfuhr nach § 73 Abs. 2 Nr. 6a oder § 73 Abs. 3 des Arzneimittelgesetzes zu beziehen.

§ 9

Unzulässig ist eine Werbung für die Erkennung oder Behandlung von Krankheiten, Leiden, Körperschäden oder krankhaften Beschwerden, die nicht auf eigener Wahrnehmung an dem zu behandelnden Menschen oder Tier beruht (Fernbehandlung).

§ 10

(1) Für verschreibungspflichtige Arzneimittel darf nur bei Ärzten, Zahnärzten, Tierärzten, Apothekern und Personen, die mit diesen Arzneimitteln erlaubterweise Handel treiben, geworben werden.

(2) Für Arzneimittel, die dazu bestimmt sind, bei Menschen die Schlaflosigkeit oder psychische Störungen zu beseitigen oder die Stimmungslage zu beeinflussen, darf außerhalb der Fachkreise nicht geworben werden.

§ 11

Außerhalb der Fachkreise darf für Arzneimittel, Verfahren, Behandlungen, Gegenstände oder andere Mittel nicht geworben werden

1. mit Gutachten, Zeugnissen, wissenschaftlichen oder fachlichen Veröffentlichungen sowie mit Hinweisen darauf,

2. mit Angaben, dass das Arzneimittel, das Verfahren, die Behandlung, der Gegenstand oder das andere Mittel ärztlich, zahnärztlich, tierärztlich oder anderweitig fachlich empfohlen oder geprüft ist oder anderweitig angewendet wird,

3. mit der Wiedergabe von Krankengeschichten sowie mit Hinweisen darauf,

4. mit der bildlichen Darstellung von Personen in der Berufskleidung oder bei der Ausübung der Tätigkeit von Angehörigen der Heilberufe, des Heilgewerbes oder des Arzneimittelhandels,

5. mit der bildlichen Darstellung a) von Veränderungen des menschlichen Körpers oder seiner Teile durch Krankheiten, Leiden oder Körperschäden, bei der Wirkung eines Arzneimittels, eines Verfahrens, einer Behandlung, eines Gegenstandes oder eines anderen Mittels durch vergleichende Darstellung des Körperzustandes oder des Aussehens vor und nach der Anwendung, b) des Wirkungsvorganges eines Arzneimittels, eines Verfahrens, einer Behandlung, eines Gegenstandes oder eines anderen Mittels am menschlichen Körper oder an seinen Teilen,

6. mit fremd- oder fachsprachlichen Bezeichnungen, soweit sie nicht in den allgemeinen deutschen Sprachgebrauch eingegangen sind,

7. mit einer Werbeaussage, die geeignet ist, Angstgefühle hervorzurufen oder auszunutzen,

8. durch Werbevorträge, in denen ein Feilbieten oder eine Entgegennahme von Anschriften verbunden ist,

9. mit Veröffentlichungen, deren Werbezweck missverständlich oder nicht deutlich erkennbar ist,

10. mit Veröffentlichungen, die dazu anleiten, bestimmte Krankheiten, Leiden, Körperschäden oder krankhafte Beschwerden beim Menschen selbst zu erkennen und mit den in der Werbung bezeichneten Arzneimitteln, Gegenständen, Verfahren, Behandlungen oder anderen Mitteln zu behandeln, sowie mit entsprechenden Anleitungen in audiovisuellen Medien,

11. mit Äußerungen Dritter, insbesondere mit Dank-, Anerkennungs- oder Empfehlungsschreiben, oder mit Hinweisen auf solche Äußerungen,

12. mit Werbemaßnahmen, die sich ausschließlich oder überwiegend an Kinder unter 14 Jahren richten,

13. mit Preisausschreiben, Verlosungen oder anderen Verfahren, deren Ergebnis vom Zufall abhängig ist,

14. durch die Abgabe von Mustern oder Proben von Arzneimitteln oder durch Gutscheine dafür,

15. durch die nicht verlangte Abgabe von Mustern oder Proben von anderen Mitteln oder Gegenständen oder durch Gutscheine dafür.

§ 12

(1) Die Werbung für Arzneimittel außerhalb der Fachkreise darf sich nicht auf die Erkennung, Verhütung, Beseitigung oder Linderung der in der Anlage zu diesem Gesetz aufgeführten Krankheiten oder Leiden beim Menschen oder Tier beziehen.

(2) Die Werbung für andere Mittel, Verfahren, Behandlungen oder Gegenstände außerhalb der Fachkreise darf sich nicht auf die Erkennung, Beseitigung oder Linderung dieser Krankheiten oder Leiden beziehen. Dies gilt nicht für die Werbung für Verfahren oder Behandlungen in Heilbädern, Kurorten und Kuranstalten.

§ 14

Wer dem Verbot der irreführenden Werbung (§ 3) zuwiderhandelt, wird mit Freiheitsstrafe bis zu einem Jahr oder mit Geldstrafe bestraft.

§ 15

(1) Ordnungswidrig handelt, wer vorsätzlich oder fahrlässig

1. eine Werbung betreibt, die die nach § 4 vorgeschriebenen Angaben nicht enthält oder entgegen § 5 mit der Angabe von Anwendungsgebieten wirbt,

2. in einer nach § 6 unzulässigen Weise mit Gutachten, Zeugnissen oder Bezugnahmen auf Veröffentlichungen wirbt,

3. entgegen § 7 Abs. l eine mit Zuwendungen oder sonstigen Werbegaben verbundene Werbung betreibt,

4. entgegen § 8 eine Werbung betreibt, die auf einen Bezug von Arzneimitteln im Wege des Versandes oder im Wege der Einzeleinfuhr hinwirkt,

5. entgegen § 9 für eine Fernbehandlung wirbt,

6. entgegen § 10 für die dort bezeichneten Arzneimittel wirbt,

7. auf eine durch § 11 verbotene Weise außerhalb der Fachkreise wirbt,

8. entgegen § 12 eine Werbung betreibt, die sich auf die in der Anlage zu § 12 aufgeführten Krankheiten oder Leiden bezieht,

9. eine nach § 12 unzulässige Werbung betreibt.

(2) Ordnungswidrig handelt ferner, wer fahrlässig dem Verbot der irreführenden Werbung (§ 3) zuwiderhandelt.

(3) Die Ordnungswidrigkeit nach Absatz 1 kann mit einer Geldbuße bis zu fünfzigtausend Deutsche Mark, die Ordnungswidrigkeit nach Absatz 2 mit einer Geldbuße bis zu fünfundzwanzigtausend Deutsche Mark geahndet werden.

§ 16

Werbematerial, auf das sich eine Straftat nach § 14 oder eine Ordnungswidrigkeit nach § 15 bezieht, kann eingezogen werden.

§ 17

Unberührt bleiben:

1. das Gesetz gegen den unlauteren Wettbewerb in der im Bundesgesetzblatt Teil III, Gliederungsnummer 43-1, veröffentlichten bereinigten Fassung, zuletzt geändert durch Artikel 14 des Gesetzes vom 10. März 1975 (BGBl. I S. 685),

2. § 21 des Gesetzes zur Bekämpfung der Geschlechtskrankheiten in der im Bundesgesetzblatt Teil III, Gliederungsnummer 2126-4, veröffentlichten bereinigten Fassung, zuletzt geändert durch Artikel 66 des Gesetzes vom 2. März 1974 (BGBl. I S. 469),

3. die Zugabeverordnung in der im Bundesgesetzblatt Teil III, Gliederungsnummer 43-4-1, veröffentlichten bereinigten Fassung, zuletzt geändert durch Artikel 141 des Gesetzes vom 2. März 1974 (BGBl. I S. 469).

§ 18

Werbematerial, das den Vorschriften des § 4 nicht entspricht, jedoch den Vorschriften des Gesetzes in der bis zum 17. August 1994 geltenden Fassung, darf noch bis zum 31. Dezember 1994 verwendet werden.

Krankheiten und Leiden, auf die sich die Werbung gemäß § 12 nicht beziehen darf:

A. Krankheiten und Leiden beim Menschen

1. Nach dem Bundes-Seuchengesetz in der im Bundesgesetzblatt Teil III, Gliederungsnummer 2126-1, veröffentlichten bereinigten Fassung, zuletzt geändert durch Artikel 4 des Gesetzes vom 10. August 1978 (BGBl. I S. 1217), meldepflichtige Krankheiten,

2. Geschwulstkrankheiten,

3. Krankheiten des Stoffwechsels und der inneren Sekretion, ausgenommen Vitamin- und Mineralstoffmangel und alimentäre Fettsucht,

4. Krankheiten des Blutes und der blutbildenden Organe, ausgenommen Eisenmangelanämie.

5. organische Krankheiten

   a. des Nervensystems,

   b. der Augen und Ohren,

   c. des Herzens und der Gefäße, ausgenommen allgemeine Arteriosklerose, Varikose und Frostbeulen,

   d. der Leber und des Pankreas,

   e. der Harn- und Geschlechtsorgane,

6. Geschwüre des Magens und des Darms,

7. Epilepsie,

8. Geisteskrankheiten,

9. Trunksucht,

10. krankhafte Komplikationen der Schwangerschaft, der Entbindung und des Wochenbetts.

12.4.3 Praxisorientierte Fallbeispiele

Sie haben gesehen, dass allein dieses Gesetz mit allen hier relevanten Paragraphen fast acht Seiten umfasst.

Man hat schneller gegen einen Paragraphen verstoßen, als man glaubt, so dass wir nun die häufigsten „Fehlinterpretationen" bzw. „Verstöße" ansprechen werden.

- **§ 3** beschreibt die Unzulässigkeit einer „irreführenden Werbung".

Eine **Irreführung** liegt insbesondere dann vor, wenn fälschlich der Eindruck erweckt wird, dass

ein Erfolg mit Sicherheit erwartet werden kann oder die Werbung mit einer therapeutischen Wirksamkeit.

Weiterhin dürfen **Sie keine Heilungsversprechen** abgeben, beispielsweise: „Diese Therapie bringt sie innerhalb von 14 Tagen wieder auf die Beine", oder „Sie werden geheilt mit".
Formulieren Sie stattdessen „kann behandelt werden mit. ...".

Das Oberlandesgericht Hamburg entschied in einem Urteil vom 7. 11. 1996 (Az.: 3 U 81/96), dass die Verwendung der Bezeichnungen „Tagesklinik für Biologische Immuntherapie", „Biologische Krebsnachsorge", „Immuntherapie" oder „Schmerztherapie" auf Praxisschildern, Briefbogen, Briefumschlägen, Rezeptvordrucken und Stempeln gegen die ärztliche und somit auch unsere Berufsordnung verstößt.

- **§§ 6,7** untersagen Ihnen, mit zweifelhaften Gutachten/Zeugnissen zu werben oder Zuwendungen in Form von Werbegaben für Ihre Werbung zu benutzen.

Das wäre der Fall, wenn Sie Kugelschreiber mit Ihrem Praxissignet drucken lassen und an Ihre Patienten verschenken würden.

- **§ 9** verbietet Ihnen die Behandlung per **Ferndiagnose** – das heißt Sie müssen sich per Anamnese erst einmal einen persönlichen Überblick über Ihren Patienten verschaffen und dürfen keine Diagnosen am Telefon stellen.

Dies ist zwar selbstverständlich, doch in **Notfallsituationen**, bei denen der Patient uns in der Praxis anruft und um Rat fragt, manchmal schwer umzusetzen.
Versuchen Sie hier nach Möglichkeit, die Notlage bestmöglich zu erfragen.
Anhand der vorhandenen Symptomatik, ist es evtl. möglich, auch Angehörige mit einzubeziehen, die im gleichen Haushalt leben.
Danach entscheiden Sie, ob Sie ggf. einen Hausbesuch abstatten oder Ihrem Patienten den Rat geben, direkt ins Krankenhaus/Arztpraxis zu fahren.

Bei einer lebensbedrohlichen Situation verständigen Sie selbstredend den Notarzt (und erkundigen sich zu einem späteren Zeitpunkt nach dem Befinden Ihres Patienten).

- **§ 11** erinnert Sie noch einmal daran, dass Sie sich für Werbezwecke o. ä. nicht in Ihrer Berufskleidung sowie bei Ihrer Tätigkeit als Heilpraktiker ablichten lassen dürfen, ebenso der Hinweis darauf, dass Sie nicht mit „Vorher-Nachher-Bildern" werben dürfen (z. B. im Rahmen einer Ernährungsberatung).

▶ Seien Sie auch **vorsichtig**, wenn Sie Fallbeispiele **zitieren**.

Gemäß dem oben genannten Paragraphen dürfen Sie außerhalb von Fachkreisen keine Werbung mit „der Wiedergabe von Krankengeschichten sowie mit Hinweisen darauf" machen, daher sind Fallbeispiele oft problematisch.

Sichern Sie sich selbst ab, indem Sie mehrmals wiederholen, dass es sich hierbei nur um ein Fallbeispiel handelt, welches nur Ihre Vorgehensweise erklären soll und nicht dazu gedacht ist, irgendeine Heilbarkeit zu beweisen. Nennen Sie auch keine Patientendaten.

In einem konkreten Gerichtsurteil warb ein Heilpraktiker in Tageszeitungen mit der Behandlung von Krankheiten und Leiden, die in der Anlage A zu § 12 Heilmittelwerbegesetz (HWG) enthalten sind, und verstieß somit gegen das Werbeverbot des § 12 Abs. 2 HWG (und damit auch gegen § 1 UWG).

Er warb mit den Angaben „Regenerationskuren, Thymus-Kuren, H3-Procain-Kuren, für eine neue Vitalität in Beruf und Privatleben – ein natürliches Heilverfahren u. a. bei Herz-Kreislauf, Potenz, Klimax, Leber, Asthma, Bronchien, Verkalkung, Arthrosis, Leistungsabfall, Durchblutungsstörungen, Gelenke, Magen, u. a." Dies wurde ihm von der zuständigen Ordnungsbehörde untersagt und gerichtlich bestätigt (BGH, 17. 11. 1983, Az. I ZR 5/81).

Der gleiche Heilpraktiker wurde letztinstanzlich in einem weiteren Fall irreführender Werbung für Frischzellen- bzw. THX-Kuren verurteilt (BGH 1. 12. 1983, Az. I ZR 164/81)

 → **Verstöße werden sowohl mit Freiheitsstrafen als auch Geldbußen bestraft, daher sollten Sie im Zweifelsfall immer Rücksprache mit Ihrem Berufsverband halten.**

12.5   Gesetz gegen den unlauteren Wettbewerb

12.5.1 Rückblick

Das Gesetz stammt in seiner ursprünglichen Version vom 7. Juni 1909.
Seitdem hat es zahlreiche Novellierungen gegeben, um sich dem aktuellen Zeitgeschehen anzupassen.
Letztmalig geändert am 20. 08. 2002. Sehen Sie hier nun die für uns in Frage kommenden Paragraphen.

12.5.2 Einschränkungen durch das Gesetz gegen den unlauteren Wettbewerb

§ 1 (sogenannte Generalklausel)

Wer im geschäftlichen Verkehre zu Zwecken des Wettbewerbs Handlungen vornimmt, die gegen die guten Sitten verstoßen, kann auf Unterlassung und Schadensersatz in Anspruch genommen werden.

§ 3

Wer im geschäftlichen Verkehr zu Zwecken des Wettbewerbs über geschäftliche Verhältnisse, insbesondere über die Beschaffenheit, den Ursprung, die Herstellungsart oder die Preisbemessung einzelner Waren oder gewerblicher Leistungen oder des gesamten Angebots, über Preislisten, über die Art des Bezugs oder die Bezugsquelle von Waren, über den Besitz von Auszeichnungen, über den Anlass oder den Zweck des Verkaufs oder über die Menge der Vorräte irreführende Angaben macht, kann auf Unterlassung der Angaben in Anspruch genommen werden. Angaben über geschäftliche Verhältnisse im Sinne des Satzes 1 sind auch Angaben in Rahmen vergleichender Werbung.

§ 4

(1) Wer in der Absicht, den Anschein eines besonders günstigen Angebots hervorzurufen, in öffentlichen Bekanntmachungen oder in Mitteilungen, die für einen größeren Kreis von Personen bestimmt sind, über geschäftliche Verhältnisse, insbesondere über die Beschaffenheit, den Ursprung, die Herstellungsart oder die Preisbemessung von Waren oder gewerblichen Leistungen, über die Art des Bezugs oder die Bezugs-

quelle von Waren, über den Besitz von Auszeichnungen, über den Anlass oder den Zweck des Verkaufs oder über die Menge der Vorräte wissentlich unwahre und zur Irreführung geeignete Angaben macht, wird mit Freiheitsstrafe bis zu zwei Jahren oder mit Geldstrafe bestraft. Angaben über geschäftliche Verhältnisse im Sinne des Satzes 1 sind auch Angaben im Rahmen vergleichender Werbung.

(2) Werden die im Absatz 1 bezeichneten unrichtigen Angaben in einem geschäftlichen Betriebe von einem Angestellten oder Beauftragten gemacht, so ist der Inhaber oder Leiter des Betriebs neben dem Angestellten oder Beauftragten strafbar, wenn die Handlung mit seinem Wissen geschah.

12.6 Berufsordnung

Artikel 1 – Berufsgrundsätze

1. Der Heilpraktiker dient der Gesundheit des einzelnen Menschen und des ganzen Volkes. Er erfüllt seine Aufgabe nach bestem Gewissen sowie nach den Erfahrungen der heilkundlichen Überlieferungen und dem jeweiligen Erkenntnisstand der Heilkunde. Der Heilpraktiker hat den hohen ethischen Anforderungen seines freien Heilberufs zu dienen und alles zu vermeiden, was dem Ansehen seines Berufsstandes schadet.

2. Der Heilpraktiker übt einen freien Beruf aus. Er behandelt seine Patienten eigenverantwortlich. Er muss in seiner Eigenverantwortlichkeit stets für den Patienten erkennbar sein.

Artikel 2 – Berufspflichten

1. Der Heilpraktiker verpflichtet sich, seinen Beruf gewissenhaft auszuüben. Bei seinen Patienten wendet er stets diejenigen Heilmethoden an, die nach seiner Überzeugung einfach und kostengünstig zum Heilerfolg oder zur Linderung der Krankheit führen können.

2. Der Heilpraktiker hat sich der Grenzen seines Wissens und Könnens bewusst zu sein. Er ist verpflichtet, sich eine ausreichende Sachkunde über die von ihm angewandten Diagnose- und Behandlungsverfahren einschließ-

lich ihrer Risiken, vor allem die richtigen Techniken für deren gefahrlose Anwendung anzueignen.

3. Der Heilpraktiker ist verpflichtet, sich über die für die Berufsausübung geltenden Vorschriften zu unterrichten und sie zu beachten. Soweit ihm gesetzlich die Untersuchung oder Behandlung einzelner Leiden und Krankheiten sowie andere Tätigkeiten untersagt sind, sind die Beschränkungen zu beachten.

4. Der Heilpraktiker ist bei der Ausübung seines Berufes frei. Er kann die Behandlung ablehnen. Seine Verpflichtung, in Notfällen zu helfen, bleibt davon unberührt.

5. Der Heilpraktiker darf kostenlose oder briefliche Behandlungen (Fernbehandlung) nicht anbieten. Fernbehandlung liegt u. a. vor, wenn der Heilpraktiker den Kranken nicht gesehen und untersucht hat. Es ist ferner nicht zulässig, Diagnosen zu stellen und Arzneimittel oder Heilverfahren zu empfehlen, wenn ausschließlich eingesandtes Untersuchungsmaterial oder andere Unterlagen zu Verfügung stehen.

6. In allen die Öffentlichkeit berührenden Standesfragen gilt der Grundsatz der Wahrung von Takt und Zurückhaltung.

Artikel 8 – Werbung

Der Heilpraktiker unterliegt keinem generellen gesetzlich normierten Werbeverbot. Jedoch hat er bei jeder unmittelbaren oder mittelbaren Werbung, sei es für seine Person, seine Praxis oder seine Tätigkeit, die gesetzlichen Bestimmungen, (insbesondere diejenigen des „Gesetzes über den unlauteren Wettbewerb (UWG)", des Gesetzes über die „Werbung auf dem Gebiete des Heilwesens (HWG)", die wesentliche werbliche Einschränkungen enthalten, zu beachten. Die einschlägige laufende Rechtsprechung ist zu berücksichtigen. Bezüglich UWG und HWG wird ausdrücklich auf den Anhang verwiesen.

1. Unzulässig ist jede irreführende Werbung, die mit den guten Sitten der Heilberufe nicht zu vereinbaren ist (UWG, § 1).

2. Die Mitwirkung des Heilpraktikers an aufklärenden Veröffentlichungen medizinischen

Inhaltes in Presse, Funk und Fernsehen sowie anlässlich von Vorträgen sollte so erfolgen, dass sich seine Mitwirkung auf sachliche Informationen beschränkt.

3. Er verpflichtet sich, darauf hinzuwirken, dass jede unzulässige Werbung, die ohne seine Kenntnisse oder Mitwirkung erfolgt ist, richtiggestellt wird und künftig unterbleibt.

Artikel 9 – Praxisschilder

1. Der Heilpraktiker hat auf seinem Praxisschild seinen Namen und die Berufsbezeichnung Heilpraktiker anzugeben. Eventuelle weitere Angaben sollten sich auf Sprechzeiten, Fernsprechnummer, Stockwerk, Privatadresse, eine Bezeichnung wie „Naturheilpraxis" und bis zu höchstens drei Verfahren, für die der Heilpraktiker über die besonderen Qualifikationen verfügt, beschränken. Die Angaben der Verfahren sollte bei allen Verwendungsmöglichkeiten identisch sein.

2. Das Praxisschild ist in unaufdringlicher Form zu gestalten. Die Größe sollte sich den örtlichen Gepflogenheiten (etwa 35 × 50 cm) anpassen. Je nach örtlicher Gegebenheit können zwei Praxisschilder erforderlich werden. Beim Wechsel der Praxisstätte ist vorübergehend das Belassen eines Hinweisschildes an der früheren Praxis möglich.

Artikel 10 – Drucksachen und Stempel

Die Angaben für Drucksachen und Stempel sollten über die in Artikel 9 gemachten Angaben nicht hinausgehen.

Artikel 11 – Eintragung in Verzeichnisse und Sonderverzeichnisse

Die Eintragung sollte nur im Einzugsbereich des Niederlassungsortes erfolgen. Über den kostenlosen Eintrag hinausgehende Informationen sollten sich auf höchstens fünf Zeilen und die in Artikel 9 erwähnten Angaben beschränken.

Artikel 12 – Inserate

Inserate dienen der Information des Patienten und dürfen keinen darüber hinausgehenden unsachgemäßen, mit den guten Sitten des Heilberufs nicht zu vereinbarenden werbenden Charakter aufweisen. Ihnen sollte in der Regel ein besonderer Anlass zugrunde liegen, insbeson-

dere Neuniederlassung, Umzug, längere Abwesenheit oder Änderung der Telefonnummer.

Für Inserate sollten folgende Hinweise beachtet werden:

1. Eine Anzeige nach der Niederlassung, nach einem Umzug oder Änderung der Telefon-Nummer sollte – außer den Angaben der Praxisstätte nicht mehr als die in Artikel 9 angeführten Angaben enthalten und – nur in den im Einzugsbereich des Niederlassungsortes erscheinenden Tages-, Orts- und Stadtteilzeitungen (Werbezeitungen mit redaktionellem Teil) innerhalb der ersten drei Monate nach der Niederlassung oder dem Umzug veröffentlicht werden.

2. Eine Hinweisanzeige vor und nach einer längeren Abwesenheit (mindestens eine Woche) in einer der unter Absatz 1 genannten Zeitungen sollte – außer den Daten, welche den Zeitpunkt der Praxisunterbrechung angeben, keine weiteren als die in Artikel 9 erwähnten Angaben enthalten.

3. Die Anzeige sollte in Form und Größe dem Informationszweck entsprechen und die Maße einspaltig 60 mm hoch oder zweispaltig 30 mm hoch nicht überschreiten.

Artikel 13 – Besondere Bezeichnungen

1. Der Heilpraktiker verzichtet auf die Bezeichnung „Spezialist" sowie auf andere Zusatzbezeichnungen, die ihn gegenüber seinen Standeskollegen hervorheben. Er darf neben der Berufsbezeichnung „Heilpraktiker" keine Bezeichnungen wie z. B. „Akupunkteur", „Chiropraktiker", „Homöopath", „Psychologe", „Psychotherapeut" u. a. führen, die durch diese Koppelung den Eindruck einer ebenfalls gesetzlich und/oder behördlich genehmigten Berufsausübung bzw. Berufsbezeichnung wie der des Heilpraktikers erwecken.

2. Akademische Grade dürfen nur in Verbindung mit der Fakultätsbezeichnung verwendet werden. Ausländische akademische Grade, Titel und Bezeichnungen wie Professor, dürfen nur geführt werden, wenn das zuständige Ministerium eine entsprechende Genehmigung erteilt hat. Sie sind so zu führen, daß ihre ausländische Herkunft erkennbar ist.

Artikel 14 – Krankenbesuche

1. Bei Krankenbesuchen muss jeder Patient in dessen Wohnung oder dem vorübergehenden Aufenthaltsort behandelt werden.

2. Patienten in Kliniken, Kurheimen usw. können nur mit vorherigem Einverständnis des leitenden Arztes oder Heilpraktikers beraten, untersucht und behandelt werden.

Artikel 15 – Heilpraktiker und Arzneimittel

Die Herstellung sowie der Verkauf von Arzneimitteln unterliegt den gesetzlichen Bestimmungen.

Artikel 16 – Verordnung von Arzneimitteln, Provisionen, Rabatte

1. Verbandszugehörigkeiten sollten auf Rezepten, Rechnungen u. a. durch Abdruck des Mitgliedsstempels kenntlich gemacht werden.

2. Der Heilpraktiker lässt sich für die Verordnung oder Empfehlung von Arzneimitteln, medizinischen Geräten usw. keine Vergütung oder sonstige Vergünstigungen gewähren.

3. Patienten dürfen ohne hinreichenden Grund nicht an bestimmte Apotheken verwiesen werden.

12.6.1 Praxisorientierte Fallbeispiele

❶ Für Heilpraktiker gilt in Anlehnung an die Ärzteschaft nach Rechtsprechung des Bundesgerichtshofes der Maßstab, ob das konkrete Werbeverhalten seiner Art nach mit den guten Sitten im Wettbewerb vereinbar ist. Dies ist nicht von unserer Berufsordnung abhängig, sondern vielmehr von der „übereinstimmende Auffassung innerhalb der beteiligten Verkehrkreise – also dem einheitlichen Empfinden aller Heilpraktiker". (Hierzu Urteil des BGH vom 29. 6. 1989, AZ I ZR 166/87 = MedR 1990,82).

Dies bedeutet im Umkehrschluss, dass unsere Berufsordnung zwar eine Art Leitfaden, jedoch keine gesetzliche Bindung darstellt, auch wenn wir Mitglied in diesem Berufsverband sind.

 → **Es handelt sich also, formal gesehen, lediglich um eine Vereinssatzung!**

❷ Machen Sie bitte auf keinen Fall den Fehler und geben Adressen oder Krankheitsbilder Ihrer Patienten weiter.
Zum einen sind wir aufgrund unserer Berufsordnung an die **Schweigepflicht** (Artikel 3 „Der Heilpraktiker verpflichtet sich, über alles Schweigen zu bewahren, was ihm bei der Ausübung seines Berufes anvertraut oder zugänglich gemacht wird.") gebunden. Zum anderen könnten wir unsere Praxis gleich schließen, wenn unsere Patienten Angst haben müssten, dass ihre Einzelschicksale in der Öffentlichkeit bekannt würden (und das mit Recht!).

❸ Das Heilpraktikergesetz sowie die Berufsordnung für Heilpraktiker stellt keine abschließende Regelung der Berufsausübung des Heilpraktikers dar.
Die **Gesundheitsbehörde** ist deshalb ermächtigt, einem Heilpraktiker **im Einzelfall** eine Behandlungsmethode, deren Wirksamkeit und Gefährlichkeit umstritten ist, durch Ordnungsverfügung zu untersagen (OVG NW, 4. 12. 1985, Az 13 A 959/84).

❹ In den Kapiteln 9 und 15 werden bereits die formalen Richtlinien angesprochen. Gesetzlich gesehen sind die in der Berufsordnung angegeben Richtlinien zur Erstellung eines Praxisschildes ebenso wenig bindend wie die Voraussetzungen für die Anzeigenaufgabe in einer Tageszeitung.
Nach der Berufsordnung darf ein Praxisschild gemäß den „örtlichen Gepflogenheiten" Rahmenmaße von ca. 35 × 50 cm haben und bis zu drei Therapieschwerpunkte enthalten. Sollten Sie also über dieses Maß hinausgehen oder bzgl. Ihrer Therapieformen ein anderes Layout wählen, kann Ihnen dies niemand untersagen. Gleiches gilt für die Einstellung einer Anzeige in eine Tageszeitung – es muss nicht länger ein Grund wie z. B. Urlaub; Änderung des Wohnsitzes etc. vorausgegangen sein, Sie dürfen auch außerhalb dieser Bedingungen auf Ihre Praxis hinweisen.

❺ Der Hinweis auf eine Spezialisierung, soweit sie denn vorhanden ist, ist rechtlich gesehen ebenfalls nicht mehr verboten (vgl. Berufsordnung, Artikel 13)
Achten Sie nur darauf, dass es sich nicht um marktschreierische Werbung handelt und Sie auch sonst nicht gegen die wettbewerbsbeschränkenden Gesetzesvorgaben verstoßen

12.7 Hinweise auf konkrete Gerichtsurteile – Argumentationshilfen für den Grenzfall

In diesem Kapitel finden Sie Hinweise auf konkrete Gerichtsurteile, deren Kenntnis für Sie im Alltag von großer Bedeutung sein können.

Die Fallbeispiele erheben allerdings keinen Anspruch auf Vollständigkeit, da täglich neue Urteile gefällt sowie Revisionen eingelegt werden um Urteilsentscheidungen rückgängig zu machen.
Sollten Sie rechtliche Fragen haben, die Ihnen weder das Buch noch Hinweise aus der Fachliteratur/Internet bieten kann, wenden Sie sich an Ihren Fachverband, der Ihnen sicherlich behilflich sein wird.

12.7.1 Fortbildungen

Besuchen Sie nach Möglichkeit regelmäßig Fortbildungen, um auf dem aktuellen Wissenstand zu bleiben.

So wird es ebenfalls von Ihren Berufsverbänden gewünscht.

Wählen Sie Ihre Fortbildungen anhand Ihrer Interessen sowie Themen-Behandlungsschwerpunkten aus.

Sie sollten sich jedoch bei Fortbildungen, die sich in erster Linie an Ärzte und „artverwandte Berufe" wenden, genau erkundigen, ob Heilpraktiker diese Kurse absolvieren können und nach erfolgreichem Abschluss die gewünschte Zertifikation bekommen.

Im vorliegenden Fall besuchte ein Heilpraktiker eine Fortbildung eines Privatvereines um die Zertifikation des „Asthmatrainers" zu erhalten, leider vergeblich.

Die Schulung durfte er zwar absolvieren (und bezahlen), jedoch entschied das Oberlandesgericht Oldenburg mit seinem Urteil vom 31.01.2002 (Aktenzeichen 8 U 189/01), dass Heilpraktiker keinen Anspruch auf eine Zulassung als „Asthmatrainer" haben.

In der Begründung hieß es, „es stellt keine unzulässige Diskriminierung eines Heilpraktikers dar, wenn ein Verein, der Zertifikate für sogenannte ‚Asthmatrainer' erteilt, aus grundsätzlichen Erwägungen Heilpraktikern das Zertifikat nicht erteilt, sondern dieses Heilberufen mit einem staatlichen Abschluss im Sinne der Schulmedizin vorbehält".

12.7.2 Krankheitsunterlagen

Sollte ein Patient von Ihnen seine eigenen Krankheitsunterlagen anfordern, müssen Sie ihm diese in Kopie aushändigen.
Dies bestätigte das Landesgericht Köln (16. 6. 1993, Az. 25 O 270/92).

Es ist schade, dass heutzutage selbst um solche selbstverständlichen Dinge gestritten wird, zumal sich zwischen dem Behandler und seinem Patienten ein Vertrauensverhältnis aufgebaut hat und es um die eigene Krankheitsgeschichte des Patienten geht.

Im Umkehrschluss bedeutet dies jedoch ebenfalls, dass Patienten, die von einem Kollegen zu Ihnen wechseln möchten, Anspruch auf ihre komplette Krankenakte haben.

Hierbei noch ein Tipp:

Wenn Sie überlegen, eine Praxis zu übernehmen, können Sie, rechtlich gesehen, nicht einfach alle Krankenakten übernehmen.

Sie benötigen dazu das schriftliche (!) Einverständnis der Patienten.

Für den Fall, dass der ein oder andere Patient dies ablehnt und sich seine Patientenkartei abholt (wozu er das Recht hat), verringert sich die Patientenkartei und somit der ideelle Wert, der von Ihnen bezahlt werden muss!

13 Werbemittel und ihr Einsatz

13.1   Einführende Informationen

Das Werbemittel ist die Form der Werbung, welche sich zusammensetzt aus einer Kombination erprobter werbewirksamer Elemente (Bild, Ton, Bewegung, Farbgestaltung, etc).
Die häufigste Unterscheidung, die heutzutage gemacht wird, ist die Unterscheidung zwischen uni- und multisensorischen Werbemitteln.

Sensorische Einteilung der Werbemittel

a) **unisensorische Werbemittel**, das heißt **nur** akustisch oder **nur** optisch. Als Beispiel wäre hier zu nennen die Anzeige in einem Zeitungsartikel oder der Beitrag innerhalb einer Rundfunksendung

b) **multisensorische Werbemittel**, das heißt akustisch – optisch. Beispielhaft wäre hier Ihre Internetpräsenz in Form Ihrer Homepage (vgl. Kapitel 11) oder einer Werbekampagne im Fernsehen

Weiterhin wird unterschieden zwischen den sogenannten

• inhaltsbildenden Elementen sowie den

• formgebenden Elementen

Die **inhaltsbildenden Elemente** sprechen entweder den rationalen oder emotionalen Bereich beim Menschen an, das heißt es orientiert sich eher an der suggestiven Form der Werbung, da es die Wünsche, Gefühle u. ä. Ihrer Patienten betrifft.

Die **formgebenden Elemente** geben Ihrer Werbung quasi „den letzten Schliff" – sie sollen originell, informativ, aber auch abwechslungsreich sein um Ihre Patienten nicht zu langweilen.

Diese Elemente sorgen dafür, dass wir die Werbung bewusst wahrnehmen, und zwar mittels Ton, Farbe, Schriften, Formen. ...

Hinterfragen Sie sich jedoch auch hier, ob diese Elemente Professionalität vermitteln, vor allem im Auge Ihres Patienten.

Lassen Sie beispielsweise Ihren Broschüren (zu denen wir im folgenden noch kommen) stets ein einheitliches Aussehen zukommen, ändern Sie die Farbe Ihrer Faltblätter nicht und bleiben bei Ihren ausgewählten Symbolen (seien es Ihr Verbandssignet oder ein Yin- und Yang-Zeichen).
Der Sinn besteht darin, dass diese Dinge gleich erkannt und mit Ihnen in Verbindung gebracht werden.

13.2   Werbung am „Ort des Geschehens"

13.2.1 Ihre Praxis

Hier „laufen alle Fäden zusammen" – dies ist Ihr Arbeitsplatz, hier therapieren und behandeln Sie.

Im Verlaufe des Buches haben wir bereits einiges über die „ideale Praxiseinrichtung" gelesen, wie z. B. die passende Farbgestaltung der Räumlichkeiten oder die harmonisierende musikalische Untermalung.

Wenn Sie werbungsorientiert denken, versuchen Sie, Ihre Praxis nach Möglichkeit mit den Augen Ihrer Patienten zu sehen.

Ihre Praxis ist Ihr persönliches Aushängeschild, sie repräsentiert und spiegelt Sie.

• Das Umfeld Ihrer Praxis, das heißt Stadtteil (ist es zum Beispiel ein nobler Vorort Münchens oder eine Seitengasse der „Reeperbahn" in Hamburg?), Verkehrsanbindungen, Einkaufsmöglichkeiten, Nähe zu Apotheken, etc.

• Ihr Praxiseingang (Weg in die Praxis; Vorhof; Treppenhaus; Wartezimmer)

• Die komplette Praxiseinrichtung inklusive Ihrer Dekoration; Ihrer Ausstattung; der Behandlungsliege; Ihrem Schreibtisch, Ihren Drucksachen etc.

Sie können zugleich Ihre Praxis fotografieren und auf Ihrer Homepage im Internet darstellen – so weiß auch dort Ihr Patient gleich, was ihn „erwartet".

**Naturheilpraxis
Wolfgang
Claussen
Osterende 65
25813 Husum
Tel. 04841-81000**

**Sprechzeiten
nach
Vereinbarung**

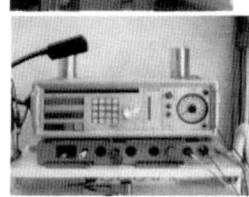

Naturheilverfahren - Bioresonanztherapie - Chiropraktik - Hypnose

Ein sehr gelungenes Beispiel findet der Internet-User bei dem praktizierenden Heilpraktiker Herrn Claussen:

Zu einem nicht unerheblichen Teil ist dem Patienten neben einem guten Therapeuten eine „Positivität ausstrahlende" Praxis wichtig.

„Positiv": Beispielsweise achten Sie stets darauf,

- dass alles aufgeräumt und sauber ist (vor allem Sanitäranlagen)
- dass die Fenster nicht „blind" vor Dreck sind
- für den Fall, dass Sie Vorhänge haben, diese stets sauber sind
- falls Sie rauchen, dies nicht unbedingt in den Praxisräumen zu tun, da (zumindest) jeder Nichtraucher Ihren Tabakkonsum gleich an der Eingangstür bemerkt. Wenn Sie dann auch

noch eine Raucherentwöhnungskur anbieten, wirken Sie nicht mehr glaubhaft

- dass Sie stets nach Behandlungsende Ihre Hände waschen und desinfizieren (manche Patienten achten darauf) und
- das Sie sich selbst disziplinieren.

Selbstdisziplin brauchen Sie an den Tagen, an denen Sie gemäß Ihrem Praxisschild geöffnet haben.

Auch bei Sonnenschein, 25 °C und einem noch leeren Terminkalender sollten Sie anwesend sein.

Denn gerade dann kommt jemand zu Ihnen in die Praxis und trifft Sie nicht an.
Schlussfolgernd wird er Sie schnell für unzuverlässig halten und das sollten Sie nach Möglichkeit vermeiden.

Alternativ besprechen Sie Ihren Anrufbeantworter oder schalten die Rufweiterleitung ein und hängen ein aussagefähiges Schild an Ihre Praxistür.

Vergessen Sie nicht, dass der Patient, bewusst oder unbewusst, alles um ihn herum wahrnimmt, dazu gehört Ihre Arbeitseinstellung ebenso wie die Tatsache, dass Sie hinter Ihrer Praxis stehen und sich mit ihr identifizieren oder ob Sie Ihre Praxis lediglich 2 Stunden wöchentlich „nach Feierabend" lieblos als Geldquelle nutzen wollen.

All diese „Kleinigkeiten" prägen im Endeffekt den Umgang zwischen Ihnen als Behandler und Therapeuten sowie Ihrem Patienten.

13.2.2 Wegweiser

Verschiedene Wegweiser geben Ihnen Auskunft, wie Sie auf direktem Wege zur Praxis gelangen.

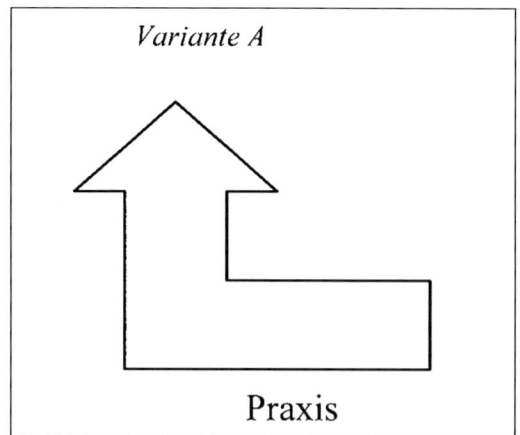

Unterschätzen Sie den Stress einer Person nicht, die vielleicht gerade 20 Minuten einen Parkplatz gesucht hat, vor 10 Minuten ihren ersten Termin bei Ihnen hätte haben sollen und sich nun noch in verschiedenen Geschäften nach dem exakten Standort Ihrer Praxis erkundigen muss!

Mit mehr als nur einem negativen Eindruck tritt sie Ihnen entgegen – was Sie leicht mit einem Wegweiser hätten vermeiden können.

Ganz abgesehen von der Tatsache, dass solch ein Wegweiser nicht nur informiert, sondern gleichzeitig einen werbenden Charakter hat.
Sollten Sie dieses Schild an einer fremden Hausmauer befestigen wollen, müssen Sie sich im Vorfeld das Einverständnis des Eigentümers einholen, am besten schriftlich.

Wie Ihr Wegweiser/Schild(er) aussehen soll(en), sowohl die äußere Form betreffend als auch das Schriftbild, bleibt weitgehend Ihnen überlassen.

Einzige Voraussetzung auch hier wieder: **keine Gesetzesübertretung**, das heißt keine aufdringliche Art und Weise; kein Verstoß gegen die „guten Sitten" und keine Abbildungen auch nicht in Form von Strichmännchen o. ä.
Ihr Wegweiser sollte „ins Auge fallen" und keine Fragen offen lassen.

Stellen Sie sich hierzu folgende Situation vor:

Von einer Fußgängerzone aus mündet an der Ecke der Apotheke „Bahnhofsapotheke" rechts eine kleine Seitengasse, in der Sie nach ca. 200 Meter auf der rechten Seite Ihre Praxis haben.
Ihr Schild möchten Sie gern an der Hauswand neben der Apotheke platzieren und haben hierfür auch das Einverständnis des Hauseigentümers.

Für welches Schild entscheiden Sie sich, wenn Sie versuchen, es vom Blickwinkel Ihrer Patienten zu sehen?

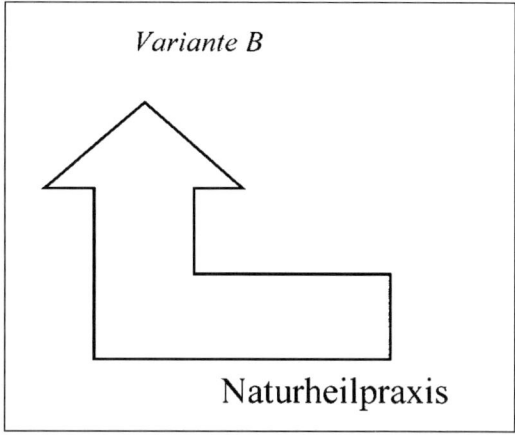

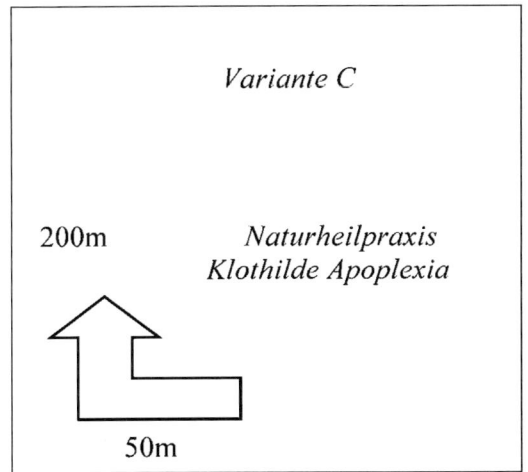

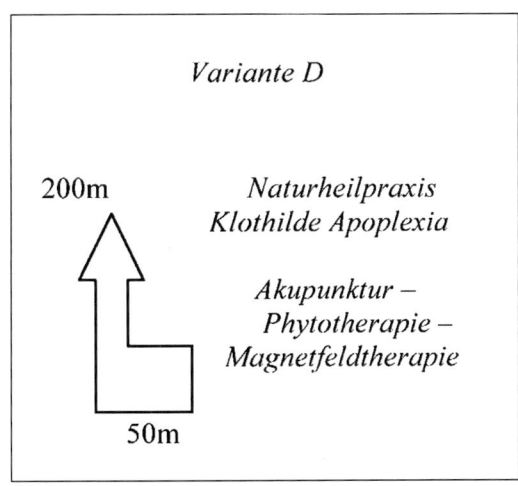

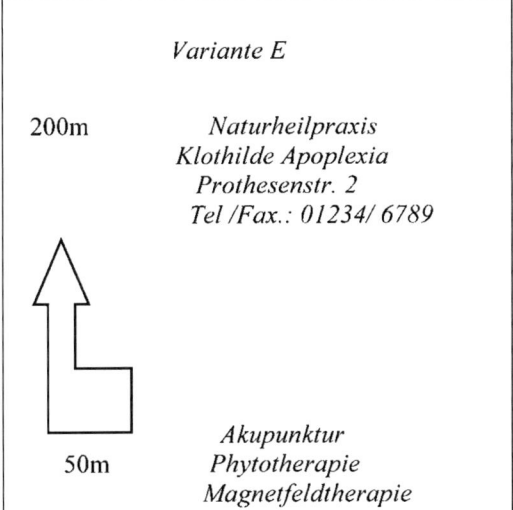

Variante A: „Praxis" – Was für eine Praxis? Tierarzt? Allgemeinmediziner? Kein Passant wird sich die Mühe machen und nachsehen, um was für eine Art Praxis es sich handelt, da es bereits genügend namhafte Praxen gibt.

Variante B: Schon besser, jedoch ebenfalls nicht aussagekräftig genug.

Variante C: Mögliche Alternative – Ihr Patient ist nun informiert, dass es sich um eine Naturheilpraxis handelt, kennt Ihren Namen (und weiß somit, ob Sie männlich oder weiblich sind – für einige Patienten sehr wichtig –) und kann sich insbesondere ein Bild davon machen, wie weit es noch ungefähr zu Ihrer Praxis ist.

Variante D: Gute Variante; gleichzeitige Information mit Ihren Therapieschwerpunkten.

Variante E: Sehr ausführlich; ebenfalls eine gute Variante.

Die Beispiele sollen Sie nur inhaltlich animieren, Ihren eigenen Weg zu finden und Ihr Augenmerk auf die wesentlichen Dinge zu richten. Das Layout ist natürlich variabel. Holen Sie sich rechtzeitig mehrere Angebote verschiedener Firmen ein, vergleichen Sie das Preis-Leistungsverhältnis (Schild nach Größe, Aufschrift, Gravur, Material, …) und bedenken Sie, dass auch kleinere Aufträge je nach Auftragslage mehrere Wochen dauern können – kalkulieren Sie diese Vorlaufzeit mit ein.

13.2.3 Das Praxisschild

Natürlich wollen Sie Ihre Praxis für jedermann sichtbar darstellen, was Sie unter anderem mittels eines speziell für Sie angefertigten Praxisschildes in Ihrem unmittelbaren Praxisumfeld erreichen.

Heilpraktikerin
Klothilde Apoplexia

Tel/Fax: 01234 / 6789
k.apoplexia@info.de
www.kapoplexia.de

Akupunktur – Phytotherapie –Magnetfeldtherapie

Sprechzeiten   Mo – Mi – Fr 9.00-19.00
u. nach tel. Vereinbarung

Den besten Standort zur Befestigung eines Schildes müssen Sie anhand der Lage sowie den baulichen Voraussetzungen Ihrer Praxis ermitteln.

- Bei einer Praxis im Erdgeschoss ist die erste Wahl für ein Schild direkt neben dem Eingangsbereich.

- Für eine Praxis, abgelegen in einem unauffälligen Seitenarm einer Fußgängerzone platzieren Sie Ihr Schild nach Möglichkeit an der Kreuzung zur Fußgängerzone mit einem Pfeil in Richtung Ihrer Praxis (gekoppelt mit einem Wegweiser).

- Wenn sich Ihre Praxis in einem Therapeutenhaus, 5. Etage, befindet und sich im Erdgeschoss die Praxisschilder „stapeln", heben Sie Ihr Schild nach Möglichkeit ein wenig von den anderen ab.

Vorschriften über Größe und Anbringung Ihres Praxisschildes gibt es nicht (es sei denn die Ihres Vermieters).

Bis vor einiger Zeit war es Usus, sich an den Richtlinien der Ärzteschaft zu orientieren, was im Zusammenhang mit dem Praxisschild bedeutete, dass eine Größe mit dem Maximalmaßen 35 × 50 cm vorgeschrieben war, nicht in „aufdringlicher Form" gestaltet sein durfte und bis zu 3 Therapieschwerpunkten benannt werden konnten.

▷ Laut Urteil des Bundesverfassungsgerichts (BverfG 2002-02-08;1 BvR 1147/01;Rechtsbereich/Normen) wurde jede Beschränkung bei der Größe der Praxisschilder gestrichen.

▷ Bei Bedarf können Sie auch zwei Schilder anbringen, dieses Recht ist übrigens auch in unserer Berufsordnung verankert.

▷ Auch die Angabe der Therapieformen ist nicht mehr auf drei begrenzt, nur sollten Sie sich vorab überlegen, wie ein Schild auf Ihre Patienten wirkt.

Stellen Sie sich ein Schild mit beispielsweise acht abgedruckten Therapieformen vor – Ihr Patient weiß ja gar nicht mehr, worauf er als erstes schauen soll (Variante B, S. 107).

Manchmal ist weniger mehr, so dass Sie mit ca. drei Therapieformen auf Ihrem Schild genügend Einblicke geben (Variante A, S. 107).

Denn was machen Sie, wenn ein Patient zu Ihnen in die Praxis kommt und sagt „Sie haben da draußen auf dem Schild Chiropraktik stehen, das will ich haben" – und Sie möchten sich für eine völlig andere Therapieform entscheiden ?

Hinweise auf Spezialisierungen waren absolutes Tabu.

Doch heutzutage dürfen sich sowohl Ärzte als auch Heilpraktiker nach gewissen Zusatzausbildungen „Spezialisten" nennen. Das Bundesverfassungsgericht entschied einstimmig „Die Bezeichnung eines bestimmten Arztes als Wirbelsäulen- oder Kniespezialist stellt grundsätzlich eine interessengerechte und sachangemessene Information dar [∴] ein Arzt, der besondere Erfahrung auf einem Teilgebiet hat, hat ein berechtigtes Interesse, das Publikum darüber zu informieren".

Heilpraktikerin
Klothilde Apoplexia
Prothesenstr.2; 23333 Musterhausen
Tel/Fax: 01234 / 6789
k.apoplexia@a.info.de
www.kapoplexia.de

Akupunktur – Phytotherapie –Magnetfeldtherapie

Sprechzeiten   Mo – Mi – Fr 9.00-19.00
u. nach tel. Vereinbarung

Variante A

Heilpraktikerin
Klothilde Apoplexia
Prothesenstr.2; 23333 Musterhausen
Tel/Fax: 01234 / 6789
k.apoplexia@info.de
www.kapoplexia.de

Akupunktur – Phytotherapie – Magnetfeldtherapie-
Eigenblutbehandlung – Aormatherapie – Colon-Hydro-
Therapie – Aderlass - Chiropraktik

Sprechzeiten   Mo – Mi – Fr 9.00-19.00
u. nach tel. Vereinbarung

Variante B

Laut unserer Berufsordnung verzichtet der Heilpraktiker auf die Bezeichnung „Spezialist" sowie auf andere Zusatzbezeichnungen, die ihn gegenüber seinen Standeskollegen hervorheben.
Nach diesem Urteil sieht die Sachlage allerdings anders aus – der Hinweis auf Spezialisierungen ist nicht grundsätzlich verboten, unabhängig ob die Berufsordnung dies gutheißt oder nicht.
Voraussetzung ist allerdings, dass Sie sich, in Form von Seminaren, Zusatzausbildungen, Workshops etc. auch wirklich spezialisiert haben.

Die Schriftform, die Sie für Ihr Praxisschild benutzen möchten, ist ebenfalls nicht genormt.Bedenken Sie, wie endgültig dieses Schild in Bezug auf Ihre Sprechzeiten sein soll.

Ein einteiliges Aluminiumschild kostet schnell 300 Euro und es ist unwirtschaftlich, wenn Sie nach einem halben Jahr aufgrund geänderter Öffnungszeiten diesen Betrag erneut ausgeben müssten.
Alternativ wäre ein zweiteiliges Schild.

Am Besten beraten Sie sich mit der Firma, bei der Sie das Schild in Auftrag geben, da diese die besseren Erfahrungen anbieten.

→ Es sei hier noch einmal auf Ihre Sprechzeiten hingewiesen:
Wenn Sie Ihre Praxis beispielsweise von 17.00–19.00 an zwei Tagen/Woche geöffnet haben, kommt bei Ihren Patienten leicht der Gedanke auf, dass Sie diese Praxis „mal eben so – nach Feierabend" mitlaufen lassen, ohne das Ganze ernst zu nehmen

Inhaltlich gesehen sollte das Praxisschild folgende Informationen für Ihren Patienten bereithalten:

• Ihre Berufsbezeichnung

• Ihren Namen und/oder Ihre Telefonnummer

• Internet-Adresse sowie E-Mail-Adresse

• Ihre Tätigkeitsschwerpunkte

• Öffnungszeiten

13.2.4 Praxisfenster und Schaukasten

Abhängig vom Standort Ihrer Praxis können Sie ohne weiteres Ihre Fenster zu Werbezwecken nutzen, solange Sie die wettbewerbsbeschränkenden Gesetzesvorgaben (HWG; UWG) „im Hinterkopf" haben.

Dies kann

→ für eine Praxis in der dritten Etage eines Gewerbegebäudes mit drei großen Fenstern nebeneinander zur Seite der Fußgängerzone hin z. B. folgendes bedeuten:

Naturheilpraxis	Akupunktur	Sprechzeiten
	Phytotherapie	Mo–Fr
K. Orthopädia	Magnetfeld-	9.00–18.00
	therapie	u.n.tel. Ver.

→ für eine Praxis im Erdgeschoss eignet sich vielleicht ein Fenster für eine dezentere informative Werbung.
Versuchen Sie nach Möglichkeit ein Fenster zu beschriften, welches nicht direkt neben Ihrer Eingangstür liegt, da Sie dort bereits ein Praxisschild angebracht haben.

Versuchen Sie vielmehr, ein Fenster zu einer anderen Straßenseite für diese Informationen zu benutzen.

Informationen sollten denen Ihres Schildes ähneln, also ohne Strichmännchen und ähnlichen Emblemen.

Die Frage, ob es zulässig ist, eine Lichtreklame im Fenster zu installieren (z. B. für Sprechzeiten während der frühen Morgenstunden im Winter oder gegen Abend), betrifft nicht so sehr Ihren Verband oder die wettbewerbsbeschränkenden Gesetze – vielmehr liegt die Zustimmung bei Ihrem Vermieter und in den regionalen Gesetzen, den Richtlinien und Verordnungen der örtlichen Baubehörde sowie im Straßenverkehrsrecht.

Einen **Schaukasten** können Sie nur dort anbringen, wo es Ihnen von der Architektur her möglich und dem Vermieter angenehm ist.

Einzige Ausnahme wäre die Variante, dass es sich dabei um Ihr Eigentum handelt.

Praktizieren Sie im Erdgeschoss und haben die Möglichkeit, an der Außenfront einen kleinen Kasten mit einer Glasscheibe anzubringen, wäre dies eine durchaus legitime Möglichkeit der Informationsweitergabe (und damit ein gleichzeitig verbundener Werbeeffekt).

Dekorieren Sie ihn je nach Jahreszeit (vgl. Kapitel 8.1 „Saisonale Werbung"); z. B. weihnachtlich, zusätzlich mit einem kleinen Memo über Kälte – Temperaturen allgemein, Zeichen drohender Unterkühlung, passender Kleidung, richtige Getränke, …
Wünschen Sie ein frohes Weihnachtsfest.
Auch hier können Sie Ihrer Kreativität wieder freien Lauf lassen, es muss sich nur im Rahmen der Gesetzesvorgaben (HWG und UWG) befinden und nicht gegen die „guten Sitten" verstoßen.

Gestalten Sie das Ganze ansprechend und persönlich, jedoch nicht zu aufdringlich.

13.2.5 Das Wartezimmer

Versuchen Sie auch hier, sich in die Lage Ihres Patienten zu versetzen.
Abgesehen von

• dem passendem Material des Fußbodens (am besten abwaschbar in Form von Fliesen oder einen unempfindlichen Teppichboden) und

- bequemen Sitzgelegenheiten für „Groß und Klein"

sollten Sie daran denken, dass Ihr Patient sich vorab genau in diesem Raum seine Gedanken um Ihre Person macht.

Ein Wartezimmer sollte hell und freundlich eingerichtet sein und vor allem eine angenehme Atmosphäre ausstrahlen.

Scheuen Sie auch hier den gezielten Einsatz von psychologisch abgestimmten Farbkombinationen nicht, so vermitteln beispielsweise grüne Akzente Hoffnung.
Die Farbe Grün steht für das Immerwährende und Immerwiederkehrende, auch für Heilung – es wirkt beruhigend und harmonisierend (das ist übrigens auch der Schulmedizin bekannt, denken Sie an die OP-Kleidung für Chirurgen etc.).

Dazu freundlich-helle Gelbtöne, nicht übertrieben schrill, wirken anregend auf die Gehirnfunktionen und gemütsaufhellend bei Depressionen (vgl. auch Kapitel 9.2.2).

So kann man bereits mit der richtigen Farbkombination eine Menge an positiver Ausstrahlung und damit Wohlbefinden beim Patienten erreichen.

Platzieren Sie Dinge in Ihrem Wartezimmer, von denen Sie meinen, das sich Ihre Patienten dafür interessieren könnten; gerade, wenn es sich um den ersten Besuch bei Ihnen handelt.

Informationen, in Form von

- Urkunden über Ihre Zulassung als Heilpraktiker

- Urkunden über Zusatzqualifikationen wie z. B. ein Zertifikat über Akupunktur, eingerahmt und dekorativ an der Wand hängend,

vermitteln dem Patienten bereits im Vorfeld einen professionellen, mit medizinischem Wissen ausgestatteten Behandler.
Wählen Sie die Urkunden und Zertifikate, die Sie eingerahmt an die Wand hängen wollen, gut aus. Nicht, dass Sie hinterher einen gegenteiligen Effekt bekommen, da Ihre Wand mit Urkunden geradezu „tapeziert" erscheint.

Hinweis des Verlags:
Natürlich ist das nicht der Regelfall und für viele mag es ein Idealfall sein, aber wir kennen Naturheilpraxen, in denen Autogramm-Hochglanzfotos bekannter Schauspieler, Sportler oder TV-Stars hängen. Mit deutlicher Widmung „In Dankbarkeit", „Ihr dankbarer Patient".
In allen Ehren und mit der Erlaubnis zum Einrahmen und Aufhängen. Sie werden sehen, dass diese „Werbung" einen riesigen Vertrauensvorschuss schafft – aber nur im Wartezimmer und ohne Kommentare präsentiert.

Eine Pinnwand, platziert an einer gut sichtbaren Stelle, informiert über Neuigkeiten in der Praxis, angefangen von

- Urlaubszeiten;

- Nachrichten, wie z. B. „Denken Sie daran, für Ihre Einkommenssteuererklärung die Quittung für Ihre Behandlungen während des Jahres anzufordern"

oder einer

- Rubrik für Ihre Patienten „Suche – Biete"

Außerdem können Sie in Ihrem Wartezimmer Bilder, Skulpturen o. ä. von einheimischen (!) Künstlern ausstellen – bieten Sie ihnen ein Forum sich zu präsentieren und geben Einladungen an Freunde, Bekannte, Therapeuten und Patienten im Rahmen einer Ausstellungseröffnung aus.

Lassen Sie sich etwas einfallen, Ihr Patient fühlt sich gleich persönlich angesprochen und merkt, dass Sie nicht nach „Schema F" behandeln.

13.2.6 **Firmenwagen – Autowerbung**

Niemand kann und wird Ihnen verbieten, Ihre Naturheilpraxis in Bannerwerbung an Ihrem Auto „spazieren zu fahren".

Erfahrungsgemäß fahren Sie im Straßenverkehr nicht im „Schneckentempo", so dass ein Hinweis auf Ihre Naturheilpraxis mit Telefonnummer bzw. Homepage kurzgefasst sein sollte.

Naturheilpraxis
K. Orthopädia
Prothesenstr. 2
Tel/Fax.: 01234 - 6789
Email. **kapoplexia@webadresse**.de

Somit kann selbst ein Fußgänger, Radfahrer oder der vorbeifahrende PKW-Fahrer sich diese Information merken.

Holen Sie sich bei mehreren Firmen Kostenvoranschläge für Ihren gewünschten Werbetext ein, den Sie auf Ihr Auto kleben möchten.

Geeigneter Ort ist die Heckscheibe.

→ **Wie bereits oben erwähnt,**
weniger ist mehr
und
weniger ist einprägsamer.

▷ Bei allen Dingen, die Sie kaufen müssen, sollten Sie bedenken, dass Sie nach Möglichkeit Anbieter aus Ihrem näheren Umfeld nehmen. Wenn der Preis akzeptabel und vielleicht nur einige Euro über einen Händler im Großeinkauf liegt, empfehle ich Ihnen, dort zu kaufen, da Sie bereits über diesen Weg „Betriebsmarketing" betreiben können.

Sie müssen sich regional bekannt machen und Kontakte knüpfen und pflegen, wo immer die Möglichkeit dazu besteht. Ansonsten werden Ihre ganzen Werbemaßnahmen keinen großen Erfolg haben, wenn Sie diese nur vom Schreibtisch aus, isoliert und anonym verbreiten.

13.3 **Werbung „außer Haus"**

13.3.1 **Werbung in Branchenbüchern/ Telefonbüchern**

Wer kennt sie nicht, die „Gelben Seiten", die einmal jährlich aktualisiert werden?

Kurz nach Ihrer Praxiseröffnung wird Sie mit Sicherheit ein Vertreter besuchen und Sie davon zu überzeugen versuchen, wie sinnvoll, notwendig und effektiv eine Anzeige in den „Gelben Seiten" ist.

Pro Spalte wird abgerechnet, Hervorgehobenes durch Fettschrift nicht mit einbezogen, so dass man schnell auf 200–300 Euro kommt (nach oben vermutlich wenig Grenzen).

Fettschrift ist übrigens eindeutig erlaubt!
Nachdem ein Verband einen Prozess gegen einen Telefonbuchverlag angestrengt hatte, in welchem unter anderem die oben besagten Fettdruckzeilen für unseren Berufsstand untersagt werden sollten, entschied der Bundesgerichtshof mit Urteil von 1989 zu unseren Gunsten:

● *„Ein allgemeines Werbeverbot für Heilpraktiker kann – wegen seines die freie Berufsausübung im Sinne des Artikel 12 GG einschränkenden Charakters – nicht allein durch eine einheitliche Standesauffassung der Heilpraktiker sowie deren Niederlegung in – als „Berufsordnung" bezeichneten – Vereinssatzungen von Heilpraktikerverbänden begründet werden; es setzt vielmehr ein Eingreifen des Gesetzgebers voraus"* (vgl. BverfGE 76, 171 ff. zum anwaltlichen Standesrecht).

● *Soweit eine einheitliche Standesauffassung der Heilpraktiker als Indiz dafür herangezogen werden soll, dass ein bestimmtes Verhalten eines Heilpraktikers auch dem allgemeinen sittlichen Empfinden widerspricht und deshalb gegen § 1 UWG verstößt, genügt es nicht, diese Standes-*

auffassung den – als Vereinssatzungen nur mehrheitlich beschlossenen – Berufsordnungen von Heilpraktikerverbänden zu entnehmen" (Bundesgerichtshof; Urteil vom 29.06.1989-1 ZR 1661877)

Ein langes Zitat eines Gerichtsurteils, die Essenz des Ganzen besteht in der Tatsache, dass es nicht genügt, wenn ein Verband oder Kollegen auf einem generellen Werbeverbot bestehen sondern der Gesetzgeber letztendlich einzig maßgebende Instanz ist.

Genau diese Instanz hat bezüglich Eintragungen im Branchenverzeichnis in ihrer Begründung folgende Inhalte legitimiert:

→ Hinweis auf Heilverfahren, Diagnosemethoden

→ Hinweise auf Öffnungszeiten

→ Hervorhebung von Anschriften

→ Hervorhebung von Telefonnummern

→ Verweise auf niedergelassene Heilpraktiker außerhalb des Geltungsbereiches des jeweiligen Branchenbuches.

Als mich damals ein Vertreter besucht hat, wusste er angeblich nichts von wettbewerbsbeschränkenden Vorgaben oder anderen Vorgaben, die sich aus der Berufsordnung ergeben (z. B. maximal drei Therapieschwerpunkte zu benennen o. ä., obwohl dieser Vertreter ausschließlich Anzeigen von Heilpraktikern aufgenommen hatte) – sein Ziel war es offensichtlich, eine möglichst hohe Vertragssumme zu erreichen.

Wenn man sich nicht mit den Vorgaben auseinandersetzt, kann man schnell Dinge annoncieren, die nicht erlaubt sind (z. B. Heilungsversprechen; Diagnosemethoden statt Therapiemethoden, etc.), so dass Sie sich folgende Punkte merken sollten:

• Überlegen Sie sich genau, was Sie Ihren Patienten und Interessenten über die „Gelben Seiten" mitteilen wollen

• Reicht Ihnen Ihr Name mit Telefonnummer (da Sie z. B. der einzige Heilpraktiker im gesamten Landkreis sind) oder soll Ihr Name fettgedruckt erscheinen (was natürlich gleich wieder einen finanziellen Aufschlag bedeutet), damit er sich von Ihren Kollegen abhebt?

• Haben Sie einen Internetzugang, dessen Adresse Sie ebenfalls veröffentlich haben wollen?

• Wollen Sie auf Ihre Therapieschwerpunkte hinweisen oder dies erst in einem persönlichen Telefonat ansprechen?

• Haben Sie eine Praxisgemeinschaft oder eine Gemeinschaftspraxis, die Sie als solche kennzeichnen wollen?

• Bieten Sie außergewöhnliche Sprechzeiten an (z. B. Abendsprechstunden) die Sie erwähnen möchten?

Überlegen Sie sich diese Dinge vorab oder lassen Sie sich, wenn ein Vertreter vor Ort ist, ein Angebot machen und schlafen Sie eine Nacht darüber.

Der Eintrag in den „Gelben Seiten" bietet mit Sicherheit Vorteile, doch ist er nicht gerade kostengünstig.
Der Eintrag in einem Branchenbuch soll Ihnen hier keineswegs negativ dargestellt werden, sondern Sie zum Überlegen anregen.

Möglich wären also folgende Varianten:
Die Werbung in den „Gelben Seiten" ist heutzutage eine Investition, die man genau bedenken sollte, da die heutige Generation und die folgenden wohl eher das Medium „Internet" benutzen, um an ihre Informationen zu gelangen, als das fast schon „antiquare" Branchenbuch.

Zu bedenken ist natürlich Ihre Klientel.

Ältere Patienten haben in der Regel keinen Internetanschluss zuhause und verlassen sich neben der Weiterempfehlung durch gute Bekannte auch auf die „Gelben Seiten".

Mein Tipp ist eine Kompromisslösung: sich im regulären örtlichen Telefonbuch kostenfrei unter „Heilpraktiker" – in unserem Fall Klothilde Apoplexia – vermerken zu lassen und in das Zukunftsmedium „Internet" zu investieren. Auf der folgenden Seite finden Sie einen Ausschnitt der „Gelben Seiten". Sie sehen, wie viele Heilpraktiker in unterschiedlichen Darstellungen ihrer Praxis dort vertreten sind. Bei einer Neueröffnung sollten Sie also Ihr Budget überdenken und auch die Tatsache, dass Ihr Eintrag erst bei der nächsten Ausgabe einzusehen ist.

Heilpraktiker 217

Heilpraktiker
→ Alternative Therapiemethoden

GESELLSCHAFT FÜR NATURHEILKUNDE
Auskünfte über
**Fragen der Gesundheit,
Naturheilbehandlungen u.
qualifizierte Therapeuten.**
Holbeinstr. 48, 60596 Frankfurt
Telefon (0 69) 63 60 63

Union Dtsch. Heilpraktiker
Bundesverband
**Tel. 0 61 87-99 06 03
Fax 0 61 87-9 92 80 75**
email: kontakt@udh-bundesverband.de
Internet: www.udh-bundesverband.de
Union Dtsch. Heilpraktiker e.V.
LV Hessen e.V.
Heilpraktiker Fachausbildung
Med. Lehr- u. Fortbildungsinstitut
für Heilpraktiker
61137 Schöneck, Waldstr. 21
**Tel. 0 61 87-84 28
Fax 0 61 87-9 92 80 74**
email: kontakt@udh-hessen.de
Internet: www.udh-hessen.de

BIOLOGISCHE KREBSTHERAPIEN
Beratungsstelle Frankfurt/M.
Kostenlose telefon. Auskünfte über
Fach-Therapeuten und Therapien
**UNION FÜR BIOLOGISCHE
KREBSTHERAPIE e.V.**
Frankfurt/Main (0 69) 63 97 07

● **Altenstadt (Hessen) (0 60 47)**
Grießer Franz u. Helene (Wa) Fasanenweg 12 42 92
Grießer-Furuoka (Wa) Fasanenweg 12 Fax 54 53
Griethe Sigrid (Ro) Große Gasse 3 16 74
Hofmeister S. (Ob) Am Rodland 10 98 70 19
Scheuermann Christine Kirchgasse 14a 98 98 44

● **Bad Nauheim (0 60 32)**
Farag Maria Dipl.-Agr.Ing. Frankfurter-34 30 63 20
Frieß Rosel Karl-8 92 93 60
Naturheilpraxis - Fußpflegepraxis Kreuter Elisabethen-27 97 08 84
**ROSENBAUM JÜRGEN
Akupunktur-Schmerztherapie
med. Heilhypnose**
61231 Bad Nauheim
Karlstr. 23
Tel. (0 60 32) 92 12 00
Themsfeldt Horst Burgallee 3 69 12
Tillmann Klaus Dipl.-Ing. Lessing-2 3 38 86
Weber Klaus-Dieter Park-2 92 03 93
**Zöltzer Klaus Dr.rer.nat.
Zöltzer Brigitte**
Bioresonanz, Colon-Hydro-Ther.
Akupunktmassage, Lymphdrainage
61231 Bad Nauheim
Karlstraße 2
Tel. (0 60 32) 70 05 50
e-mail:
NHP-Zoeltzer@t-online.de
www.NHP-Zoeltzer.de

● **Bad Orb (0 60 52)**
Bluhm Werner Altenberg-2 90 04 70
Rieger Melanie Wendelinus-10 92 82 80
Schaumburg Patrick Haupt-82 92 87 74

● **Bad Soden-Salmünster (0 60 56)**
Beuscher-Schachte Ilse Gießener-10 43 59

● **Bad Vilbel (0 61 01)**
**Bartak Jan Dr.
Klassische Homöopathie,
Elektroakupunktur**
61118 Bad Vilbel
Windecker Str. 26
**Tel. (0 61 01) 8 92 41
Fax (0 61 01) 8 92 41**
Biwer Anne Am Kreuz 1a 8 36 34
Buess Thomas Talweg 2 12 71 05
Harbig Sylvia Am Römerbrunnen 11 54 19 19
Hartenfels Michael Loh-8 12 85 40
Heldmann Christiane Auf dem Niederberg 35 50 01 76
Fax 50 01 78
Kasper Esther Erlenring 15 4 94 98
Mielke Axel D. Mittelweg 16 4 22 44
Moede Karl-Alexander Gronauer Weg 2 8 49 80
Naturheilpraxis Lehmkaute, Christian Haffner u. Ursula van Wesel Matthias-Claudius-2 98 33 88
Naturheilpraxis Lehmkaute, Christian Haffner u. Ursula van Wesel Matthias-Claudius-2 Fax 50 57 47
Oxfort Christina Dipl.Biol. Loh-21 50 11 11
Pullmann Ulrike Pfarrwiese 42 6 45 64
Fax 6 53 39
Schmidt Klara Homburger-127 40 79 25
Fax 40 79 27
Stang Monika Homburger-25 54 25 23
Tebbenhoff-Niebergall Katharina Hain-1a 4 18 66
Thulmann Ilka-Maria Dipl.-Päd. Berg-3 8 78 79

● **Birstein (0 60 54)**
Koch Brigitte Lahnemühle 91 44 88
Roskoni Garten-1 60 17

● **Birstein-Lichenroth (0 66 68)**
Seibert Gisela (Wü) Bistreiner-27 8 67

● **Brachttal (0 60 54)**
Naturheilpraxis u. Institut Lebenskraft (Neu) Hammer-3 91 72 84

● **Bruchköbel (0 61 81)**
Brozio Ursula Görlitzer-9 57 75 92
Löwer-Wenzel Sabine Beethoven-12 97 65 18
Mürle Chr. Naturheilpraxis
63486 Bruchköbel
Hauptstraße 81 a
**Tel. (0 61 81) 70 93 44
Fax (0 61 81) 70 93 44**
Naturheilpraxis Schlinglofi Lindenallee 28 7 25 12
Reinhard Friedrich (Rd) Weiher-12 7 21 77
Schlingloff Lindenallee 28 7 25 12
Zinkhan Brigitte Innerer Ring 14 97 67 08

● **Büdingen (Hessen) (0 60 42)**
Becker Jochen H. Wolfer-19 15 71
Betz Heinz Am Kreischborn 34 29 22
Dillemuth Monika Am Wildenstein 27 95 25 65
Fröhlich Heinrich Auf der untersten Beunde 6 22 96
Mirr C. Am Dohlberg 3 29 12
Schwarz Elisabeth (Eck) (0 60 48) 95 24 96
Stern Udo Thiergarten-53 66 33
Ungermann Gerd Am Molkenborn 36 95 09 09

● **Butzbach (0 60 33)**
Eichner Monika Hausberg-7 92 03 03
Lind Lisa Römer-15 26 10
Schneider Herbert (Bo) Im Weichenrod 8 (0 60 85) 25 90
Volkmann Volkert (Bo) Münsterer-13 (0 60 85) 91 99 32
Volkmann Volkert (Bo) Münsterer-13 Fax (0 60 85) 91 99 34

● **Dietzenbach (0 60 74)**
Burgey Günter Groß-Umstädter Weg 3 2 31 13
Deppert Ursula Philipp-Wolf-Weg 5 4 63 08
Haas Helmut Dr. rer. nat. Babenhäuser-27 4 74 55
Hochgürtel Helga Schäfergasse 25 4 66 01
Hochgürtel Helga Schäfergasse 25 0 17 11 47 77 73
Höfner-Opl Renate Alfred-Delp-Weg 8 49 26 42
Keller-Neul Astrid Rosa-Luxemburg-8 49 29 33
Lappe Linda Werner-Hilpert-16 81 50 21
Moll Doris Blumenweg 37 81 48 14, 81 42 12
Mündl Anita Aue-53 49 20 46
Nadler Heike Schul-32 4 58 03
Wagner Heike Am Steinberg 67 2 30 03
Wiegand B. 4 33 32

● **Dreieich (0 61 03)**
Daus Kai (Drh) Heckenweg 2 8 44 73
Dechert Klaus-Georg (Gö) Am Spitzenpfad 6 8 71 05

Golla Monika (Spr) Friedrich-1 Fax 96 03 25
96 03 93
Grawunder Katharina (Spr) Darmstädter-37 6 79 26
Heilpraktiker & phys. Therapie Fidone (Spr) Haupt-13A 60 25 10
Herrmann Dagmar (Spr) Haupt-13 50 47 40
Meyer-Bretschneider Susanne (Spr) Eisenbahn-25 60 41 60
Mursall Lothar (Off) An der Tränk 59 (0 60 74) 6 16 60
Schaaf Emanuel (Spr) Frankfurter-45 31 13 10
Schneider Heinz-Jürgen (Drh) An der Trift 48A 87 04 31
Schwarzrock (Spr) Eisenbahn-162 6 56 61

● **Echzell (0 60 08)**
Gabriel Andreas Walther-Anthes-14 93 06 72
Nahrgang Hans-Hermann (Bgh) Rudolph-Zentgraf-1 (0 60 35) 91 92 - 0

● **Egelsbach (0 61 03)**
Etzler Björn Industrie-4a 94 61 55
Etzler Björn Industrie-4a 4 52 45
Fellner Brita Boschring 5 48 80 30
Heinz Gabriele Kurt-Schumacher-Ring 77 4 23 06
Jokisch-Getrost Pia Bahn-90 4 39 34
Langen Ute Ernst-Ludwig-32 94 72 43
Sachs Birgit Industrie-4a 48 88 88
Seefeldt-Podeyn Ingrid Bachgrund 20 4 90 47

● **Erlensee (0 61 83)**
Bauer Hannelore Haupt-22 56 00
Geiger Erika Kurt-Schumacher-30a 90 03 36
Stephan Norbert Hanauer-13 7 18 07

● **Florstadt (0 60 04)**
Haas Hildegard (NFI) Wickstädter-50 18 92 55
Knorr Gabriele (NFI) Friedberger Land-3 91 75 95
Riedel Christine (NFI) Neuer Weg 9a Tel/Fax 8 91 31

● **Freigericht (0 60 55)**
Kaese Désirée Alexandra (Som) Nelkenweg 5 8 47 38

● **Friedberg (Hessen) (0 60 31)**
Bernhardt Claudia Schirngasse 3 1 82 82
Daniel Christiane Heinrich-Busold-66 79 07 64
Janus-Förster Sabine Barbara-13 39 30
Luft L. Wilhelm-Leuschner-9 51 27
Peter Liselotte Kaiser-108 23 86
Schleip Alfred Prof. Dr. u. Herbert Sauerbornshof 19 1 23 05
Walther Eckehard Ketteler-19 1 49 30, 69 33 80
Witte Karin Lutheranlage 29 98 76

● **Gedern (Hessen) (0 60 45)**
Bettinger Ute Drosselweg 21 82 66
Henao Kassandra Claudia (NS) Fax 98 39 16
Schmidt Amanda (OS) Egerland-5 46 15

● **Gelnhausen (0 60 51)**
Börner Am Ziegelturm 20 1 88 00
Dieling Ingrid (Hz) Birsteiner-37 44 53
Grimm Ingeborg (Hai) Blümgesgrund 2 6 77 22
Heide Dirk Naturheilpraxis
63571 Gelnhausen
Bahnhofstr. 12
**Tel. (0 60 51) 6 89 36
Fax (0 60 51) 60 62 99**
Laubstein Nora u. Flecken-Bender Petra Burg-2 42 46
Meyer Thomas Fax 1 66 63
Naturheilpraxis Hock Jasmin (Hai) Am Fassholzwerk 7 60 68 61
Naturheilpraxis Hock Yasmin (Hai) Am Fassholzwerk 7 60 68 60
Naturheilpraxis Klüh Margret (Hai) Am Fassholzwerk 7 60 68 99
Noeske Ilse
63571 Gelnhausen
Im Krötenbach 7
Tel. (0 60 51) 55 65
Pape-Kauder Christiane (Hai) Grüner Weg 38 1 55 80
Fax 99 62 15

● **Glauburg (0 60 41)**
Bode Maike Stockheim Glauberger-2 96 94 44

● **Gründau (0 60 51)**
Ehstock K. (Lie) Siedlungs-5 (0 60 51) 26 27
Wech-Hellmuth Monika (Ngr) Schneidweg 2 28 14

● **Hainburg (0 61 82)**
Franz Mathias (Hst) Bahnhof-19 48 33
Krammig Bernd (KKr) Schieusen-15 46 31
Schwab Rita (Hst) Hainstädter-1 41 46

● **Hammersbach (Hessen) (0 61 85)**
König E. Büdinger-4 14 34

● **Hanau (0 61 81)**
Brüßler Klaus-D. (Mi) Höhen-22 7 90 86
Büchner Willi Dr. Stern-20 2 27 21
Goss Gertrud Frankfurter Land-20 85 01 44
Hafiz Reza Corneliius-23 0 17 94 83 64 06
Hafiz Reza Corneliius-23 3 02 26 33
Hafiz Reza Corneliius-23 0 17 27 59 61 90
Hansen Christine Katharina-Belgica-7 50 85 50
Kleinert Barbara (Gra) In den Helmenwiesen 9 0 17 91 07 62 25
Krämer Dietmar Römer-3 25 97 22
Martin Fahr-1 2 32 59
Meyer Ernst (Gra) Bruchwiesenweg 32 53 69
Müller Jai-Ja Mühl-2 18 28 44
Naturheilpraxis Hagen Heimann Römer-9 25 30 44
Rohde Barbara Nürnberger-24 25 78 96
Schwäger Birgit, Dipl. - Biol.
Rückerstr. 10
63450 Hanau
Tel. (0 61 81) 91 93 13
Siebert Rolf Frankfurter Land-28 8 17 93
Urban-Backhaus Monika Hanauer Vorstadt 29 2 01 72

● **Hasselroth (0 60 55)**
Poisel Martina Heilpraktikerin (Nie) Altenmittlauer Weg 3 23 04

● **Heusenstamm (0 61 04)**
Bless Karin (Rb) Friedhof-12 (0 61 06) 64 55 88
Götz Stefanie Frankfurter-39 91 14 44
Kemmerer Karin Im Sommerfeld 26 6 55 95
Liebich Barbara Goethe-26 Fax 42 22 00
35 83
Mazander Siegfried Gravenbrucher Weg 2 30 83
Tigges Michael Frankfurter-32 92 44 04

● **Jossgrund (0 60 59)**
Selge Karola Hindenburg-3 15 60

● **Karben (0 60 39)**
Egermann Nina Kloppenheim Im Sauerborn 27 93 38 38
Linker Esther Homburger-56 93 49 91
Naturheilpraxis Angelika Bouton Zingelweg 11 4 44 88
Schremser Thomas Steingasse 2 93 13 66
Siebert Irmtrud Geringsweg 7 (0 60 34) 9 03 00 93

● **Langen (Hessen) (0 61 03)**
Chmielewski Christine Bahn-85 2 93 94
Dr. C. SHIN Chines. Med.
Taunusstr. 31
63225 Langen
Tel. (0 61 03) 5 23 96
Hechler Detlef Bahn-36 5 35 50
Heydegger M. Haydn-35 7 49 94
Karg Ursula Elisabethen-32 5 17 96
Pfannemüller Volker Garten-36 2 42 11
Sehring Roswitha Steinweg 14 2 32 30
Ullrich Annette Schiller-3 92 96 56

● **Langenselbold (0 61 84)**
Hinterschuster Anita Niedergründauer-30 73 25, 73 44
Fax 73 47
Tübben Waltraut Marktplatz 28a 90 15 15
Wolf Mechthilde Niedertal-61 93 08 11

● **Limeshain (0 60 47)**
Hissbach Garda Klostergasse 34 (0 60 48) 95 03 92
Piller-Steder Regina (Hai) Klostergasse 34 (0 60 48) 95 03 92

● **Linsengericht (0 60 51)**
Lardy Ilse (Gei) Denkmal-3 7 45 57

● **Mainhausen (0 61 82)**
Cramer Heinrich (Mfg) Götzenweg 10 2 56 34
Kirchen Eleonore (Zel) Am Gellmannsrödchen 5b 2 29 24

● **Maintal (0 61 81)**
Brummwinkel Herbert (Dgh) Schöne Aussicht 2 4 77 75
Ciepek Christina (Bi) Ulmen-17 (0 61 09) 6 76 32
49 73 85
Delleske Birgit Kling-26 49 81 50
Mangold Anna Luise (Hst) Philipp-Weber-41 44 12 01
Martin Ilse (Hst) Hanauer-11
Rohner Margot (Bi) Fechenheimer Weg 3 (0 61 09) 6 60 80

Wenn Sie Pech haben, ist die aktuelle Ausgabe erst vor kurzem gedruckt worden und Sie müssen ein Jahr bis zur nächsten Ausgabe warten. Vielleicht haben Sie bis dahin bereits einen gewissen Kundenstamm.

Vergleichen Sie die Darstellungen Ihrer Konkurrenz – in welcher Form ist sie vertreten?

Des weiteren können Sie sich in Gemeindebroschüren registrieren lassen, die automatisch jeder Mitbürger bekommt, der sich bei dieser Gemeinde anmeldet.

Ärzte, Zahnärzte, Apotheken, Physiotherapeuten, Optiker

Name	Anschrift	Telefon
Zahnärzte		
Dr. Adnan Musterli	Rothenbergen, Am Sinn 2	06051/1111
Dr. Doris Dott	Lieblos; Gelnhäuserstr. 3333	06051/1111
Tierarzt		
Dr. Thomas Agar	Lieblos, Hainstr. 99	06051/1111
Dr. Dagmar Dachs	Lieblos, Mainstr. 2	06051/1111
Heilpraktiker		
Klothilde Apoplexia	Musterhausen, Prothesenstr.	06051/1111
Apotheken		
Sonnenapotheke	Musterhausen, Krisplatz 12	06051/1111
Masseure/Physiotherapeuten		
Jörg Muskel		
(Krankengymnast)	Musterhausen, Knochenstr. 1	06051/1111
Peter Wade	Musterhausen, Hauptstr. 2	06051/1111
Optiker		
Augenoptik Augenblick	Musterhausen, Hauptstr. 4	06051/1111

Fiktive Abbildung einer Gemeindebroschüre

13.3.2 Prospektwerbung

Prospektwerbung sei hier nur kurz erwähnt, weil diese Form der Werbung in der Regel keinen Einzug in die Naturheilpraxis erhalten wird.
Sie ist nicht zu verwechseln mit der Werbung in Zeitungen.

Unter dem Begriff „Prospekt" versteht der Verbraucher einen Katalog, der bestimmte Unternehmensformen in Form von anpreisender Werbung offen darlegt.
Das grafische Layout eines Prospekts in Form von Bildern bestimmt den ganzen Katalog mit dem Ziel der Absatzförderung durch suggestive Werbung.

Gemäß der wettbewerbsbeschränkenden Gesetzesvorgaben dürfen wir jedoch keine Abbildungen von uns oder unseren Mitarbeitern bei der Ausführung unserer Arbeit, sei es fotografisch oder abstrakt dargestellt, inserieren, ebenso wenig wie Fotos in Arbeitskleidung.

Auch dürfen wir bekanntermaßen nicht außerhalb von Fachkreisen werben (siehe unten).

Eine Ausnahmesituation besteht, wenn Sie Ihre Praxis beispielweise in den Orten Bad Reichenhall; Bad Pyrmont oder Bad Füssen haben. Hierbei handelt es sich um Luftkurorte.

Für diese Orte gibt es im HWG, § 12 folgende Ausnahmesituation: „Die Werbung für andere Mittel, Verfahren, Behandlungen oder Gegenstände außerhalb der Fachkreise darf sich nicht auf die Erkennung, Beseitigung oder Linderung dieser Krankheiten oder Leiden beziehen.

► **„Dies gilt nicht für die Werbung für Verfahren oder Behandlungen in Heilbädern, Kurorten und Kuranstalten".**

Wenn Sie also in der Nähe von Heilbädern, Kurorten und Kuranstalten als niedergelassener Heilpraktiker eine Praxis betreiben, versuchen Sie über den direkten Weg, das heißt Kontaktaufnahme, Vorstellen, Ihren Bekanntheitsgrad zu erweitern.

Bieten Sie auch hier Vorträge, Schulungen etc. an.

13.3.3 Briefkastenwerbung

Gesetzlich gesehen ist diese Form der Werbung legitim, doch Sie sollten sich hinterfragen, ob sich solche groß angelegten Werbekampagnen für Sie lohnen.

Gerade zu Beginn Ihrer beruflichen Laufbahn (vgl. Sie hier noch einmal Kapitel 7 „Auswahl der verschiedenen Werbemittel bzw. Werbeträger") haben Sie nur ein begrenztes Budget für Ihre Werbung und sollten sie so zielorientiert wie möglich einsetzen.

Briefkastenwerbung bedeutet einen hohen Kostenaufwand, da Sie große Streuverluste befürchten müssen.

Zu überlegen wäre diese Variante allerdings in einem Luft- oder Badekurort, mit Rehabilitationskliniken, Sanatorien, Wellnessoasen usw. also mit einem überdurchschnittlich hohen Anteil von möglichen Zielgruppen.

Wenn Sie sich für diese Form der Werbung entscheiden sollten, gelten auch hier wieder die wettbewerbsbeschränkenden Gesetzesvorgaben, bspw. §§ 11,12 HWG, ...

• Keine Abbildungen von Ihnen und Ihren Mitarbeitern während der Ausübung Ihres Berufes, auch nicht als Zeichnung

• Keine Vorher-Nachher-Abbildungen, etc.

Sachliche Informationen mit Ihrem Leistungsangebot, Ihrem kompletten Briefkopf und einer Wegbeschreibung.

Auf keinen Fall dürfen Sie mit Arzneimitteln, Verfahren, Behandlungen, Gegenständen oder anderen Mitteln werben, da Sie sich nicht sicher sein können, dass Ihre Post ausschließlich Fachkollegen erreicht (denn auch hier wieder: „außerhalb von Fachkreisen. ... verboten. ...")

Ihre Werbung sollte so gestaltet sein, dass man ihren Werbecharakter bereits vor dem Öffnen erkennen kann.

Respektieren Sie (falls Sie oder Ihre Bekannten die Werbung selbst verteilen) den Wunsch vieler Mitbürger, die keine Werbung wünschen.
Deutlich gekennzeichnet finden Sie auf zahlreichen Briefkästen den Aufkleber „Keine Werbung" – halten Sie sich nicht an diesen Wunsch, handelt es sich um sogenannte **belästigende Werbung**

und gleichzeitig um eine Verletzung des Persönlichkeitsrechts.

 **→ Sie riskieren im Zweifelsfall ein Unterlassungsurteil.**

Begehen Sie in Ihrem eigenen Interesse nicht den Fehler und denken „auch eine negative Werbung ist eine Werbung" – in diesem Falle würde dies zu einem Bumerang-Effekt führen.

Eine Überlegung (und dadurch vielleicht eine Kostenersparnis) wert wäre der Kompromiss, „Gesundheitseinrichtungen", die einige Zeilen vorher angesprochen wurden, persönlich zu besuchen, sich und Ihr Leistungsangebot vorzustellen und einige Visitenkarten vor Ort zu lassen, mit dem Hinweis, dass Sie auch gern bereit sind, den ein oder anderen Vortrag im Rahmen der Prävention o. ä. zu halten.

Denken Sie daran, Sie müssen immer wieder das direkte Gespräch suchen, sich bekannt machen.

13.3.4 Mailingaktionen

Im Gegensatz zur oben beschriebenen Briefkastenwerbung gibt es sogenannte „Mailingaktionen".

Direkt an Ihre Patienten gerichtet, aus bestimmten Anlässen wie z. B.

• Tag der offenen Tür

• Ausstellungseröffnung innerhalb Ihrer Praxis von einheimischen Künstlern

• Geburtstagsgrüße

• Weihnachtsgrüße

• Grüße zur Geburt, Taufe oder Hochzeit

• Jahreszeitbedingten Informationsschreiben, z. B. Allergien aus naturheilkundlicher Sicht im Frühjahr, usw.

Gewöhnen Sie sich bitte eine gewisse Regelmäßigkeit an, Informationen und Grüße an Ihre Patienten zu versenden – und zwar handschriftlich unterschrieben.

Das signalisiert persönliches Interesse und Anteilnahme und stärkt die Patientenbindung an Ihre Praxis.

Auch hier gibt es, genau wie bei Briefsendungen, für Massensendungen spezielle Tarife bei der Deutschen Post – besorgen Sie sich eine aktuelle Preisliste.

13.3.5 Zeitungsartikel

Ein weiteres, sehr werbewirksames Medium, ist die Zeitung.
Für den Laien ist eher die lokale Tagespresse von Bedeutung, für unsere Kollegen eher Fachzeitschriften.

Doch auch hier die Frage :
Was ist legal?
Wie darf und kann ich meine Praxis der Öffentlichkeit präsentieren, ohne Gesetze zu übertreten?
Gesetzlich gesehen gibt es hier (natürlich auch wieder der Hinweis auf die uns mittlerweile geläufigen Gesetze, §§ 1,3 UWG) keine Einschränkungen.

Abgesehen von der Tatsache, dass Sie weder sich noch Ihre Mitarbeiter in Berufskleidung sowie während Ausübung Ihrer Arbeit ablichten lassen.
Dies gilt übrigens auch für die abstrakte Form in Bezug auf die symbolbezogene Darstellung oder Strichmännchen.

Verboten

Verboten

Maßgebend war hier bisher lediglich unsere Berufsordnung, welche

- den Sinn einer Anzeige definierte („Inserate dienen der Information des Patienten und

dürfen keinen darüber hinausgehenden unsachgemäßen, mit den guten Sitten des Heilberufs nicht zu vereinbarenden werbenden Charakter aufweisen")

- die äußere Form definierte („sollte die Anzeige in Form und Größe dem Informationszweck entsprechen und die Maße einspaltig 60 mm hoch oder zweispaltig 30 mm hoch, nicht überschreiten")

- die Zahl der Veröffentlichungen (z. B. bei Neueröffnung) geregelt hat

- die Inhalte definierter Sachmitteilungen in Form von

→ Name

→ Praxisanschrift

→ Telefonnummer

→ Sprechzeiten

→ Ihr Leistungsangebot

→ Hinweis auf öffentliche Verkehrsmittel (bei Praxiseröffnung)

sowie Sachmitteilungen in Form von aktuellen Änderungen, z. B.

→ Änderung der Sprechzeiten

→ Änderung der Anschrift

→ Änderung des Namens, z. B. Eheschließung

→ Urlaubszeiten (jeweils zu Beginn und Ende – lt. BO „sollte eine Hinweisanzeige vor und nach einer längeren Abwesenheit von mindestens einer Woche").

Aufgrund unseres Berufes und einem fairen Verhalten unseren Kollegen gegenüber, sollten Sie sich möglichst an diese Berufsordnung halten.

Im Härtefall stellt sie jedoch keine Gesetzesgrundlage dar, so dass „Übertretungen" rechtlich gesehen nicht strafbar sind und die „Maßregelungen" bei dem jeweiligen Berufsverband (wenn Sie denn Mitglied sind!) liegen.

Gesetzlich strafbar machen Sie sich erst, wenn ein „bestimmtes Verhalten des Heilpraktikers dem allgemeinen sittlichen Empfinden widerspricht – also dem einheitlichen Empfinden aller Heilpraktiker – und somit zu einem Verstoß gegen UWG § 1 wird.

Dinge, die Sie lt. HWG und UWG nicht zu Werbezwecken in Ihre Zeitungsanzeigen integrieren dürfen:

- Dank- und Empfehlungsschreiben (oder Hinweise auf solche)

- Fach- und fremdsprachliche Bezeichnungen (damit der Patient nicht eingeschüchtert wird und Angstgefühle erzeugt werden)

Veränderungen des menschlichen Körpers durch

- Erkrankungen und pathologisch veränderte Körperteile

- Veränderungen durch die Wirkung eines Heilverfahrens oder bestimmten Arzneimittels

- Vorher-Nachher-Bilder

- Aussagen, die Angstgefühle erzeugen oder ausnutzen

- Der Wiedergabe von Krankheitsgeschichten

- Fachveröffentlichungen und Gutachten

- Krankheiten nach § 12 HWG

Doch auch bei den Verbänden findet mittlerweile ein Umdenken und eine Neustrukturierung statt.

Ein Artikel aus der Fachzeitschrift „Der Heilpraktiker – Volksheilkunde" hat in seiner Ausgabe vom September 2002 ein Fazit aus den neuesten Gerichtsurteilen gezogen, dass *„öffentliche Bekanntgaben von sachlichen Informationen [∴] in Anzeigen erlaubt sind, eine Beschränkung auf besondere Anlässe wie Praxiseröffnung. … .ist unzulässig, auch wenn dies in einer Berufsordnung so festgelegt wurde".*

Damit stehen Ihnen, jetzt auch ganz offiziell von den Berufsverbänden aus, die Möglichkeiten offen, mit Inseraten legitim auf Ihre Praxis aufmerksam zu machen.

Sie dürfen sich natürlich auch, bei entsprechender Voraussetzung, „Spezialist" für eine Therapieform nennen, sofern diese Ihr tatsächlicher Therapieschwerpunkt ist und Sie besondere Kenntnisse vorweisen können (auch wenn Ihr Berufsverband vielleicht nicht ganz glücklich wäre mit dieser Bezeichnung, fragen Sie nach,

ob Ihre Kenntnisse für den Begriff „Spezialist" reichen, wenn Sie sich nicht sicher sind).

Beziehen wir uns auf das vorher genannte Zitat, welches sich fortsetzt: *„der Hinweis auf eine Spezialisierung ist nicht grundsätzlich verboten oder kann durch Berufsordnungen unterbunden werden. … müssen wahrheitsgemäß sein".*

In einem Urteil wurde gerichtlich die Meinung vertreten,

„solange Hinweise (auf Spezialisierungen) wahrheitsgemäß sind, kann weder ein Irrtum noch ein verzerrtes Bild des von einem [∴] angebotenem Spezialwissen entstehen.
Gemeinwohlbelange, die ein Informationsverbot, das auch dem Maßstab des Artikels 5 Abs.1 GG standhalten müsste, rechtfertigen könne, sind nicht ersichtlich".

Doch es gibt noch weitere Einsatzmöglichkeiten eines Zeitungsartikels.

Lassen Sie andere Personen über Sie berichten (natürlich gesetzeskonform und nicht über die Inanspruchnahme einer PR-Agentur).

Abgesehen von Ihrem „Tag der offenen Tür" können Sie Reporter auch zu anderen Anlässen einladen um über Ihre Arbeiten zu informieren.

Selbstverständlich informativ und seriös und nicht in Form einer „redaktionell gestalteten Anzeige" (vgl. Kapitel 15.2), welches verboten wäre.

Beispiel:

Heilpraktikerin Frau Gori therapiert seit 3 Jahren schwerpunktmäßig Kinder mit Allergieproblemen, und zwar ausschließlich klassisch homöopathisch.
Sie hat sehr gute Erfolge und engagiert sich in zahlreichen Arbeitskreisen, berichtet in Selbsthilfegruppen und hat selbst einen wöchentlich stattfindenden Informationsabend ins Leben gerufen, der in ihrer Praxis stattfindet und an dem jeder teilnehmen kann, der sich über dieses Thema informieren möchte.
Frau Gori berichtet regelmäßig in einer Fachzeitschrift über ihre neuesten Erkenntnisse und bietet auch dort für ihre Kollegen Kurse verschiedenster Themenbereiche an.

In einer örtlichen Regionalzeitung hat sie einen engen Kontakt zu Herrn Pieper, alteingesessener Journalist der Musterhausener Rundschau, aufgebaut.
Ihm unterliegt das Ressort „Gesundheit".

Er und ein anderer Kollege werden von ihr turnusmäßig alle sechs Monate eingeladen, damit sie über ihre Arbeit informieren kann.
Meist möchte eines „ihrer" behandelten Kinder mit deren Müttern diesen Reportern unbedingt etwas erzählen, mal ist es der Juckreiz, der nach drei Jahren endlich verschwunden ist, und das „nur mittels einiger kleinen süß-schmeckenden Kügelchen", andere dürfen wieder Katzen streicheln, etc..

Frau Gori setzt das Ganze nicht im Sinne einer „irreführenden Werbung" ein, sie verbindet es lediglich mit einem Informationstag in ihrer Praxis, wenn sie davon Kenntnis erhält, dass diese Kinder mit ihren Eltern einen Leserbrief geschrieben haben.

Die Möglichkeiten, einen Zeitungsartikel werbestrategisch einzusetzen, sind vielfältig.
Doch sei noch einmal darauf hingewiesen, dass Sie sich auf jeden Fall gesetzeskonform verhalten müssen.

In vielen Zeitschriften gibt es Rubriken wie „Gesund + Fit + Schön" – oft in lokalen Zeitungen.
Erkundigen Sie sich, ob es bei Ihnen auch solche oder ähnliche Zeitungsaktionen gibt, in denen Sie sich mit Ihren Berichten dann wiederfinden könnten.

13.3.6 Großwerbemaßnahmen (Kino, Verkehrsmittel)

Um die Möglichkeiten der legalen Werbung zu komplettieren, weisen wir hier auch auf die sogenannten „Großwerbemaßnahmen" hin.
Allein der Begriff hört sich bereits sehr „allumfassend" an.

Gemeint sind damit jene Werbemittel, an die eine einzelne, kleine Naturheilpraxis nicht unbedingt sofort denken würde.

Es zählen dazu:

• die Kinowerbung

• Werbung auf Bussen, Taxen und Straßenbahnen

und zwar mittels Bild und Ton, unabhängig ob es sich um bewegte oder stehende Bilder handelt.

Erlaubt ist auch hier wieder eine Werbung auf Ihre

→ Öffnungszeiten

→ Sitz Ihrer Praxis

→ Ihr Name mit Berufsbezeichnung

→ Ihre Erreichbarkeit mit den öffentlichen Verkehrsmitteln

Verboten sind Werbeaufnahmen, die Sie oder Ihre Mitarbeiter bei der Ausübung Ihres Berufes zeigen oder in Ihrer Berufskleidung.

Ansonsten sind die wettbewerbsbeschränkenden Gesetzesvorgaben zu beachten, deren Sie mittlerweile kundig sind.

Natürlich sollte Ihre Werbung auch nicht gegen die „guten Sitten" verstoßen.

Vorteil einer solchen Werbekampagne ist der massive Streueffekt, so wird die Vorschau in Kinos von zahlreichen Personen gesehen, ebenso die Werbung eines vorbeifahrenden Busses.

Bleibt jedoch die Frage, ob solch eine Art der „Vermarktung" notwendig ist, oder nicht vielleicht doch etwas überdimensioniert, überteuert und „am Ziel vorbei".

Doch gesetzlich gesehen dürften Sie es (ob es dann vielleicht Probleme mit Ihrem Berufsverband gibt, ist nicht auszuschließen, da dies gewiss keine dezente Form der Werbung ist).

Investieren Sie, falls Sie dieses Geld unbedingt einsetzen möchten, besser in andere Formen der Werbung, z. B. der Ausstattung Ihrer Homepage; der Bestellung von Visitenkarten; Besuch von Fortbildungen (und damit wieder Zusatzqualifikationen).
Das bringt Ihnen auf Dauer sicher mehr.

Nur gesetzlich gesehen ist Ihnen der Weg der Werbung erlaubt.

13.3.7 Rundfunk/Radiowerbung

Das Medium „Radio" ist bisher als Einsatz zu Vorstellung der eigenen Person/Praxis etc. kaum in Betracht gezogen worden.

Einerseits ist es sehr anonym, andererseits ist teilweise noch die Meinung verbreitet, das sich bei den Zuhörern schnell einen negativer Eindruck einstellt, wenn ein Praxisinhaber „es nötig habe, auf diesem Wege Werbung zu betreiben". Doch dies ist seit langem nicht mehr der Fall. Per Rundfunk / Radio dürfen Sie auf jeden Fall folgende Informationen ganz legal weitergeben:

- Ihren Namen mit Adresse und Ihrer Berufsbezeichnung

- Hinweise auf Ihre Öffnungszeiten

- Ihre Therapieschwerpunkte

Wie bereits mehrmals erwähnt, sind Sie auch hier an die wettbewerbsbeschränkenden Gesetzesvorgaben gebunden, so dass Sie beispielsweise nicht auf die Selbsterkennung von Krankheiten mit Ihren Behandlungsmöglichkeiten, Erfolgversprechen gewisser Krankheitsbilder u. ä. eingehen dürfen (vgl. Kapitel 12).

Auch unsere Berufsordnung hat hierzu eine klare Begrenzung aufgestellt, die besagt, dass „die Mitwirkung des Heilpraktikers an aufklärenden Veröffentlichungen medizinischen Inhaltes in Presse, Funk und Fernsehen sowie anlässlich von Vorträgen so erfolgen sollte, dass sich seine Mitwirkung auf sachliche Informationen beschränkt".

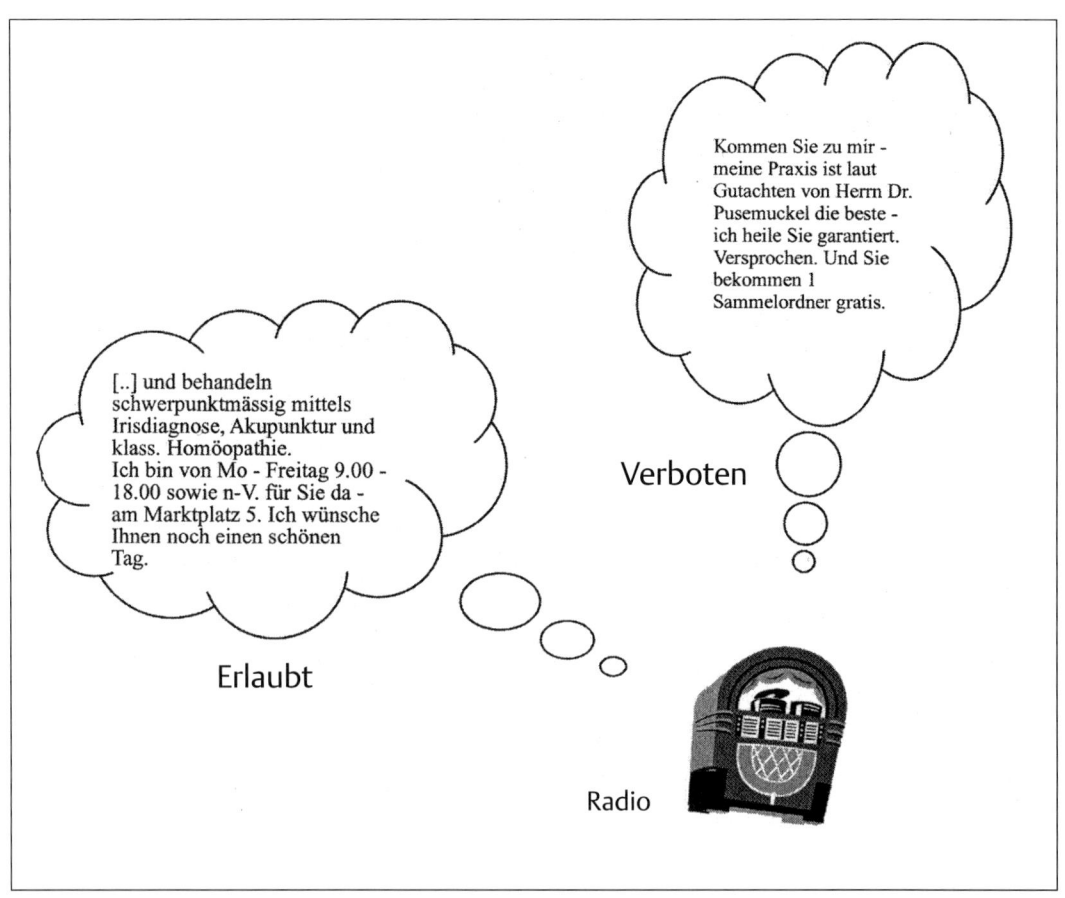

13.3.8 Mitgliedschaften in Vereinen

Selbst wenn Sie nicht der „große Party- und Vereinsheld" sind, werden Sie nach Möglichkeit Mitglied in ortsansässigen Vereinen Ihrer Wahl.
Denn wie Sie bereits mehrmals lesen konnten, ist es das Wichtigste, auf die Menschen zuzugehen, sich vorzustellen, Ihre Praxis und Ihr Leistungsangebot zu präsentieren.
Wie sonst soll man von Ihnen Kenntnis nehmen?

Am Besten ist auch hier der direkte Kontakt zu Ihren Mitmenschen.

In der Freizeit, bei der man sich für die gleichen Hobbys begeistert, dem gleichen Verein „die Daumen drückt", gemeinsam Hilfsprojekte durchführt oder sich jährlich zur Müllsammelaktion meldet, die auf freiwillige Helfer angewiesen ist.

Bezogen auf Ihre Schwerpunktthematik im therapeutischen Bereich kommen dafür zahlreiche Vereine und Selbsthilfegruppen in Frage.

Erzählen Sie nebenbei von sich, was Sie machen und was Sie daran begeistert und offerieren Sie ruhig, dem ein oder anderen bei Bedarf auch freundschaftlich mit einem guten Tipp für seine Gesundheit zur Seite zu stehen (das sollte natürlich nicht so aussehen, dass alle Interessenten dann bei Ihnen in der Praxis anrufen und Diagnosen inklusive Maßnahmen von Ihnen kostenlos haben wollen – zum einen dürfen Sie das rein gesetzlich nicht – „Ferndiagnose ist untersagt" – zum anderen würde sich das wirtschaftlich nicht rechnen).

→ Diese Tipps sollten allgemeiner Natur sein, erzählen Sie aber ruhig, dass Sie solche Dinge schon behandelt haben (auch hier wieder der Hinweis: Keine Falldarstellungen außerhalb von Fachkreisen).

Sie werden sehen, einige Ihrer Vereinskollegen werden den Weg zu Ihnen in die Praxis finden.

Das Wichtigste haben Sie jedoch bereits erreicht: einen gewissen Bekanntheitsgrad.
Ihre Vereinskollegen dienen u. a. als Multiplikatoren und Meinungsbildner, die ihrerseits wiederum ihre Erfahrungen mit Ihnen an deren Bekannte weitergeben.

Nutzen Sie Ihr Hobby: Spielen Sie vielleicht Golf?

Wie Sie den richtigen Verein für sich definieren, bleibt natürlich Ihnen überlassen, hier nur einige Beispiele:
Bei einer Schwerpunktthematik „Allergiebehandlung von Kindern" eignen sich Vereine und Selbsthilfegruppen wie „Mutter-Kind-Gruppen"; „Kinderschutzbund"; … recherchieren Sie die jeweiligen Verbände mittels Ihres Internetzugangs. Geben Sie dort **www.yahoo.de** ein (nur als Beispiel einer Suchmaschine), dann die Stichworte „Selbsthilfegruppe-Kind-Allergie". Sie werden eine Menge an Links zu verschiedenen Themen bekommen.

Bei einer Schwerpunktthematik „Chiropraktik" suchen Sie sich vielleicht den Sportverein, Schwimmverein, den örtlichen Kinderturnverein u. ä. aus, dazu Selbsthilfegruppen mit entsprechender Thematik. Wenn Sie Fußballbegeistert sind, bieten Sie sich dem „Erste Hilfe Team" zur festen Unterstützung an.

Auch hier finden Sie in Ihrer Gemeindebroschüre einige Seite mit allen (!) ortsansässigen Vereinen – vom Angelverein bis zum Verein der Ziegenhalter.

13.3.9 Spenden und Sponsoring

Kurz sei hier das Thema „Spenden" und „Sponsoring" erwähnt.

Je nach Zustand Ihres Geldbeutels nutzen Sie diesen Weg, um auf „positiv-samaritische" Weise bekannt zu werden, nutzen Sie die Presse in Form des PR-Effekts.

Gerade Selbsthilfevereine, das örtliche Erntedankfest, Feiern von Sportvereinen, für die Präsente einer Tombola gesammelt werden, sind dankbar für Spenden jeglicher Höhe.

Sie werden mit Sicherheit, wie alle anderen Spender, öffentlich bekannt gegeben, sei es in der nächsten Regionalausgabe der Zeitung, in der noch einmal namentlich alle Spender aufgeführt werden, mittels Radio, etc.

Bieten Sie auch hier wieder Ihre Hilfe an, gerade bei großen Veranstaltungen ist man dankbar für jede helfende Hand.

Ganz nebenbei wird in den meisten örtlichen Zeitungen und Kirchenblättern im nachhinein mit Fotos, Namen, ... über das Event berichtet. Doch es gibt weitere Formen des Spendens. Bekommen Sie täglich eine lokale Tageszeitung? Viele Tageblätter bieten ihren Kunden die Möglichkeit während ihrer Abwesenheit durch Urlaub die abonnierte Zeitung an den Urlaubsort oder an eine (meist soziale) Einrichtung ihrer Wahl zu senden.

14 Der Heilpraktiker als Autor

Auch wenn dies eine weitere Werbemöglichkeit „außer Haus" darstellt, soll diesem Punkt aus gegebenem Anlass ein eigenes Kapitel gewidmet werden.

14.1 Schreiben Sie ein Buch

Wenn Sie aufgefordert würden, 10 bekannte Heilpraktiker zu benennen, wer würde Ihnen, abgesehen von Ihrem zukünftigen Konkurrenten auf der anderen Straßenseite, spontan einfallen?

- Herr Otto Englisch; gab den Sammelband „Gesammelte Rezepte eines Heilpraktikers" heraus
- Frau Fischer-Reska
  Eine der vermutlich bekanntesten und erfolgreichsten Heilpraktikerinnen Deutschlands – sie verfasste den Ratgeber: „Lebensratgeber aus der Naturheilpraxis"
- Gerd Heinrich
  Sein Name erscheint als Autor der Bücher: „Aggression und Depression"; Krankheit und Gesundheit zwischen Glauben und Wissen; „Astrologie zwischen Wissenschaft und Mythos"
- Manfred Köhnlechner
  Einige seiner Werke sind: „Leben ohne Krebs"; Gesund mit Köhnlechner; „Erfolgsmethoden bei Erkrankungen der Haut"
- Dietmar Krämer
  Er schrieb einen Dreiteiler mit den Titeln: „Neue Therapien mit Bach-Blüten" Teil 1 bis 3
- Susann Krieger
  Als Heilpraktikerin verfasste sie die Fachbücher : „Pathologie – Lehrbuch für Heilpraktiker"; Rechtskunde für Heilpraktiker
- Reinhard Lier
  Bekannt außer seinem Therapiezentrum als Autor, u. a.: „100 Fragen und Antworten zu Bert Hellingers Familienstellen"
- Maria Schäfgen
  Sowohl praktizierende Heilpraktikerin, Autorin des Buches: „Kommen Sie doch wann Sie wollen"

- Kurt Tepperwein
  Als Heilpraktiker verfasste er u. a. die Bücher: „Die Botschaft Deines Körpers"; die hohe Schule der Hypnose; „Jungbrunnen Entsäuerung"
- Eliane Zimmermann
  Autorin des Buches: „Aromatherapie für Pflege- und Heilberufe"
- Peter A. Zizmann schrieb „Die erfolgreiche Naturheilpraxis"

Diese Kollegen zeigen nur einen Ausschnitt derer, die sich neben ihrem Beruf des Naturheilkundigen als Autor betätigen.
Sie schreiben Bücher sowohl für Laien als auch für Fachpublikum.

Haben Sie einen bestimmten Behandlungsschwerpunkt?

Außergewöhnliche Therapieansätze?

Ideen zu Themen, die Ihrer Meinung nach schriftstellerisch noch nicht ausreichend behandelt wurden?

Treten Sie mit einem naturheilkundlich-orientierten Verlag in Kontakt und starten eine Anfrage – vielleicht sind Sie der nächste Autor?

Zusätzlich sorgen Sie (oder Ihr Verlag) dafür, dass über dieses Buch informativ berichtet wird – am Besten wieder mit einem Foto.
Sehr geeignet ist dazu Ihr Berufsverband: Stellen Sie das Buch zu einer Buchbesprechung vor.
Bereits auf diesem Weg erreicht Ihr Buch einen erhöhten Bekanntheitsgrad in der von Ihnen ausgesuchten Zielgruppe.

Einen ganz außergewöhnlichen Werbeeffekt erzielte so die Heilpraktikerin Frau Maria Schäfgen durch Ihren Auftritt als Autorin in der Fernsehsendung „Wahre Liebe". Sie gab dort ein Interview zu ihrem Buch sowie zum Thema Erektionsstörungen.

In diesem Fall erreichte der Bekanntheitsgrad nicht nur das Fachpublikum, sondern vor allem den interessierten Laien.

Anhand der Buchveröffentlichung der Heilpraktikerin Frau Hannelore Fischer-Reska ebenfalls
ein eindrucksvolles Beispiel.

Was kann man sich an kostenloser Werbung
mehr wünschen?

14.2 Mitarbeit und Betreuung von Kolumnen

Natürlich müssen Sie nicht unbedingt ein Buch schreiben nur um bekannt zu werden.

Sie erreichen bereits einen großen Leserkreis mit Kolumnen.

14.2.1 Kolumnen für den Laien

Oft zu sehen in Unterhaltungsmagazinen, Tageszeitungen und örtlichen Zeitungen wie Kirchenblättern oder ortseigenen Informationsbroschüren.

Man setzt sich mit naturheilkundlichen Themen auseinander, berichtet über physiologische Vorgänge im menschlichen (oder tierischen!) Körper und beantwortet Zuschauerfragen.

Ihre Gesundheit

Während der Arm seiner Patientin langsam vor- und zurückschwingt, drückt Heilpraktiker Martin Lorentz (37) gefühlvoll mit dem Daumen auf ihre Wirbelsäule. „So kann ich Fehlstellungen der einzelnen Wirbelkörper erfühlen und sie wieder in die richtige Position schieben", erklärt der Naturheilkundler aus Porta Westfalica. Er nennt die häufigsten Einsatzgebiete der so genannten Dorn-Therapie: „Rücken- und Kopfschmerzen, Atemprobleme bei Asthma, Magenbeschwerden oder auch nächtliches Herzrasen, für das es keine organischen Ursachen gibt, lassen sich damit ohne Medikamente erfolgreich behandeln."

Die nebenwirkungsfreie Therapie wurde im Allgäu von ihrem Namensgeber Dieter Dorn entwickelt. Der Laienmediziner, von Beruf Sägewerksbesitzer, erkannte, dass ein Daumendruck am Rücken bis in die entlegensten Körperregionen wirken kann. Die anatomische Erklärung:

Nerven, die durch die Wirbelsäule laufen, verbinden das Gehirn sowohl mit allen Körperteilen als auch mit sämtlichen inneren Organen. Fehlstellungen oder „verrutschte" Wirbelkörper können Nerven einklemmen und zu vielfältigen gesundheitlichen Störungen führen. Durch einen fachmännischen Handgriff wird der Nerv oft in Sekundenschnelle vom Druck befreit – und der Schmerz ist weg.

Die Erfahrungen von Heilpraktiker Lorentz zeigen aber, dass ein Hexenschuss zum Beispiel drei bis vier Anwendungen benötigt, bis er sich bessert oder völlig abgeheilt ist. „Bei chronischen Krankheiten, denen jahrelange Wirbelfehlstellungen zu Grunde liegen, muss natürlich auch entsprechend länger behandelt werden", weiß der Therapeut.

Die Manipulation an einem Wirbel spüren die Hilfesuchenden nicht – so sanft ist der Daumendruck. Die Dorn-Methode eignet sich deshalb sogar für Kinder.

▲ Heilpraktiker Martin Lorentz erklärt, welche Verbindungen die Nervenstränge von der Wirbelsäule zu den Organen haben

◄ Während die Patientin ihren Arm locker schwingt, werden die Wirbel in die Idealposition geschoben

„Wirbeltherapie" nach Dorn

Ein Daumendruck und der Schmerz ist weg

UK 06/2002   *Aktuelles*

Der Homöopathische Rat
Franz X.W.Steinsdörfer

Ausgabe 06/2002   **November / Dezember**

     **Internet:**
www.kuvasz.de

In dieser Ausgabe und in den Folgeausgaben werden in loser Folge homöopathische Ratenschläge und Behandelungsvorschläge bei Erkrankungen von Hunden veröffentlicht.
Die Ausarbeitungen stammen von unserem Vereinsmitglied, Herrn Franz Steinsdörfer, den ich hiermit zunächst erst einmal kurz vorstellen möchte:

Franz Steinsdörfer arbeitet heute in eigener Beratungspraxis „Persönlichkeitsentwicklung und Systemische Rhythmenlehre". In seiner Arbeit verwendet er Erkenntnisse aus der Homöopathie, der Lehre von Dr. Edward Bach (Bachblüten), Dr. Wilhelm H. Schüßler (Lebenssalze und Antlitzdiagostik), der Lehre von Wolfgang Döbereiner (Münchner Rhythmenlehre, Astrologie und Homöopathische Mittelbilder), Erkenntnisse der ' Geomantie (Strahlen und Erdstrahlen), Bioresonaz und Resonaztherapien, so wie Systemische Psychologie und Ordnung der Systeme (unter anderen Bernd Hellinger).

Durch die Begegnung und Freundschaft mit dem Urwaldarzt Dr. Theodor Binder und dessen Frau Carmen lernte er die Biologische Medizin, vor allem die Homöopathie kennen. Bis dahin galt für ihn nur, was sichtbar, messbar, zählbar und beliebig reproduzierbar war, alles das, man unter Wissenschaft versteht. Besonders Technik und Moderne Medizin faszinierten ihn. Alles andere war okkult, Scharlatanerie und zu bekämpfen. Aber dann lernte er durch eigene Erfahrungen die obigen Disziplinen kennen und würdigen..

„Dann kam ich folgerichtig mit der psychologischen, homöopathischen Astrologie des Münchner Astrologen Wolfgang Döbereiner in Kontakt, der Münchner Rhythmenlehre. Endlich hatte ich für all die alternativen Methoden ein verlässliches, berechenbares und diagnostisches Instrument. Etwas Mathematisch- Wissenschaftliches. Also lernte ich die Rhythmenlehre. Verstanden habe ich alles aber nur durch meine Hunde und ihre Vorfahren, die Wölfe und ihr unverfälschtes Verhalten. Nachdem ich sie studiere, begriff ich auch die Archetypen- Psychologie von Freud und C.G. Jung.

Meinen Dank an meine wirklichen Lehrer, die Hunde – ein Schäferhund und viele Kuvaszok – möchte ich zurückgeben, indem ich ihren Haltern Möglichkeiten an die Hand gebe, ihre Hunde, ihr Verhalten und ihre

---

Betreuen Sie eine Kolumne oder rufen Sie eine „ins Leben".
Beispielsweise Jahreszeiten- oder Themenabhängig:
Sobald Sie eine Zeitung finden, die Interesse an einer Zusammenarbeit mit Ihnen hat, können Sie beginnen.

Neben den wettbewerbsbeschränkenden Gesetzesvorgaben (siehe Kapitel 12) sollten Sie folgende Dinge beachten:

- Schreiben Sie kurze und aussagekräftige Sätze

- Schreiben Sie zielorientiert; ein Buch für Fachpublikum wird anders verfasst als das Antwortschreiben eines Laien

- Nach Beobachtungen des Deutschen Direktmarkting-Forschers Prof. Dr. Vögele beachtet

der Leser Anzeigen und Texte in folgender Reihenfolge:

❶ auf Bilder (eher runde als eckige; eher Nahaufnahmen als Fernsichten)

❷ auf Schlagzeilen

❸ auf Unterstreichungen im Fließtext

❹ auf Unter-Schlagzeilen

❺ auf Bildlegenden

- Fügen Sie jedem Bericht ein Bild von Ihnen hinzu, ebenso Ihren Namen, Berufsbezeichnung und nach Möglichkeit Ihre Adresse

Sie werden in kurzer Zeit einen hohen Patientenzuwachs bekommen und an Popularität gewinnen.

HILFE AUS DER NATUR
Heilpraktikerin MONIKA HEUTER

Mate-Tee:
Ein Muntermacher,
der entschlackt

Meine Freundin trinkt täglich Mate-Tee. Sie meint, er wirke wie Kaffee. Ist das richtig? Elvira T., Flensburg

MONIKA HEUTER: Ja, Mate-Tee, der aus zerkleinerten, getrockneten Blättern der Ilex-Pflanze gewonnen wird, enthält anregendes Koffein. Das bringt bei körperlicher und geistiger Ermüdung rasch wieder auf die Beine. Der Tee fördert auch die Harnsäure-Ausscheidung und ist daher bei Gicht gut. Er regt die Darmtätigkeit an, wirkt ent-

schlackend und entgiften Zudem wird das Hungergefüh gedämpft. Die Zubereitung Man übergießt einen Teelöffe der Teeblätter mit heißem Was ser und lässt den Aufguss für bis zehn Minuten ziehen – j kürzer, desto anregender ist di Wirkung. Wegen des Koffein ist Mate-Tee nichts für Kinder

Viel trinken schützt
vor Schlaganfall

Mein Onkel hatte unlängst einen Schlaganfall. Was kann man tun, um sich vor dieser Erkrankung zu schützen? Ingrid H., Freibur

MONIKA HEUTER: An erste Stelle der Vorbeuge-Maßnah men steht ausreichende Bewe gung, um Risikofaktoren wi Übergewicht, hohen Blutdruc oder erhöhte Blutfettwerte i Schach zu halten. Außerden muss man – über den Tag ver teilt – täglich wenigstens zwe Liter trinken. Bei ungenüge der Flüssigkeitszufuhr dick das Blut ein, die Gefahr eine Gefäßverschlusses erhöht sich Weiterhin sind gesunde Ernäh rung (viel Obst, Gemüse, Voll korn) und genug Entspannun wichtig. Alkohol ist in Maße erlaubt. Nikotin sollte tabu sein

14.2.2 Zeitungsbeiträge für Fachpublikum

Wie das nachfolgende Beispiel sehr gut verdeutlicht, können Sie Fachpublikationen zu bestimmten Themen (vielleicht Ihr „Steckenpferd") ausarbeiten und den jeweiligen Verlagen anbieten.

Oder als Mitglied eines Arbeitskreises regelmäßig über die neuesten Themen berichten.
Fragen Sie bei Ihrem Berufsverband nach, der kann Ihnen sicherlich helfen.

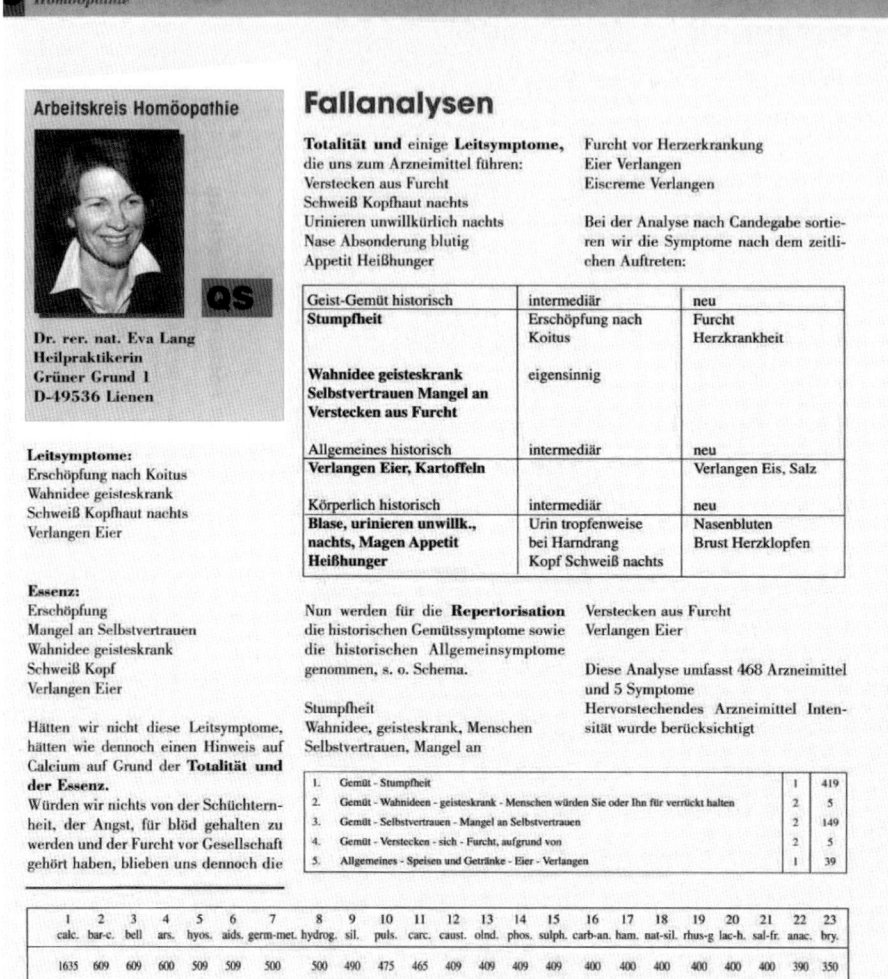

Homöopathie

Arbeitskreis Homöopathie

Dr. rer. nat. Eva Lang
Heilpraktikerin
Grüner Grund 1
D-49536 Lienen

Leitsymptome:
Erschöpfung nach Koitus
Wahnidee geisteskrank
Schweiß Kopfhaut nachts
Verlangen Eier

Essenz:
Erschöpfung
Mangel an Selbstvertrauen
Wahnidee geisteskrank
Schweiß Kopf
Verlangen Eier

Hätten wir nicht diese Leitsymptome, hätten wie dennoch einen Hinweis auf Calcium auf Grund der **Totalität und der Essenz.**
Würden wir nichts von der Schüchternheit, der Angst, für blöd gehalten zu werden und der Furcht vor Gesellschaft gehört haben, blieben uns dennoch die

Fallanalysen

Totalität und einige **Leitsymptome,** die uns zum Arzneimittel führen:
Verstecken aus Furcht
Schweiß Kopfhaut nachts
Urinieren unwillkürlich nachts
Nase Absonderung blutig
Appetit Heißhunger

Furcht vor Herzerkrankung
Eier Verlangen
Eiscreme Verlangen

Bei der Analyse nach Candgabe sortieren wir die Symptome nach dem zeitlichen Auftreten:

Geist-Gemüt historisch	intermediär	neu
Stumpfheit	Erschöpfung nach Koitus	Furcht Herzkrankheit
Wahnidee geisteskrank Selbstvertrauen Mangel an Verstecken aus Furcht	eigensinnig	
Allgemeines historisch	intermediär	neu
Verlangen Eier, Kartoffeln		Verlangen Eis, Salz
Körperlich historisch	intermediär	neu
Blase, urinieren unwillk., nachts, Magen Appetit Heißhunger	Urin tropfenweise bei Harndrang Kopf Schweiß nachts	Nasenbluten Brust Herzklopfen

Nun werden für die **Repertorisation** die historischen Gemütssymptome sowie die historischen Allgemeinsymptome genommen, s. o. Schema.

Stumpfheit
Wahnidee, geisteskrank, Menschen
Selbstvertrauen, Mangel an

Verstecken aus Furcht
Verlangen Eier

Diese Analyse umfasst 468 Arzneimittel und 5 Symptome
Hervorstechendes Arzneimittel Intensität wurde berücksichtigt

1.	Gemüt - Stumpfheit	1	419
2.	Gemüt - Wahnideen - geisteskrank - Menschen würden Sie oder Ihn für verrückt halten	2	5
3.	Gemüt - Selbstvertrauen - Mangel an Selbstvertrauen	2	149
4.	Gemüt - Verstecken - sich - Furcht, aufgrund von	2	5
5.	Allgemeines - Speisen und Getränke - Eier - Verlangen	1	39

	1 calc.	2 bar-c.	3 bell	4 ars.	5 hyos.	6 aids.	7 germ-met.	8 hydrog.	9 sil.	10 puls.	11 carc.	12 caust.	13 olnd.	14 phos.	15 sulph.	16 carb-an.	17 ham.	18 nat-sil.	19 rhus-g	20 lac-h.	21 sal-fr.	22 anac.	23 bry.
	1635	609	609	600	509	509	500	500	490	475	465	409	409	409	409	400	400	400	400	400	400	390	350
1.	3	3	3	1	3	2	1	1	3	3	1	2	2	3	3	1	1	1	1	1	-	2	3
2.	3	-	-	-	-	1	1	1	-	-	-	-	-	-	-	-	-	-	-	1	-	-	-
3.	1	4	1	1	1	1	1	1	3	2	2	1	1	1	1	1	1	1	1	1	1	3	2
4.	1	-	2	2	1	-	-	-	-	-	-	-	-	-	-	-	-	-	-	-	-	-	-
5.	2	1	-	-	-	-	-	-	1	2	2	1	1	1	1	1	1	1	1	1	-	-	-

Dieser recht einfache Fall bietet jede Möglichkeit der Fallanalyse und wurde von mir lediglich zur Demonstration möglicher Analysemethoden benutzt. In den nächsten Artikeln werde ich Ihnen jeweils Fälle vorstellen, die nach

der einen oder anderen Methode zu lösen waren. Dadurch bekommen Sie Gelegenheit, die verschiedenen Möglichkeiten auszuprobieren und zu üben. Ich werde Ihnen jeweils einen Fall schildern und in der darauffolgenden Ausga-

be die Repertorisationsauflösung mit Analyseweg beschreiben.

Verfasserin
Dr. rer. nat. Eva Lang, Heilpraktikerin

15 Grenzfälle der Werbung mit Fallbeispielen

15.1 Grundlagen

Für Ihre Naturheilpraxis bedeutet eine Anzeige, dass Sie als Inhaber und Therapeut ein gesundes Interesse daran haben, der breiten Öffentlichkeit Ihr Leistungsangebot sowie Informationen über Ihrer Praxis mitzuteilen – bleibt die Frage nach dem effektiven „Wie".

Sollten Sie bereits praktizierender Heilpraktiker sein, so werden Sie wissen, dass es Anzeigen und Berichterstattungen gibt, bei denen nicht sofort klar ist, um welche Art der Berichterstattung es sich hier handelt.

Der Gesetzgeber unterscheidet im Sinne des Wettbewerbsrecht ganz eindeutig die Werbung von der Berichterstattung.

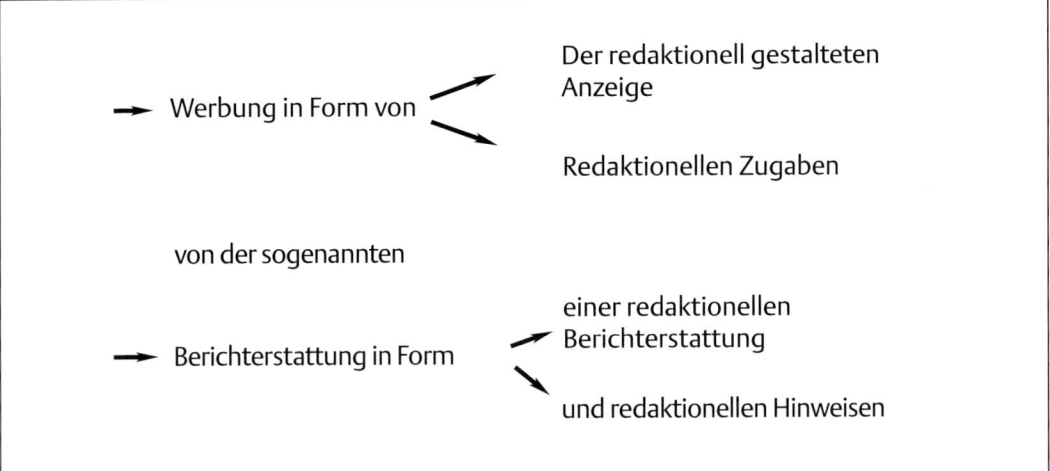

Haben Sie geplant, in Kürze eine eigene Praxis zu eröffnen, so werden Ihnen diese Beispiele sicher von Nutzen sein.

Die Fallbeispiele verhindern, dass Sie wettbewerbsbeschränkende Gesetzesvorgaben im Rahmen Ihrer Anzeigenkampagne für Ihre Praxiseröffnung unwissentlich übertreten und somit gleich Ziel missgünstiger Kollegen werden.

Rufen wir uns noch einmal § 1 und § 3 UWG ins Gedächtnis:

§ 1 warnt vor Handlungen, die gegen die guten Sitten verstoßen, und Sie somit auf Unterlassung und Schadensersatz in Anspruch genommen werden können.

§ 3 warnt vor der irreführenden Werbung durch unwahre oder zur Täuschung geeignete Angaben [∴] über die Person, Vorbildung, Befähigung oder Erfolge des Herstellers, Erfinders oder der für sie tätigen oder tätig gewesenen Personen.

Anhand dieser Beschränkungen werden für den Heilpraktiker vier Möglichkeiten der Anzeigengestaltung definiert, auf die wir in den folgenden Kapiteln näher eingehen werden.

15.2 Die redaktionell gestaltete Anzeige

Variante A zeigt uns eine typische Werbekampagne, welche unserem Berufsstand vorenthalten ist.

Schwerpunktmäßig in der Wirtschaft eingesetzt begegnet sie uns in Form von Zeitungsanzeigen, in der Fernsehwerbung, auf Kinoleinwänden etc. Nicht selten überwiegt Suggestion kontra Information.

Ein bekanntes Beispiel:
Welcher Kinogänger kennt ihn nicht, den einsamen Cowboy, der seine Herde durch den Wes-

ten der USA treibt und das Ende eines erfolgreichen Tages mit einer Zigarette krönt – eingeblendet dann das Logo der Zigarettenmarke.

Wer fühlt sich da, selbst als Nichtraucher, nicht in die romantische Wildnis versetzt?

Abstrakt gesehen bedeutet dies für die „redaktionell gestaltete Anzeige" folgendes:

- sie kostet Geld und den Ausgaben stehen (möglicherweise) keinen adäquaten Einnahmen gegenüber
- hat vorrangig werbenden Charakter
- sie weist meistens sowohl Textanteile als auch Bilddarstellungen auf
- sie kann uns auch im Werbefilm begegnen

Gesetzlich gesehen muss sie deutlich durch das Wort „Anzeige" als solche erkennbar sein – andernfalls kann man gemäß §§ 1,3 UWG haftbar gemacht werden.

Variante A

15.3 Redaktionelle Zugaben

Wenn Sie Ihre Tageszeitungen aufmerksam durchlesen, wird Sie die Berichterstattung bezügich einer Neueröffnung aufhorchen lassen.

Ein riesiger, ausführlicher Bericht über

- den Praxisinhaber
- seine Behandlungsfelder
- seine Tätigkeitsschwerpunkte
- seine Praxisausstattung
- Besucher während seiner Eröffnungsfeier.

Sie fragen sich, ob der Reporter dies aus eigenem Antrieb geschrieben, oder ob der Heilpraktiker eine PR-Agentur engagiert hat, um die wettbewerbsbeschränkenden Gesetzesvorgaben zu umgehen und auf sich aufmerksam zu machen.

Diese Form der Werbung ist gemäß § 1 Zugabeverordnung des UWG gesetzwidrig, da der Praxisinhaber für die Anzeige bezahlt und seitens der Redaktion mit dem vermeintlichen Ziel der Seriosität und Objektivität, quasi als Zugabe (unentgeltlich oder gegen Bezahlung), ein Kurzbericht ergänzt wird.

Hierbei spricht man auch von sogenannten „Kopplungsbeiträgen".

Praxiseröffnung im Hofgartencenter
„Hömöopathische Naturheilpraxis am Hofgartencenter" – geführt von der Heilpraktikerin Annika Dragelki – öffnet am Dienstag, den 03. 09. 2003 ihre Tore.
Frau Dragelki bietet außer klassischer Homöopathie eine Fülle anderer Naturheilmethoden an, die sie in zahlreichen Fachfortbildungen und im Ausland erlernt hat.
Frau Dragelki leitet ab Herbst auch ein Kinesiologie-Seminar.
Wenn Sie sich angesprochen fühlen melden Sie sich unterer ihrer Praxistelefonnummer: 000000-0000
Zum Tag der offenen Tür am 03. 09. 03 werden zahlreiche, in der Öffentlichkeit stehende Persönlichkeiten erwartet.
Ihr enger Vertrauter, Herr Musel, hat die Praxis eigens für Sie, geehrte Patienten, nach den Grundregeln des Feng-Shui eingerichtet.

Variante B

15.4 Redaktionelle Berichterstattung

Variante C zeigt Ihnen ein Beispiel für eine „redaktionelle Berichterstattung" – eindeutig abzugrenzen von den Beispielen A und B gehört sie nicht in den Bereich der Werbung, gleichwohl ihres indirekten Werbeeffekts.

Sie orientiert sich an folgenden Gesichtspunkten:

- Unentgeltlichkeit
- objektive Berichterstattung des Reporters
- Angabe von sachlichen Informationen
- Keine Hervorhebung (beispielsweise durch mehrmalige Wiederholungen der Praxisdaten mit Adresse, Telefonnummer, Name des Inhabers, …).

Sie ist für den Heilpraktiker eine sehr gute Werbung, da er selbst nicht als Auftraggeber erscheint und seine Praxis im Rahmen der allgemeinen Pressefreiheit trotzdem erwähnt werden darf.

Hier ein Beispiel der Zeitung „Bunte" – ein aussagekräftiger Artikel über Heilpraktiker.
Es wird nicht nur einer erwähnt, sondern mehrere in Form einer Berichterstattung.
Neben dem direktem Hinweis auf das eigenständige (zu dem Zeitpunkt noch gültige!) Werbeverbot des Heilpraktikers wird in dieser Ausgabe vornehmlich die Heilpraktikerin Frau H. Fischer-Reska inklusive ihrer Adresse, ihren Behandlungsmethoden und noch dazu in Ausübung ihres Berufes dargestellt.
Sie selbst macht allerdings keinerlei Werbung für sich, es handelt sich im Rahmen der Pressefreiheit lediglich um objektive Berichterstattung.

15.5   Redaktionelle Hinweise

Letzte Möglichkeit, eine Anzeige darzustellen besteht in einem sogenannten „redaktionellen Hinweis", welcher jedoch sehr schwer abzugrenzen ist von den oben erwähnten „redaktionellen Zugaben".

Unterschied ist (abgesehen von der Legitimität dieser Form der Darstellung), dass über eine gewisse Praxis inklusive Inhaber ausführlichst berichtet werden darf.

Das bedeutet in diesem Fall, dass er mehrmals genannt und in den Vordergrund gestellt werden darf, ebenso seine Praxis.

Erlaubt ist diese Form der Darstellung im Rahmen einer Folgeberichterstattung, das heißt, die 10 ansässigen Heilpraktiker Musterhausens werden einzeln in Folge „porträtiert", so dass am Ende kein Wettbewerbsvorteil entsteht, da alle 10 Heilpraktiker (wenn auch nicht gleichzeitig) pro Zeitungsausgabe einzeln vorgestellt worden sind.

Auch ist dieser Hinweis für den praktizierenden Heilpraktiker unentgeltlich.

Das bedeutet für Sie unter anderem, dass Sie die Lokalpresse „nicht vor den Kopf stoßen" sollten, denn so ein ausführlicher Bericht um Ihre Person „ist Gold wert".

Für Sie wäre es am Besten, die Redaktion würde ein Foto von Ihnen auf der Titelseite platzieren, was in der Regel jedoch ein gewisses Maß an Bekanntheit voraussetzt.

Vertrauliche Adressen

Die Wunderärzte der Prominenten...

... und (vielleicht) die Antwort auf die Frage: Warum sind sie weniger krank und bleiben länger jung?

München, Bülowstr. 7
Hannelore Fischer-Reska,
Heilpraktikerin

Der Engel im Porsche, der die Schmerzen nimmt

Als Schauspielerin Winnie Markus ihre Hände nicht mehr bewegen konnte (Arthrose), hörte sie in ihren Kreisen von einem Engel im weißen Porsche. Gemeint war Hannelore Fischer-Reska, heute 51, die Heilpraktikerin aus München. Sie spritzte Winnie Markus einen geheimnisvollen Cocktail aus Berberis und Misteln. Sie wurde geheilt. Die Schmerzen verschwanden. Wenn es eine Geheimadresse in Deutschland gibt, dann ist es ihre: Bülowstraße 7, München. Ihre Art, eine Krankheit aufzuspüren, und ihre Heilerfolge seien einmalig, sagen ihre Patienten. Die Patientenliste: Ex-Salzbaron Adi Vogel, Industriemaklerin Jutta Simon, Anneliese Abarth (Auto-Erbin), Ex-BMW-Chef Paul G. Hahnemann, Politiker Franz Heubl. Ihre Methoden: Sie hat vier. Oft arbeitet sie aber mit der Iris-Methode. Sie schaut dabei mit einem Gerät, wie es Optiker haben, in die Augen ihrer Patienten. Die Iris-Methode wandte sie bei unserem Reporter an und sagte: „Sie haben zuviel Säure. Wahrscheinlich essen Sie zuviel Fleisch und trinken zuviel Kaffee. Ihre Durchblutung ist mangelhaft, Sie rauchen zuviel." Wenn die Heilpraktikerin mit der Iris-Methode nicht weiterkommt, probiert sie es mit der Kirlian-Diagnose. In diesem Fall werden Hochfrequenz-Fotos von Händen und Füßen gemacht. Auf den Fotos sind

Weißer Porsche, die schnelle Heilerin Hannelore Fischer-Reska

Hannelore Fischer-Reska lebt allein. Viele christliche Motive in ihrer stilvoll (Bauernbarock) eingerichteten Eigentumswohnung in München. Sie lernt z. Z. Arabisch, viele Patienten aus den Emiraten

dann Strahlen zu sehen, die der Körper aussendet. „Ich erkenne dann, welche Organe nicht richtig arbeiten. Bei Toten würde ich nichts erkennen, denn sie senden keine Strahlen. Die Bilder sind weiß."
Preise: Normalerweise 100 Mark für eine Diagnose. Wer mehr hat, zahlt mehr, wer weniger hat, zahlt weniger. „Heute kam jemand ohne Geld, aber mit einer Tüte Bananen. Ich habe ihn für 10 Bananen behandelt." (Krankenkassen zahlen nichts.)
Privates: Sie ist Witwe (ihr Mann starb an Lungenkrebs). Eine Tochter. Zu ihrem 50. Geburtstag kam die gesamte Patientenprominenz, vom Salzbaron bis zum Hendl-König Jahn, der aus Zürich anreiste. Weißer Porsche, 100-Quadratmeter-Eigentumswohnung gegenüber Feinkost-Käfer. Wo sonst?

Namen und Krankengeschichten der Patienten basieren nicht auf Angaben der Ärzte und Heilpraktiker

16 Kooperationspartner

16.1 Allgemeines

Wie bereits im Kapitel 6.2.4 beschrieben, gibt es eine Vielzahl verschiedener Berufsgruppen, mit denen Sie mehr oder weniger zu tun haben.
Mit einigen können Sie eine Art „Zweckgemeinschaft" schließen, mit anderen Informationen austauschen.
Doch dazu kommen wir nun im Detail.

16.2 Die Zusammenarbeit mit Kollegen

16.2.1 Praxisgemeinschaft

Eine Praxisgemeinschaft besteht aus zwei oder mehreren praktizierenden Heilpraktikern, die sich eine Räumlichkeit teilen, ohne jedoch zusammengehörig zu sein.

Jeder haftet und wirtschaftet für sich selbst.

Praktiziert wird entweder in unterschiedlichen Räumlichkeiten oder zu unterschiedlichen Zeiten.
Unabhängig von der Frage, ob Sie sich bereits im Vorfeld dazu entschieden haben, Ihre Räumlichkeiten aus Kostengründen mit einem Kollegen zu teilen oder sich erst zu einem späteren Zeitpunkt dazu entscheiden, spricht einiges für diese Form der Betriebsführung.

Vorteile:

→ Sie können sich einen Kollegen mit absolut unterschiedlichen Behandlungsschwerpunkten suchen. Das erweitert zum einen Ihr Praxisangebot. Zum anderen findet eine „andersorientierte" Patientenklientel den Weg in Ihre Praxis, wodurch Ihre Praxis noch bekannter wird und sie sich herumspricht (→ Mundpropaganda).

→ Anhand differenzierter Ansatzpunkte zur Behandlung von Krankheiten können Sie sich mit Ihrem Kollegen austauschen; bekommen neue Anregungen; entwickeln sich weiter

→ für einen Krankheitsfall Ihrerseits (aber natürlich auch umgekehrt) ist er mit der Praxis bereits vertraut und kann Sie ggf. vertreten. Dazu müssen die Patienten noch nicht einmal die Lokalität wechseln, wofür Ihnen gerade ältere Patienten, die nicht mehr so mobil sind, dankbar sein werden.

→ unterschiedliche Fortbildungen, von Ihnen beiden besucht, können untereinander weitergetragen werden, dadurch Kostenersparnis und Informationsfluss.

Auf jeden Fall wird dadurch Ihr Patientenstamm innerhalb der Praxis um einiges größer und Ihre Praxis marktwirtschaftlich gesehen effektiver.
Außerdem kann jeder von Ihnen ein passendes Praxisschild mit seinen jeweiligen Sprechzeiten etc. standortgemäß anbringen, wodurch der Bekanntheitsgrad Ihrer Praxis erneut aufgewertet wird.

 → **Tipp: Auch wenn es mehrere Kollegen gibt, die gern mit Ihnen zusammenarbeiten würden – warten Sie, bis Sie jemanden treffen, bei dem Sie auf Anhieb das Gefühl haben, dass „die Chemie stimmt".**

Denn auch wenn jeder „in die eigene Kasse" arbeitet und rechtlich gesehen weiterhin selbstständig ist, muss man mit dem anderen kooperieren.
Dies wird vor allem dann nicht einfach, wenn einer von Ihnen beiden Erfolg hat und der andere weniger.

Achten Sie in Zeitungen auf Anzeigen folgender Art:

Praxis-Sharing Nähe Köln
rechtsrheinisch, zentrale und ruhige Lage, verkehrsgünstig, monatliche Miete
EUR 170,–/1 Tag in der Woche oder EUR 320,–/2 Tage in der Woche.
Telefon (01 63) 2 52 48 85

Deshalb regeln Sie vorher schriftlich:

- Ihre jeweiligen Sprechzeiten
- Die Aufteilung der laufenden Kosten (Miete; Nebenkosten; Telefon; Strom. ...)
- Den jeweiligen Kompetenzbereich
- Mögliche Kündigungsfristen
- Abklärung, ob Ihr Kollege mit in den Mietvertrag aufgenommen und damit als gleichberechtigter Partner angesehen wird oder ob Sie „untervermieten"

Ein schriftliches Einverständnis Ihres Vermieters benötigen Sie ebenfalls.

Sehen wir uns nun folgende Beispiele an:

Beim ersten Beispiel 1a und 1b handelt es sich z. B. um eine 4-Zimmer-Praxis, in der beide Parteien ihr eigenes Behandlungszimmer haben. Wartezimmer und Aufenthaltsraum ist gemeinsam nutzbar.

Das zweite Beispiel 2a und 2b ist nicht ganz so einfach in die Praxis umzusetzen, da Sie der Patient an drei Werktagen innerhalb der Woche nicht erreichen kann.

Heilpraktikerin
Klothilde Apoplexia
Prothesenstr.2; 23333 Musterhausen
Tel/Fax: 01234 / 6789
k.apoplexia@info.de
www.kapoplexia.de

Akupunktur – Phytotherapie – Magnetfeldtherapie

Sprechzeiten   Mo - Fr 9.00-19.00
u. nach tel. Vereinbarung

Beispiel 1a

Heilpraktikerin
Anette Orthopädia
Prothesenstr.2; 23333 Musterhausen
Tel/Fax: 01234 / 67899
a.orthopädia@info.de
www.aorthopädia.de

Eigenblutbehandlung – Aormatherapie – Colon-Hydro-Therapie

Sprechzeiten   Mo – Fr 9.00-19.00
u. nach tel. Vereinbarung

Beispiel 1b

Heilpraktikerin
Klothilde Apoplexia
Prothesenstr.2; 23333 Musterhausen
Tel/Fax: 01234 / 6789
k.apoplexia@info.de
www.kapoplexia.de

Akupunktur – Phytotherapie – Magnetfeldtherapie

Sprechzeiten   Mo – Mi – Do 8.00 – 18.00
u. nach tel. Vereinbarung

Beispiel 2a

Heilpraktikerin
Anette Orthopädia
Prothesenstr.2; 23333 Musterhausen
Tel/Fax: 01234 / 67899
a.orthopädia@info.de
www.aorthopädia.de

Eigenblutbehandlung – Aormatherapie – Colon-Hydro-Therapie
Sprechzeiten   Die und Fr 8.00 – 18.00
u. nach tel. Vereinbarung

Beispiel 2b

16.2.2 Gemeinschaftspraxis

Eine Gemeinschaftspraxis besteht aus zwei oder mehreren praktizierenden Heilpraktikern, die nicht nur ihre Räumlichkeiten teilen, sondern gemeinsam eine Praxis führen.

Dies hat sowohl Vor- als auch Nachteile und Details sollten vor Beginn sowohl mit einem Steuer-

berater als auch Rechtsanwalt besprochen und aktenkundig gemacht werden.

Dabei ist die Art des Betriebes (z. B. Gesellschaft mit beschränkter Haftung „GmbH" oder Gesellschaft bürgerlichen Rechts „GbR" mit Eigenkapital etc.) ebenso festzulegen wie Rechte und Pflichten des Einzelnen.

Vorteile entstehen auf jeden Fall in einer Kostensenkung, da die laufenden Kosten geteilt werden. Auch bei Fragen, seien sie medizinischer oder fallspezifischer Art, können hier leicht Informationen eingeholt werden (achten Sie nur darauf, dass die Schweigepflicht gewahrt bleibt).

Ebenso die Tatsache, dass man sich nicht um eine „fremde" Urlaubsvertretung oder Vertretung im Krankheitsfalle kümmern muss und der Patient in seiner „gewohnten Umgebung" behandelt werden kann.

Nachteile können sich unter Umständen daraus ergeben, wenn infolge unvollständiger Absprachen nicht gemeinschaftlich gewirtschaftet wird oder man bei Entscheidungen auf die Zustimmung der Kollegen angewiesen, aber nicht einverstanden ist.

16.2.3 Urlaubs-Krankheitsvertretung

Unabhängig davon, ob Sie eine Naturheilpraxis allein führen, in einer Gemeinschaftspraxis arbeiten oder einer Praxisgemeinschaft angehören, sollten Sie für den Fall Ihres Urlaubes oder einer gesundheitlichen Unpässlichkeit Ihrerseits vorsorgen.

Vorsorgen, damit Ihre Patienten weiterhin gut versorgt werden und wissen, an wen sie sich im Zweifelsfalle wenden können.
Vergessen Sie auch hier nicht, Ihren Anrufbeantworter rechtzeitig und aktuell zu besprechen.
Eine Vertretung sollte immer mittels eines Kollegen erfolgen, den Sie kennen und dem Sie vertrauen.

Schwierig ist hier oft das Konkurrenzdenken, nach dem Motto „vielleicht behält er meine Patienten auch nach meinem Urlaub".
Doch seien Sie beruhigt, Ihr Patient hat Sie ausgewählt, weil er mit Ihnen zufrieden ist und letztendlich Ihre Persönlichkeit den Ausschlag gibt.
Dennoch sollten Sie das Thema mit Ihrem Kollegen ansprechen, um Missverständnissen vorzubeugen.

Eine Urlaubsvertretung für Ihre Patienten zu finden, ist da schon schwieriger.
Entweder setzen Sie sich mittels Internet mit einem Kollegen am Urlaubsort Ihres Patienten

in Verbindung oder überlassen ihm eine Liste mit Heilpraktikern in der Nähe seines Urlaubsortes.
Oftmals finden Sie in Verbandszeitschriften Inserate folgender Art:

Heilpraktiker/in

Mit Erfahrung zur Gästebetreuung in ländlicher Gegend nahe Waldkraiburg gesucht.

Fax: 08073 / 111111

Bereits mit diesem Service grenzen Sie sich von einem Großteil der Kollegen ab, denen dies ein zu hoher zeitlicher Aufwand wäre.

Wenn Sie gerade Ihre Ausbildung absolviert und vielleicht das ein oder andere Praktikum gemeistert haben, sich aber noch nicht bereit fühlen für eine eigene Praxis, versuchen Sie, eine Vertretungsstelle zu bekommen.
Oft findet man Anzeigen wie:

Heilpraktikerin für NHP in Landsberg/Lech gesucht!
Praxisvertretung am 3/2003 für ca. 1 Jahr (ggf. Übernahme möglich). Schwerpunkte: Akupunktur, manuelle Therapie u. a. Schöne Praxisräume (55 qm), zentral, gemeinsame Nutzung mit Kosmetikerin (zeitversetz). Zuschriften erbeten unter NH 62236/1 an NATURHEILPRAXIS MIT NATURMEDIZIN, Postfach 19 07 37, 80607 München.

16.3   Die Zusammenarbeit mit Ärzten

Sie werden sehr schnell merken, dass es Ärzte gibt, welche sehr um Distanz bemüht sind; uns nur widerwillig wahrnehmen wenn es um Anfragen oder Krankenunterlagen geht oder gar um den Einsatz von naturheilkundlichen Methoden wie z. B. der Akupunktur.

[Anmerkung: Früher von Ärzten verspottet aufgrund ihrer nicht wissenschaftlich anerkannten Wirksamkeit – heute trendmäßig in vielen Arztpraxen anzutreffen und sogar, je nach Ausbildung, über die Krankenkassen abrechenbar].

Andere Ärzte sind im Gegensatz dazu sehr offen gegenüber uns Naturheilkundlern.

Sie wissen, dass der Patient den Weg zu „seinem" Behandler selbst findet und bei ihm bleibt, unabhängig ob er Arzt oder Heilpraktiker ist.

Auch ist ihm bewusst, dass Heilpraktiker keine Scharlatane sind, sondern medizinisch und therapeutisch fundiert ausgebildet und ihr Wissen patientenorientiert einsetzen.

Bei diesen Ärzten können Sie von einer guten Zusammenarbeit ausgehen – damit ist allerdings nicht die direkte Zusammenarbeit gemeint (vgl. Kapitel 6.3), sondern die Bereitschaft, Notfälle abzuklären (mittels EKG – auch wenn er selbstredend zur ersten Hilfe verpflichtet ist), bei medizinischen Fragen als Ansprechpartner zur Verfügung zu stehen, etc.

Natürlich muss auch diese „Zusammenarbeit" wachsen, hängt sie doch sehr von gegenseitigen Erfahrungen und Erwartungen ab.

16.4 Die Zusammenarbeit mit artverwandten Berufsgruppen

„Artverwandte Berufsgruppen" – damit sind die Berufsgruppen gemeint, die ebenfalls eine medizinisch orientierte Berufsausbildung genossen haben und therapeutisch tätig sind.

Dazu gehören Berufe wie

- Masseure
- Krankengymnasten
- Logopäden
- Ergotherapeuten etc.
- Hebammen
- Kosmetikerinnen

Dies ist nur eine kleine Auswahl – machen Sie sich kundig, welche medizinischen Praxen es in Ihrer näheren Umgebung gibt und welche geplant sind.

Besuchen Sie die Praxen, es ist nicht schlecht, sich vorher kurz telefonisch anzumelden um zu schildern, warum Sie kommen möchten.

Stellen Sie sich und Ihr Leistungsangebot inklusive Ihrer Therapieschwerpunkte vor.

Verdeutlichen Sie, dass Ihnen an einer guten „Nachbarschaft" gelegen ist und dass Sie bei Fragen jeglicher Art gern zur Verfügung stehen.

Nicht nur bei Fragen, sondern offerieren Sie das Angebot, bei Bedarf auch Informationsabende über speziell gewünschte Themen zu halten, so z.B. einen Abend über den Einsatz von Aromaölen und Ölen verschiedener Art bei Massagen.

Auch hier wieder der Tipp: Lassen Sie sich etwas Außergewöhnliches einfallen; das hebt von der Masse ab und macht Sie bekannt.

Im Gegenzug werden Sie damit rechnen können, dass die Patienten der oben genannten Berufsgruppen bei nächster Gelegenheit von Ihnen erfahren werden, und das nicht im Sinne einer „Schleichwerbung", sondern in Form von Mundpropaganda, weil Sie die Masseure, Krankengymnasten etc. von Ihren Fähigkeiten überzeugt haben.

Was gibt es Besseres an Werbung?

16.5 Die Zusammenarbeit mit Reformhäusern/Naturkostläden

Gerade Naturkostläden und Reformhäuser können als Kooperationspartner von großem Interesse sein, da Sie beide das gleiche Ziel haben: Ihre Kunden/Patienten zu einer gesunden und bewussten Ernährungsweise hinzuführen.

Stellen Sie sich vor, Sie legen einen Ihrer Behandlungsschwerpunkte auf das Thema „Ernährungsberatung – Reduktionsdiäten", unterstützt beispielsweise durch „Dauerakupunkturnadeln im Ohr" mit ergänzender Entgiftung des Körpers.

Die oben genannten Geschäfte erscheinen von allein als „natürliche Verbündete", denn sieht man nicht des öfteren in Schaufenstern Pakete von Trink-, und Saftkuren zur Entschlackung etc.?

Suchen Sie in jedem Falle das Gespräch mit den Betreibern dieser Läden.

Deren Klientel ist häufig auf der Suche nach alternativen Heilmethoden und schildern ihre Beschwerden den Verkäufern.

Vorausgesetzt man kennt Sie dort als seriösen und kompetenten Heilpraktiker, wird man Sie sicherlich gern erwähnen und weiterempfehlen, so dass Sie auch hier mit neuen Patienten rechnen können.

Natürlich sollen Sie im Gegenzug Ihren Patienten im Anschluss an die Behandlung nicht sagen:

„Suchen Sie doch bitte das Reformhaus XY an der Hauptstraße auf und kaufen Sie das Paket Nummer 7" – doch die Information: „Das Reformhaus ‚Gute Erde' in der Hauptstrasse hat die Heilerde gewiss vorrätig" lässt keinen Kaufzwang schluss-folgern, sondern Sie möchten mit Ihrer patientenorientierten Information lediglich erreichen, dass Ihr Patient das benötigte Mittel schnellstmöglich zur Verfügung hat.

16.5.1 Verkauf von Waren in der eigenen Praxis

 → Ein Tipp den Verkauf von „Waren jeglicher Art in Ihrer Praxis betreffend":

Oft überlegt man als Existenzgründer nach Möglichkeiten, das finanzielle Risiko so gering wie möglich zu halten.
Die Frage nach einem zweiten Standbein ist geschaffen.
Einige von uns können in dem bisherigen Beruf auf Teilzeitbasis arbeiten, andere jedoch nicht.

In Zeitungen wird immer wieder mit der Möglichkeit eines geregelten Zweiteinkommens geworben.

Anzeigen wie beispielsweise die nachfolgende bieten solche Möglichkeiten an:

Einige unserer Kollegen bieten Produkte zum allgemeinen Wohlbefinden an, angefangen von Aloe vera-Produkten bis hin zur Algencreme.

Sie haben ein „Händchen für Ästhetik" und beschäftigen sich parallel zur inneren Gesundheit und dem inneren Gleichgewicht auch mit der äußeren Erscheinung.

Dinge wie Nahrungsergänzungsmittel, Tees, Cremes etc. dürfen rein theoretisch von Ihnen in der Praxis verkauft werden.

▷ Was viele Kollegen jedoch nicht wissen ist die Tatsache, dass wir in dem Moment Umsatzsteuer- und Gewerbesteuerpflichtig werden, und zwar mit den gesamten Umsätzen aus unserer Praxis.

Man kann dies umgehen, indem man entweder keine Waren dieser Art verkauft und es dabei belässt, dass unsere Patienten die notwendigen Arzneimittel in den Apotheken bekommen oder der Ehegatte einen Gewerbeschein beantragt und die Waren so verkauft werden.
Dann allerdings aber auch in separaten Räumlichkeiten.

(Andere Länder andere Sitten: Hier ein Natur-heilkundler auf dem Basar in Damaskus / Syrien – er verkauft seine Pülverchen wie beispielsweise getrocknete Schildkrötenpanzer)

16.6 Die Zusammenarbeit mit Apotheken

In diesem Kapitel geht es nicht darum, welche Medikamente „verschreibungspflichtig", „rezeptpflichtig" oder „frei verkäuflich" sind.
Es geht vielmehr um den direkten Kontakt zu den Apotheken in Ihrer Nähe.

Suchen Sie auch hier das direkte Gespräch mit dem Apotheker, stellen Sie sich, Ihre Therapieformen sowie Ihre Vorstellungen vor und was Sie von dieser „Beziehung" erwarten.

Ich habe anfangs eine Liste mit Medikamenten erstellt, die ich des öfteren verordnet habe und bin diese mit dem Apotheker „durchgegangen", so dass er genügend Zeit hatte, sich darauf einzustellen.
Natürlich ist es verboten, Ihren Patienten zu diktieren, in welcher Apotheke sie ihre Medikamente erwerben, doch der Großteil wird sich für eine Apotheke in Ihrer Nähe entscheiden.
Der Apotheker wiederum hat sich dann bereits auf Ihre Klientel einstellen und Medikamente besorgen können, um seinem Kunden so lange Wartezeiten bei Bestellungen zu ersparen und ihm schnellstmöglich helfen zu können.
Sein Bestreben ist es natürlich auch, diesen „Service" anbieten zu können.

Auch Sie selbst kaufen Ampullen u. ä. bei ihm, so dass er bereits nach kurzer Zeit ein sehr großes Interesse daran haben wird, Sie als Kunden zu behalten.

Aufgrund Ihrer Kompetenz wird er Sie hilfesuchenden Kunden gern weiterempfehlen und ihnen eine an der Theke ausliegenden **Visitenkarte** mitgeben.

17 Anmeldungscheckliste zur Praxiseröffnung

Ihre Praxiseröffnung ist an einige formale Voraussetzungen gebunden, die Sie rechtzeitig erledigen sollten, um sich auf die wesentlichen Dinge konzentrieren zu können.

Anmelden müssen Sie sich

☐ beim Einwohnermeldeamt

(erkundigen Sie sich im Vorfeld, ob Ihnen je nach Praxisstandort ein Anwohnerparkplatz zugewiesen werden kann)

☐ beim Finanzamt

Denken Sie daran, dass Sie weder Umsatz- noch Gewerbesteuer zahlen müssen. Für den Fall, dass der diensthabende Beamte Ihnen diese Aussage nicht glaubt – was nicht so abwegig ist wie Sie vielleicht denken, erinnern Sie ihn an den § 4 Nr. 14 UStG in Verbindung mit § 18 Abs. 1 Nr. 1 Satz 2 EstG. Diese besagen, dass die Umsätze aus der Tätigkeit als Arzt, Zahnarzt, **Heilpraktiker**, Krankengymnast, Hebamme oder aus einer ähnlichen heilberuflichen Tätigkeit i. S. des § 18 Abs. 1 Nr. 1 EStG steuerfrei sind.

☐ bei der Berufsgenossenschaft für Gesundheitsdienst und Wohlfahrtspflege; Pappelallee 35–37 in 22079 Hamburg

☐ bei Ihrem Energieversorger

(Strom anmelden)

☐ bei der Telekom oder einem anderen Telefonanbieter (dies am besten rechtzeitig, hier kommt es des öfteren zu Verzögerungen)

☐ beim Gesundheitsamt

18 Checkliste zur Praxiseröffnung – Vorbereitungen für einen gelungenen Start

→ passende Praxisräume finden und Mietvertrag abschließen – vgl. Kapitel 4; (Mietbeginn sollte, je nach Zustand der Räumlichkeiten, einige Tage/Wochen, vielleicht einen Monat vor dem Termin Ihrer Praxiseröffnung liegen, damit Sie genügend Zeit für Renovierungsmaßnahmen haben).

→ Renovierungsmaßnahmen planen

– halten Sie Ihre Kosten gering; laden Sie Freunde und Bekannte ein, um Ihnen zu helfen (gleichzeitig machen Sie so Ihre Praxis im Freundeskreis bekannt)

– kaufen Sie Farben; Lacke; Zubehör (bei großen Renovierungsmaßnahmen, z. B. Umbauten, sollten Sie einen Fachmann hinzuziehen)

→ Praxisschild; Praxisstempel; Drucksachen (Briefpapier; Rechnungsformulare; Quittungsblock; Visitenkarten; …) in Auftrag geben. Dies nach Möglichkeit von **einer** Firma (→ Sonderkonditionen!) – Denken Sie an den Preisvergleich und daran, mehrere Kostenvoranschläge einzuholen.

→ Montieren Sie Ihr Schild so früh wie möglich an die dafür vorgesehene Stelle

– das macht Passanten bereits auf Ihre Praxis aufmerksam; Sie können auch ein Provisorium anbringen, welches auf den Zeitpunkt Ihrer Eröffnung hinweist

→ Beschriften Sie Ihre Klingel und Ihren Briefkasten

→ Telefonanschluss (ISDN) beantragen und gleich einen Termin vereinbaren, wann jemand vom Telefonanbieter kommt um die Leitung frei zu schalten

→ Anrufbeantworter besprechen, ebenfalls mit dem Zeitpunkt Ihrer Praxiseröffnung

→ Liste mit benötigtem Inventar erstellen; je nach Praxisform (Regale; Schreibtisch; Liege; Sterilisationsgerät, usw.)

→ Kataloge mit Medizinbedarf ordern, Preise vergleichen; im Internet/Zeitung nach passenden Gebrauchtartikeln Ausschau halten (oder diese Dinge delegieren)

→ Praxis einrichten

→ Praxiseröffnung planen (vgl. Kapitel 17)

→ Inserate in verschiedenen Tageszeitungen schalten

→ Erstellung Ihrer Homepage in Auftrag geben (sammeln Sie im Vorfeld bereits Ihre Ideen, was und wie die Informationen auf Ihrer Homepage aussehen könnten – denken Sie daran: Je größer der Anteil dessen ist, was Sie mit „hineinbringen", desto persönlicher wird die Homepage). Sollte die Homepage noch nicht funktionsbereit sein, kann Ihr Anbieter (oder Sie selbst) unter Ihrer Adresse einfach einen Hinweis schalten, der z. B. „hier entsteht in Kürze…." o. ä. lauten könnte.

→ Planung Ihrer Eröffnungsfeier und Festlegung des Datums (bedenken Sie wichtige Feiertage, Urlaubszeiten, Filmpremieren, an denen einige Leute nicht kommen würden)

19 Checkliste „Der große Tag" – Ihre Praxiseröffnung

Vermutlich werden Sie eines Tages ein Buch allein über diesen einen Tag, **den besonderen Tag**, schreiben können, soviel Eindrücke nehmen Sie mit.

19.1 Zielsetzung

Abgesehen natürlich von Ihrer Praxiseröffnung verfolgen Sie mit der Präsentation mittels eines „Informationstages" ganz bestimmte Absichten. Betreiben Sie Marketing in eigener Sache, denn ob Sie es gern lesen oder nicht: Sie müssen zu einem gewissen Grad die Kunst lernen, sich zu verkaufen.

→ Überlegen Sie sich, welches Bild Sie von sich, Ihrer Praxis und Ihren Behandlungsmethoden vermitteln möchten?

→ Haben Sie bereits einige Stichworte notiert, die Sie zur Eröffnung sagen?

→ Was antworten Sie auf die Frage, warum Sie eine *Naturheilpraxis* eröffnen?

→ Können Sie Antworten darauf geben, wenn Sie nach Ihrem Privatleben gefragt werden, Ihrem Werdegang und vor allem nach Ihren Qualifikationen?

→ Ist es Ihnen peinlich, positiv über sich selbst zu sprechen oder können Sie sich überzeugend in der Öffentlichkeit darstellen?

→ Wissen Sie, was Ihr Lebenspartner, Ihre Kinder und Eltern über Sie sagen werden, wenn sie nach Ihnen, Ihren Absichten und Qualifikationen gefragt werden – was sollen sie sagen?

→ Wollen Sie Ihre Praxis einer besonders ausgefallenen Philosophie widmen? Welcher? Wie vermarkten Sie diese im Gespräch?

Bereiten Sie sich auf diese Dinge vor, denn es werden noch genug offene Fragen bleiben, auf die Sie eine Antwort suchen müssen.

19.2 Vorbereitung

Im Vorfeld haben Sie bereits alle die Dinge erledigt, die zur Praxiseröffnung notwendig waren (vgl. Kapitel 17).

Neben den Inseraten in der „Musterhausener Rundschau" sowie dem Tageblatt haben Sie natürlich

* Ihre Homepage ins Internet stellen lassen
* Das Praxisschild angebracht und Ihrem gesamten
* Familien-, Freundes-, und Bekanntenkreis Bescheid gesagt und eingeladen
* Ihre bisherigen Arbeitskollegen eingeladen
* Für einen kleinen Imbiss gesorgt und jemanden aus Ihrem Familien- oder Freundeskreis dazu bestimmt, die Aufsicht darüber zu führen, für Nachschub zu sorgen und sich um alles zu kümmern
* Die Firmen, bei denen Sie Ihren Praxisbedarf gekauft haben, ebenso wie Ihre neuen Nachbarn; den Apotheker „von nebenan" und Ihre Kooperationspartner (bei denen Sie auch Ihre Visitenkarten hinterlegt haben) eingeladen
* Ausreichend Visitenkarten ausgelegt

Nun müssen Sie sich entscheiden, Ihre Eröffnung mit einem „Tag der offenen Tür" beginnen zu lassen, oder Ihre Praxis stillschweigend zu eröffnen.

Ich würde Ihnen in jedem Fall zu einem Praxisbeginn mittels einem „Tag der offenen Tür" raten.

So ein Fest ist, ganz nebenbei, ein großer Motivationsschub, den Sie gewiss brauchen können; außerdem ist es Werbung für Ihre Praxis.

Naturheilpraxis
K. Apoplexia
Prothesenstr.2
23333 Musterhausen
Akupunktur- Phytotherapie- Magnetfeldtherapie
Tel / Fax: 01234/6789
www.kapoplexia.de

Liebe Patient(innen);

über Ihr Erscheinen zum
„Tag der offenen Tür"
am Freitag
würde ich mich sehr freuen
und möchte gleichzeitig
die Eröffnung
meiner
Naturheilpraxis
am
05.Oktober 2002
bekannt geben.

Ihre Heilpraktikerin
K. Apoplexia

19.3 Durchführung

Sie sollten selbstverständlich keine PR-Agentur beauftragen, einen werbenden Bericht, mit Fotographien unterlegt, zu schreiben (vgl. Kapitel 14. 2 „Redaktionell gestaltete Anzeige" – verboten).

Doch vielleicht kommt der ein oder andere Lokalfotograf vorbei, um anschließend in der Musterhausener Rundschau über Ihre Praxiseröffnung zu berichten (vgl. Kapitel 15.4 „redaktionelle Berichterstattung" – erlaubt).

Für den Fall, dass Ihre Gäste Blumen als Präsent mitbringen, bedenken Sie, dass gemäß Gesundheitsamt **keine Topfpflanzen in Behandlungsräumen** stehen dürfen (wohl aber im Wartezimmer).

Beginnen Sie Ihren großen Tag indem Sie sich von jemandem vorstellen lassen.

Anschließend halten Sie eine kleine Ansprache, in der Sie sich für das zahlreiche Erscheinen bedanken.

Wünschen Sie Ihren Freunden; Bekannten und allen anderen Gästen viel Spaß und weisen noch einmal darauf hin, dass Sie jederzeit für Gespräche offen sind (unterschätzen Sie die Nachfrage diesbezüglich nicht, die Leute wollen Sie kennen lernen).

Heben Sie sich bereits zu Beginn Ihrer Praxiskarriere von Ihren Kollegen in positiver Weise ab und halten die ganze Veranstaltung ein wenig unkonventionell.

Das heißt, bieten Sie ruhig zwei bis drei kleine Vorträge über den Tag verteilt an, die allerdings nicht länger als maximal 10 Minuten dauern sollten.

Lassen Sie Ihre Freunde/Bekannten/interessierte Laien vielleicht einmal kurz durch ein Irismikroskop schauen, etc.

Da Sie Ihre Praxis zu diesem Zeitpunkt lediglich der Öffentlichkeit zugänglich machen und nicht therapieren, brauchen Sie auch nicht in Ihrer Arbeitskleidung zu erscheinen.

Doch in Anbetracht der besonderen Umstände vielleicht auch nicht in den ältesten Jeans.

Führen Sie die Leute durch Ihre Praxis, zeigen Sie die Räumlichkeiten, erklären die Geräte (z. B. Irismikroskop) und erzählen von Ihren Behandlungs- und Untersuchungsmethoden.

Damit nehmen Sie einigen ihre Unsicherheit, die gerade den heutigen Tage nutzen werden, um zwanglos „vorbeizuschauen".

Im Wartezimmer können Sie natürlich auch einige Kommentare zu den an der Wand hängenden Urkunden abgeben.

Ihre Freunde und Bekannte werden Sie u. U. fragen, was Sie sich zur Eröffnung wünschen; stehen Sie ruhig dazu, dass Sie knapp kalkulieren müssen und lassen sich Dinge wie Büchergutscheine, Gutscheine für Praxisbedarf etc. schenken.

20 Checkliste „Informationsveranstaltung"

Sollten Sie eine Fortbildung, ein Seminar oder einen Workshop, beispielsweise

- an der Volkshochschule
- in Kindergärten
- in Gesundheitsvereinen
- auf Fachmessen
- auf Kongressen oder während
- Ihres „Tages der offenen Tür" zur Praxiseröffnung (hier bitte kurze Rücksprache mit Ihrem Berufsverband, ob diese Maßnahme in Ordnung ist) halten, sollten Sie einige Dinge verinnerlichen, auf die Sie jedes Mal achten sollten.

Haken Sie die Dinge ab, die Sie bereits erledigt haben.

20.1 Vorbereitungsmaßnahmen

- ☐ Definition der Zielsetzung Ihrer Präsentation/Fortbildung

- ☐ Definieren Sie Ihre Zielgruppe und machen sich klar, wem Sie etwas sagen wollen

- ☐ Sind Sie informiert, welchen Wissensstand Ihre Teilnehmer/Zuhörer haben?

- ☐ Ist Ihnen klar, was dieser Personenkreis von Ihnen erwarten wird?

- ☐ Haben Sie Ihre Fortbildung geplant?

- ☐ Haben Sie den Ablauf geplant – auch zeitlich?

- ☐ Wurde eine Generalprobe, z. B. vor dem Spiegel oder Freunden gemacht (Zeit stoppen, damit man einen Anhaltswert hat) oder aber eine Videoaufnahme? Falls Sie noch sehr unsicher sind, haben Sie vielleicht ein Rhetorikseminar gebucht?

- ☐ Sind Räumlichkeiten reserviert, für den Fall, dass es nicht Ihre eigenen sind? Achten Sie hier auch darauf, dass der „Rückweg gesichert" ist.
  Wenn Sie die Räumlichkeiten angemietet haben, kann es Ihnen passieren, dass ein dienstbeflissener Hausmeister alle Türen sorgfältig verschließt und mit dem Schlüssel nach Hause geht. Daher lassen Sie sich auf jeden Fall einen Schlüssel für den Notfall geben.

- ☐ Haben Sie einen Termin festgelegt und Einladungen versandt? (Je nach Fortbildung eventuell Ausweichtermin genannt)

- ☐ Haben Sie Muster, Modelle, Folien, Arbeitsmaterialien, Wandtafeln, Videos, etc. vorbereitet?

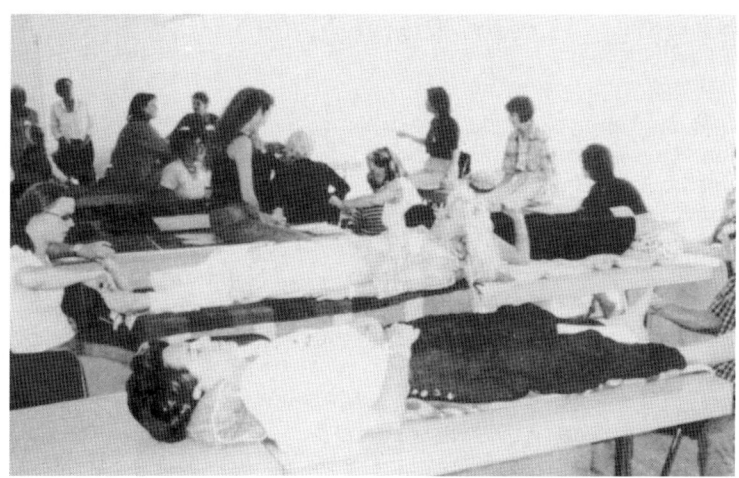

20.2 Ihre Fortbildung/Präsentation

20.2.1 Allgemeines

Nachdem Sie nun theoretisch bestens vorbereitet sind, kommt der große Tag „X".

Lampenfieber hat selbst der beste Schauspieler, daher sollten Sie nicht allzu selbstkritisch sein.

Voraussetzung, und damit das „A" und „O" für eine gelungene Repräsentation, ist die Überzeugung vom Thema (Inhalt) sowie Ihre Begeisterung und Ihr Selbstvertrauen.

Entschuldigen Sie sich nicht bereits zu Beginn mit den einleitenden Worten wie "ich bin kein guter Redner" – versuchen Sie stattdessen, Sie selbst zu sein.

Denn auch ohne spezielle Ausbildung in Rhetorik, Mimik und Gestik werden Sie eine erfolgreiche Fortbildung / Präsentation etc. durchführen, wenn Sie folgende Dinge verinnerlicht haben und vor Ihrem Publikum stehen:

20.2.2 Ihre Sprache

Fließend zu sprechen ohne dabei hastig oder abgehackt zu wirken, ist bereits eine kleine Herausforderung.

Satzanfänge mit Verlegenheitstönen wie beispielsweise „Äh" oder „Tja" sollten vermieden werden.

Bemühen Sie sich um eine korrekte Aussprache (denn abhängig von Ihrem Wohnort ist vielleicht nicht jeder Zuhörer in der Lage, Ihrem Dialekt folgen zu können, „Host mi?") ebenso wie um eine angemessene Lautstärke.

 → **Betonen Sie wichtige Fakten.**

20.2.3 Ihre Gestik/Mimik

→ Versuchen Sie, frontal zu Ihrem Publikum zu stehen und drehen Sie ihm nach Möglichkeit nicht den Rücken zu. Zum einen versteht man Sie dann schlechter, zum anderen wird eine Barriere aufgebaut.

→ Verschränken Sie Ihre Arme nicht und bemühen Sie sich um eine gerade und lockere Körperhaltung. Meist ist dies einfacher gesagt als getan, daher sieht man gerade während großer Fortbildungen, die Dozenten und Referenten schutzsuchend hinter Schreibtischen oder Standpulten „Stellung beziehen".

→ Halten Sie nach Möglichkeit Blickkontakt zu Ihren Zuhörern – bitte nicht zu verwechseln mit einer direkten Fixierung einer bestimmten Person. Lassen Sie Ihren Blick „durch die Runde wandern" – das signalisiert Ihren Zuhörern ebenso Miteinbezogenheit in Ihr Thema wie Ihr eigenes Engagement (dies wäre nicht der

Fall, wenn Sie stocksteif hinter einem Schreibtisch sitzen würden und lediglich von einem Notizzettel ablesen würden!).

→ Wenn Sie Dinge an die Tafel bzw. auf Folie schreiben, unterbrechen Sie Ihre Rede – konzentrieren Sie sich entweder auf das Eine oder das Andere (und machen es damit im Endeffekt Ihren Zuhörern ebenfalls leichter, Ihrem Seminar folgen zu können). Benutzen Sie Farbe.

→ Gerade bei Overhead-Folien sollten Sie sicherstellen, dass auch der Letzte in der hintersten Reihe Ihre Folien lesen kann – ansonsten Schrift durch Verstellen des Gerätes vergrößern (kleiner Tipp: Führen Sie einen „Kaltstart" vor Beginn des Seminars durch und testen Sie die Reichweite des Overhead-Projektors, dann stören keine ungeplanten Missgeschicke. Falls Sie während des Seminars jedoch nicht weiterkommen, gibt es in der Zuhörerschaft mit Sicherheit einen Technikversierten Menschen, der Ihnen gern behilflich sein wird.).

20.2.4 Durchführung

Ihre Präsentation/Seminar besteht, unabhängig vom Fachgebiet/Themenschwerpunkt, aus drei Teilen

- Der Einleitung
- Dem Hauptteil und
- Dem Schluss

20.2.4.1 Die Einleitung

Hier können Sie sich insoweit vorbereiten, indem Sie Ihre Einstiegssätze stichwortartig auf einem kleinen Handzettel festhalten.

Teilen Sie Ihren Zuhörern sowohl den Ablauf als auch die Zielsetzung Ihrer Präsentation mit. Beginnen Sie ruhig mit einer humorvollen Frage – das lockert die Anfangssituation auf. Eine rhetorische Frage ist auch eine gute Einleitung.

Verteilen Sie einige Unterlagen, um das Thema zu beginnen, womit sich Ihr Publikum dann einige Minuten beschäftigen kann. Außerdem kann man Ihrer Fortbildung intensiv folgen, da man sich nicht alle Details notieren

muss, sondern sich auf persönliche Ergänzungen auf dem vorliegenden Manuskript beschränken kann.

Stellen Sie sich kurz vor, Ihren Beruf, Ihre Praxiserfahrung und wenn Sie möchten auch Ihre sozialen Bindungen (Familienstand, Kinder, etc.).

Danach umreißen Sie das Thema und stellen allgemein geltende Rahmenbedingungen auf, die Sie sich von Ihren Teilnehmern wünschen.

Dazu können gehören:

- Eventuell Kurzvorstellung in der Runde (abhängig von Ihrem Seminar – auf einer Fachmesse mit 100 Zuhörern nicht so geeignet wie im Rahmen eines kleinen Kurses der Volkshochschule mit dem Thema „Homöopathische Hausapotheke bei Kindern) mit Erwartungshaltungen sowohl der Ihren als auch diejenigen der Teilnehmer

- Aufstellung einer Pausenregelung (z. B. Pausen zu jeder vollen Stunde oder „Raucherpausen zwischendurch")

- Anregung, sich Fragen zu merken und am Ende des Seminars bzw. vor einem Themenwechsel zu stellen (planen Sie hierfür genügend Zeit ein). In diesem Zusammenhang scheuen Sie sich nicht, Informationslücken zuzugeben.

Notieren Sie sich unbeantwortete Fragen und bieten dem Teilnehmer an, Sie am folgenden Tage zurückzurufen.

Gemäß § 11 Punkt 8 HWG ist es zwar verboten „durch Werbevorträge, in denen ein Feilbieten oder eine Entgegennahme von Anschriften verbunden ist", sich die Telefonnummer des Teilnehmers zu notieren und so einen Rückruf zu offerieren, es kann Ihnen jedoch niemand verbieten, Ihre Seminarunterlagen mit Ihrem Namen und Ihrer Anschrift zu versehen, so dass der Teilnehmer Sie in Ihrer Praxis erreichen kann!

Schaffen Sie eine gemeinsame Ausgangsbasis.

Grenzen Sie Ihr Thema ein und erklären Sie die Zielsetzung.

Dies ist besonders dann wichtig, wenn Sie noch nicht so routiniert sind, denn Sie haben zum einen Ihren (relativ) festgesteckten Zeitrahmen und zum anderen Ihr Programm.

Zur Verdeutlichung:

Sie halten ein zweitägiges Seminar von 10.00 bis 16.00 Uhr über die homöopathische Hausapotheke für Kinder.

Sie sind gerade bei dem Mittel „Mercurius" in Bezug auf Beschwerden bei zahnenden Kleinkindern, da meldet sich eine besorgte Mutter zu Wort, die Ihnen über den Schiefstand der Schneidezähne Ihrer Tochter ihr Leid klagt.

Bevor Sie sich versehen, ist eine Diskussion unter den Teilnehmern entbrannt und Ihr eng gesteckter Zeitrahmen läuft ebenso aus dem Ruder wie der „Rote Faden", an dem Sie sich entlang ziehen, so dass wichtige Zeit vergangen ist, bis Sie wieder zum Ursprungsthema zurückfinden.

Im übrigen haben vielleicht nicht nur Sie einen geplanten zeitlichen Ablauf.
Denn es ist nicht unwahrscheinlich, dass einige der Teilnehmer auf öffentliche Verkehrsmittel etc. angewiesen sind, die sie vielleicht verpassen, wenn Sie das Seminar überziehen.

→ **Versuchen Sie wichtige Details hervorzuheben.**
Wiederholen Sie.
Weisen Sie darauf hin mit Sätzen wie " Also merken Sie sich. ...".
Beziehen Sie das Interesse Ihrer Teilnehmer mit ein und fördern so Ihre Akzeptanz.

Was Sie auf jeden Fall immer im Hinterkopf haben sollten, sind Ihre gesetzlich beschränkten Handlungsmöglichkeiten.

So besagt § 11 Absatz 10 des HWG, dass „mit Veröffentlichungen, die dazu anleiten, bestimmte Krankheiten, Leiden, Körperschäden oder krankhafte Beschwerden beim Menschen selbst zu erkennen und mit den in der Werbung bezeichneten Arzneimitteln, Gegenständen, Verfahren, Behandlungen oder anderen Mitteln zu behandeln, sowie mit entsprechenden Anleitungen in audiovisuellen Medien", verboten sind (im Hinblick auf das oben erwähnte Beispiel mit der Hausapotheke – dies bedeutet jedoch nicht, dass Sie die homöopathische Hausapotheke nicht vorstellen dürften, da man dieser keinen werbenden Charakter o. ä. unterstellen kann. Sie sollten somit vorsichtig sein, was Ihre Vorge-

hensweise in punkto „Werbung, die zur Selbstbehandlung anleitet" angeht).

Dieser Punkt des HWG ist zwar heftigst umstritten, weil es viele Patientenratgeber auf dem Markt gibt (gerade in Punkto Neurodermitis, Allergien, etc.), die genau diesen Zweck verfolgen und allgemein anerkannt sind, doch das Gesetz ist existent und sollte nicht übergangen werden (da im Schadensfall ein hoher Bußgeldbetrag fällig werden kann).

Zu nennen wäre hier beispielsweise „Kursbuch Haut", Südwestverlag, von Dr. med. Heike Kovacs und M. Preuk oder „Gesammelte Rezepte eines Heilpraktikers", Simon Verlag (nicht nur für Fachpublikum, regt auch zur Selbsterkennung und Behandlung bei zahlreichen Krankheiten an). Die meisten Herausgeber sichern sich jedoch meist mit Kommentaren wie „im Einzelfall/Ernstfall wenden Sie sich an Ihren behandelnden Arzt" o.ä. ab.

20.2.4.2 Der Hauptteil

Im Hauptteil sollte, wie bereits angesprochen, der „Rote Faden" in Form einer logischen und zusammenhängenden Struktur erkennbar sein.

In die Praxis umgesetzt bedeutet dass, dass Sie ein Thema von Anfang bis Ende behandeln, ohne zu anderen Themen überzuwechseln bzw. das Thema nicht beenden.

Wenn Sie über mehrere Themen referieren, kündigen Sie dies im Verlaufe des Seminars mehrmals an, damit man gegebenenfalls Fragen am Ende eines Themenschwerpunktes stellen kann.

Bieten Sie Abwechslung und Außergewöhnliches und beziehen Sie Ihre Teilnehmer aktiv mit ein.

Ein ganz einfaches, aber um so spektaläreres Beispiel wäre die **Blutdruckmessung.**

Im Rahmen einer Fachfortbildung für eine Krankenkasse habe ich, allerdings dort nicht in meiner Eigenschaft als Heilpraktikerin, einen Kursbaustein über das Thema „Blutdruck" gehalten.

Nach den anatomischen Erklärungen mit Physiologie und Pathophysiologie habe ich die Teilnehmer gegenseitig ihren Blutdruck messen lassen.

Danach durften sie zweimal um die Tische laufen und sich danach erneut gegenseitig ihren Blutdruck messen.

Ein erstauntes Raunen, Lachen und eine sehr positive Atmosphäre füllten plötzlich den Raum.

Zum einen waren die Teilnehmer aktiv am Seminar beteiligt, zum anderen haben sie ihre neu gewonnenen theoretischen Kenntnisse gleich praxisnah anwenden können („learning by doing").

Ganz abgesehen von dem Spaßeffekt.

Abwechslung und Auflockerung bekommen Sie auch durch Humoreinlagen, oder wie oben beschrieben, in Form von netten Anekdoten.

Denken Sie auch bitte hier daran, dass Sie aufgrund des HWG § 11, Absatz 3, keine „Wiedergabe von Krankengeschichten sowie Hinweise darauf" geben dürfen, sondern es lediglich abstrakte Fallbeispiele sein sollen, um Ihre Vorgehensweise zu erläutern.

 → **Visualisieren Sie Ihre Aussagen, denn „Bilder sagen mehr als Worte".**

Erklären Sie, wie oben bereits kurz angesprochen, Ihre Theorien anhand von Praxisbeispielen und demonstrieren sie an Mustern, Modellen und geben Beispiele.

Achten Sie auch hier darauf, dass Sie Ihre Erklärungen einfach und verständlich halten, da § 11, Absatz 6,7 des HWG besagt, dass

1. mit fremd- oder fachsprachlichen Bezeichnungen, soweit sie nicht in den allgemeinen deutschen Sprachgebrauch eingegangen sind,

2. mit einer Werbeaussage, die geeignet ist, Angstgefühle hervorzurufen oder auszunutzen,

nicht geworben werden darf.

Der Verbraucher soll so davor bewahrt werden, mittels „Fachchinesisch" geängstigt und somit „aufs Glatteis geführt zu werden".

20.2.4.3 Der Schluss

Zum Schluss wiederholen Sie noch einmal wichtige Aussagen:

„Zusammenfassend lässt sich sagen, dass Mercurius in der Potenz XY bei zahnenden Kleinkindern eingesetzt wird".

Ermuntern Sie Ihr Publikum zur Äußerung von (konstruktiver) Kritik, Wünschen und Anregungen, vielleicht durch Vorbereitung eines entsprechenden **Fragebogens**, der am Ende ausgeteilt und anonym ausgefüllt abgegeben werden kann.

Direkte Kritik ruhig und sachlich beantworten. Das Thema „Kritik" zur „Kundenzufriedenheit" können Sie bereits auf Ihrer Homepage im Internet einsetzen.

Lassen Sie einen Button mit der Aufschrift:

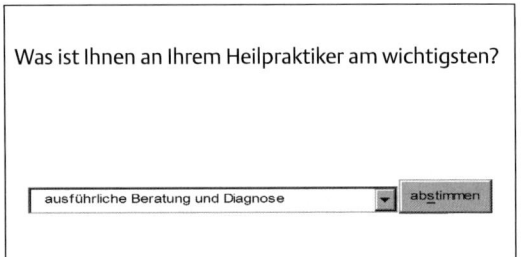

integrieren.

Der Internet-User kann sich zwischen folgenden Möglichkeiten entscheiden:

- Flexible Öffnungszeiten
- Ausführliche Beratung und Diagnose
- Natürliche Behandlungsmethoden
- Bio-Lifting
- Keine Wartezeiten – Sprechstunden nur nach Vereinbarung
- Langfristige Erfolge
- Viel Zeit für den Patienten
- Lebenslange Begleitung und Beratung in Krisensituationen

Bereits daraus können Sie Rückschlüsse über die Wertigkeiten Ihrer Patienten schließen und sich dementsprechend vorbereiten.

Bedanken Sie sich für die Teilnahme.

20.3 Ihre Nachbereitung

Sicher werden Sie nach der ersten Fortbildung froh sein, alles „hinter sich zu haben" – doch sollten Sie das Vorangegangene auf jeden Fall kritisch hinterfragen.

☐ Konnten Sie die Aufmerksamkeit Ihres Publikums steuern

☐ Wo traten vermehrt Fragen auf, können Sie das jeweilige Thema eventuell anders aufbereiten (z. B. durch den Einsatz von Folien, Schautafeln, ...)

☐ Haben einige Zuhörer Anregungen und Wünsche geäußert

21 Mögliche Ursachen der Insolvenz

21.1 Überlegungen

Insolvenzen in der freien Marktwirtschaft kommen häufig vor und sind immanente Mechanismen zur Steuerung von Angebot und Nachfrage. Im Anschluss an eine Insolvenz erstehen zahlreiche Betriebe durch Übernahme oder Neugründung wie der Phönix aus der Asche.

Bei einer, auf persönliches Engagement und gegenseitiges Vertrauen basierenden Heilpraxis, lassen sich „Renaissancen" dieser Art nur schwerlich bewirken. Ein engagiertes Marketing kann zwar eine Insolvenz nicht vermeiden aber das Risiko verringern. Ein optimiertes Marketing kann zudem – wo dies möglich ist – die Chancen eines Neubeginns verbessern und vertiefen.

Damit Ihre Praxis sich nach Möglichkeit schon nach kurzer Zeit selbst „trägt" bzw. Sie in der Lage sind, Ihren Lebensunterhalt damit zu verdienen, sollten Sie sich die häufigsten Insolvenzursachen gut durchlesen, um eventuelle Fehler bereits im Vorfeld zu vermeiden.

Erfolglosigkeit liegt nicht an der Branche oder gewissen „widrigen Umständen" sondern ist größtenteils „hausgemacht".

Das gilt für unseren Berufsverband ebenso wie für marktorientierte mittelständische Unternehmen jeglicher Art.

Vermeiden können Sie dies sowohl durch erfolgreiche Strategien, vorausschauende Planung sowie richtig eingesetzte Aktivitäten.

21.2 Ursachen

- Finanzierungsmängel (Kapitalbedarf, sowohl kurz- als auch langfristig wird unterschätzt)
- Informationsdefizit (Unterschätzung der Kollegen/Konkurrenz sowie Überschätzung der Nachfrage)
- Qualifikationsmängel (Defizite sowohl an unternehmerischen als auch kaufmännischen Wissen unter bspw. „Nicht-Zuhilfenahme" eines Steuerberaters)
- Unvorhersehbare äußere Einflüsse (Patienten versterben, können nicht mehr bezahlen; bedingt durch Arbeitslosigkeit können es sich nur noch wenige Patienten leisten zu Ihnen zu kommen, ...)
- Familienprobleme (Lebenspartner macht diese erhöhte nervliche Belastung nicht mit, die in der Anfangsphase herrschen wird, ebenso den erhöhten zeitlichen Aufwand)
- Zu hohe Investitionssummen (z. B. Leasing von mehreren Geräten, die jedoch nicht ausgelastet sind oder gar der Kauf mehrerer Geräte)
- Zu hohe Personalkosten, keine Möglichkeit einer Kündigung

22 Qualität als Wettbewerbsindikator

22.1 Einführung

Auch ein Therapeut wird heutzutage anhand der von ihm gelieferten Qualität in Bezug auf seine eigene Persönlichkeit sowie seiner Behandlungserfolge, Therapien, … gemessen.

Ein Blick in diverse Fachbücher ergibt die Schlussfolgerung, dass es keine einheitliche Definition des Begriffes „Qualität" gibt; im Gegenteil, es finden sich zahlreiche Varianten.

Das nicht zuletzt aus dem Grund, dass Qualität oft subjektiv ist und beispielsweise zwei Personen unter den gleichen Voraussetzungen verschiedene Meinungen über eine Situation haben, der eine fühlt sich gut therapiert, der andere übt Kritik.

Nach DIN 55350 wird Qualität als „Gesamtheit von Eigenschaften und Merkmalen eines Produktes oder einer Tätigkeit, die sich auf deren Eignung zur Erfüllung gegebener Erfordernisse beziehen" definiert.

Daneben gibt die *Deutsche Gesellschaft Qualität* die Erklärung: „Qualität ist die Gesamtheit von Merkmalen zur Einsicht bezüglich ihrer Eignung, festgelegte und vorausgesetzte Erfordernisse zu erfüllen".

An großen Gesundheitsorganisationen wie z. B. Krankenhäusern und Krankenkassen gemessen, beruht das Qualitätsmanagement auf den Aussagen des Arztes Dr. Donabedian.

Er unterscheidet die Qualität in drei Dimensionen, die sich gegenseitig beeinflussen.

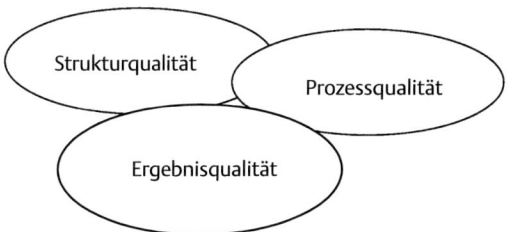

22.2 Praktische Umsetzung

Stellen Sie sich einen Regelkreis vor, der mit der **Problemanalyse** beginnt.

Setzen Sie sich mit Ihren Mitarbeitern z. B. einmal wöchentlich zu einem festgesetzten Zeitpunkt zusammen und sammeln Sie alle Negativpunkte und Probleme – Sie werden sehen, allein durch die unterschiedlichen Betrachtungsweisen – Sie als Chef, Ihre Mitarbeiter, ergeben sich unterschiedliche Problemansätze.

Halten Sie dies schriftlich fest, bestenfalls bestimmen Sie einen aus der Runde, ein Protokoll anzufertigen.

Beginnen Sie mit der sogenannten **Strukturqualität**:

Dr. Donabedian versteht hierunter **„bauliche, technische und personelle Rahmenbedingungen"**, damit sind

- die Anzahl der Mitarbeiter,
- die Praxisphilosophie,
- Hierarchiestufen,
- Maßnahmen zur Fort- und Weiterbildung sowie
- bauliche Gegebenheiten und technische Ausstattung Ihrer Praxis gemeint

Die **Prozessqualität** ist durch die Praxisorganisation an sich (Bestellpraxis; lange Wartezeiten, Telefonsprechstunden. …) sowie durch alle übrigen Abläufe der diagnostisch-therapeutischen Behandlungsform gekennzeichnet.

Die **Ergebnisqualität** lässt sich natürlich in erster Linie an der Patientenzufriedenheit messen.

Im Vorfeld gefasste Ziele sollten erreicht werden, z. B. das Ziel, Hilfeleistungen zur Krisenbewältigung bei einigen Patienten geleistet zu haben, sei es in der Form einer Steigerung seiner kommunikativen und sozialen Fähigkeiten, Steigerung seiner Antriebsarmut oder einfacher gesagt einer Steigerung der jeweiligen Lebensqualität.

Unabhängig, mit welchem Problem Sie beginnen, es sollte klar definiert, Ihr Ziel realistisch, konkret und nicht utopisch sein.

Konkretisieren wir das eben Geschilderte an folgendem Beispiel:

❶ **Problemdiagnose:**

Ein Mitarbeiter, der u. a. Anamneseerhebungen mit Ihrem 30 Jahre alten Irismikroskop durchführt, leidet an Kopfschmerzen, sobald er an besagtem Gerät eine Untersuchung durchgeführt hat.

Parallel dazu haben Sie noch die Worte eines Ihrer Patienten im Ohr, der sagte, dass die Auflage für das Kinn total abgewetzt sei, kratze und er sich ständig frage, wie hygienisch und diagnostisch korrekt das Gerät sei.

Sie selbst haben bisher allerdings keinerlei Funktionseinbussen bemerkt.

Damit sind Sie auf dem richtigen Weg, da Sie das Problem fokussiert und die mutmaßlichen Gründe festgestellt haben – eine unabdingbare Voraussetzung für eine Behebung des Problems.

Da das Problem bereits von mehreren Personen unterschiedlicher Hierarchiestufen geäußert wurde, notieren Sie es und probieren das Gerät unter Zuhilfenahme der neu gewonnenen Informationen erneut aus – diesmal aus Sicht des Patienten.

Bereits nach kurzer Zeit juckt Ihnen Ihr Kinn und vor Ihren Augen tanzen kleine leuchtende Punkte.

Gemeinsam überlegen Sie einen **geeigneten Maßnahmenplan für die Behebung des Problems.**

Lohnt es sich, das Gerät reparieren zu lassen? Fordern Sie einen Kostenvoranschlag bei einschlägigen Firmen an (z. B. der Firma Zeiss, dem Felke Institut,...) und erkundigen Sie sich parallel nach den Kosten für ein neues Irismikroskop.
Würde sich solch eine Investition lohnen?
Wie viele Patienten frequentieren dieses Gerät?
Kann man es vielleicht auch leasen?
Lassen Sie sich beraten.
Nach Abwägung aller Informationen kommen Sie zu dem Schluss, dass eine Reparatur mit den benötigten Ersatzteilen fast ebenso teuer ist, wie der Erwerb eines neuen Gerätes.

Sie entscheiden sich zum Kauf.

Parallel stellen Sie für das Gerät Informationsbroschüren (meist kostenlos beim Hersteller erhältlich) im Wartezimmer aus, gemeinsam mit einem Aushang an Ihrer Pinnwand, dass Sie im Rahmen einer Informationsveranstaltung das Gerät vorstellen und sich über zahlreiches Erscheinen freuen.

Zusätzlich sprechen Sie die Patienten ganz persönlich an, die sich im Vorfeld über das alte Gerät beschwert haben – abgesehen von einer positiven Mund-zu-Mund-Propaganda bekommen sie das Gefühl vermittelt, ernst genommen zu werden und bekommen kostenlos eine Zusatzwerbung für Ihre Praxis.

22.3 Zielsetzung für Ihre Praxis

Grundsätzlich geht es darum, den Prozess des Qualitätsmanagements als kontinuierlichen Prozess zu begreifen und nicht dem Zufall zu überlassen.
Integrieren Sie die Qualitätskontrolle in Ihre tägliche Arbeit, in einer ruhigen Stunde ohne Telefon, Patientenverkehr, Besuch von Pharmareferenten etc.

Hierzu fertigen Sie sich am Besten schriftliche Aufzeichnungen mit Datum und Uhrzeit an und beziehen Sie alle Mitarbeiter in diesen Prozess mit ein, denn nur wenn alle Personen das gleiche Ziel verfolgen, werden Sie es am Ende erreichen.

Zielkriterien, die die klassischen Merkmale eines sogenannten Qualitätsmanagements darstellen, sind:

* Kundenzufriedenheit (als logische Schlussfolgerung patientenorientierter Anforderungen)

* Mitarbeiterzufriedenheit

* Nutzen für die Gesellschaft

* Qualität

* Zeit

* Rentabilität der erbrachten Leistungen

- Einhaltung sämtlicher gesetzlicher Vorschriften (bei unserem Berufsstand schwerpunktmäßig das HWG; UWG sowie die Berufsordnung)

- Umweltverträglichkeit von Dienstleistungen

22.4 Kundenmanagement

Das Kundenmanagement ist eine der wichtigsten Aufgaben des Marketing – sowohl in der täglichen Umsetzung als auch in der Qualitätskontrolle.

Es unterteilt sich in folgende Bereiche:

- Dem Patientenzufriedenheitsmanagement

- Dem Beschwerdemanagement

- Dem Rückgewinnungsmanagement sowie dem

- Neukundenmanagement

Das „A" und „O" einer erfolgreichen Praxis liegt in der **Zufriedenheit unserer Patienten**, da sie den Multiplikator innerhalb der Bevölkerung darstellen, welcher unsere Praxis über Mundpropaganda bekannt macht.

Nichts ist „tödlicher" als eine Negativpropaganda – oft reicht es aus, ein Mal eine falsche Diagnose gestellt zu haben, zu sagen „oh, entschuldigen Sie, ich habe Sie verwechselt – haben Sie Ihr Medikament noch? Nehmen Sie es bitte nicht, ich habe beim Ausstellen des Rezeptes an Ihre Vorgängerin gedacht und Ihnen ihr Medikament verschrieben".

Die Zufriedenheit der Patienten unterteilt sich in zwei Gruppen.

Zum einen spricht man von einer sogenannten „materiellen Qualität", die den Patienten wichtig ist.

Hierunter fallen

- unsere Preisgestaltung

- was bekommt der Patient in seinen Augen für sein Geld

- rezeptieren Sie angemessene Größenpackungen oder verschreiben Sie ständig zu große Packungen, die der Patient zwar bezahlt, aber bei weitem nicht aufbraucht

Diese Dinge sind direkt messbar, meist klar definiert und unter Umständen umkehrbar.

Die „**immaterielle Qualität**" ist meist weder umkehrbar noch direkt messbar und äußert sich u. a. in Faktoren wie

- Persönlichkeit des Therapeuten

- Kompetenz und Auftreten des Therapeuten

- „Verhältnis" zwischen Patient und Behandler

Auch das Beschwerdemanagement ist ein wichtiger Faktor für eine erfolgreiche Praxis, denn wie oben bereits erwähnt, ist nichts negativer für eine Praxis als eine schlechte „Mund-zu-Mund-Propaganda".

Die Patienten reagieren meist auf zwei Arten, wenn sie unzufrieden sind.

- Die eine Gruppe äußert ihre Beschwerden direkt.

In diesem Falle kann man schnell Abhilfe schaffen (sich zumindest darum bemühen), indem man die Patienten und ihr Anliegen ernst nimmt und die Gründe hinterfragt.
Sind sie mit den Behandlungserfolgen nicht zufrieden?
Bewerten sie Ihr Honorar als überzogen?
Wartet man zu lang in Ihrem Wartezimmer?

Unabhängig, welche Gründe der Patient anführt – er gibt Ihnen die Möglichkeit zu reagieren und damit die Chance, dass er als zufriedener Patient Ihre Praxis verlässt.

Natürlich sollen Sie ihm nicht „nach dem Mund" reden – wenn Sie gewisse Abmachungen getroffen haben, die der Patient nicht einhalten will, können Sie diese Abmachungen nicht einfach für nichtig erklären.

Aber Sie können noch einmal auf diese Abmachungen hinweisen und diese erläutern.

Die andere Gruppe der Patienten reagiert mit „Abwanderung" und wird sich einen neuen Therapeuten suchen – dies allerdings nicht, ohne Sie im näheren Bekanntenkreis negativ darzustellen.

Hier haben Sie leider keine Möglichkeit der Intervention.

Abgesehen von den jeweiligen Gründen des Einzelnen sollten Sie sich eine Liste, Datei o. ä. anfertigen (einen sog. „Beschwerdeführer"), in der Sie diese Dinge schriftlich festhalten, ebenso Ihre Reaktionen und erfolgten Handlungen um Ihre Praxis langfristig zu optimieren.

 → **Machen Sie sich bewusst, dass die Zufriedenheit Ihrer Patienten mit eines Ihrer Hauptziele ist. Sie sind ein Dienstleister am Menschen – Ihre Qualität und die Ihrer Praxis werden außer an Ihren Behandlungserfolgen daran gemessen, wie sehr Ihnen daran gelegen ist, den Erwartungen Ihrer Patienten zu entsprechen!**

Bezüglich des „**Rückgewinnungsmanagement** kann ich Ihnen nur „ans Herz legen", eine lückenlose, ordentliche Patientenkartei zu führen, die zu jedem Zeitpunkt nachvollziehbar sein muss.

Wenn sich ein Patient in einer laufenden Behandlung befindet und plötzlich nicht mehr erscheint oder aus einem fadenscheinigen Grund einen Termin absagt und keinen neuen haben möchte, sollten Sie aktiv werden.

Versuchen Sie das „Warum" zu hinterfragen, ist er unzufrieden mit der Behandlung, mit Ihnen, mit Ihren Preisen?

Geht er jetzt doch zum Schulmediziner?

Im nachhinein ist es natürlich schwer, die Gründe zu eruieren.

Versuchen Sie ihm zu signalisieren, dass er jederzeit wieder zu Ihnen in die Praxis kommen kann, beispielsweise mit einer Geburtstags-, Weihnachts- oder Glückwunschkarte. ...

23 Der Idealfall

Da jeder Heilpraktiker seine Praxis exakt auf die Wünsche und Bedürfnisse sowohl seiner Person als auch die seiner zukünftigen Patienten einrichten wird, belassen wir es bei folgenden Anregungen:

1. Schritt

→ Stimmen Ihre persönlichen Voraussetzungen?

• Sie haben Ihre Zulassung; haben vielleicht sogar ein Praktikum absolviert

• Ihre Familie weiß, worauf sie sich einlässt mit allen Eventualitäten

• Sie fühlen sich bereit für diesen Schritt

→ Sie wissen, wo Sie praktizieren werden

• Praxisräume (mit Nutzungserlaubnis) sind vorhanden; Mietvertrag unterschrieben; alles vertraglich mit dem Vermieter und dem Eigentümer der Hauswand, auf dem Sie Ihr Praxisschild befestigen wollen, geregelt

→ Ihr Finanzrahmen ist gesichert

• Sie haben für das 1. Jahr (Minimum) ein ausreichendes „Polster"; eventuell Nebenjobs in Form von Kursen. ...

Damit haben Sie nun bereits den Grundstein für Ihre zukünftige berufliche Laufbahn gelegt.

2. Schritt

Vermutlich wissen Sie nicht genau, womit Sie anfangen sollen, ständig fällt Ihnen ein, was Sie noch erledigen müssen.

Erstellen Sie sich eine Liste mit den Dingen, die Sie vor Ihrer Eröffnung erledigen müssen (vgl. Kapitel 18) und überlegen Sie, welche Werbestrategien für Sie in Frage kommen.

3. Schritt

Arbeiten Sie sich entlang der Checklisten und legen Sie das Datum für den „Tag der offenen Tür" fest.

4. Schritt

Stellen Sie sich überall vor (vgl. Kapitel 6.1) und verschicken Sie Einladungen; inserieren Sie Ihre Eröffnungsanzeigen.

5. Schritt

Treffen Sie Vorbereitungen für den „Tag der offenen Tür" (Einkauf; Arbeiten an Freunde delegieren)

6. Schritt

Viel Glück – Ihr erster Praxistag beginnt.

Scheuen Sie sich nicht, bei Fragen Ihren Berufsverband zu kontaktieren oder eventuell die Schule, bei der Sie Ihre Ausbildung absolviert haben.

24 Nachwort

Während Sie nun dieses Buch gelesen haben, sind Ihnen hoffentlich eine Menge effektiver Ansatzpunkte „entgegengesprungen", an denen Sie ansetzen werden, um Ihre Praxis werbewirksam und doch ohne „Negativ-Eindruck" zu vermarkten.

Marktschreierei bring Ihnen gar nichts, zumindest nichts Positives.

Daher achten Sie auf sachliche Informationen, dekorativ verpackt und auf ein seriöses Erscheinungsbild.

Vielleicht beschäftigt Sie nun die Frage „welche Form ist denn nun die beste" – und für welche der vorgeschlagenen Varianten entscheide ich mich?

Dies können nur Sie selbst entscheiden, da immer eine Menge verschiedenster Ausgangspositionen vorherrschen, nicht alle Praxen den gleichen Standort, Schwerpunkte etc. haben, und dies ist auch gut so.

Denn wie sollte sonst unser Patient gerade den Weg zu uns finden und nicht zu unserem Kollegen?

 **Doch noch einige Tipps:**

• Fügen Sie allen Briefsendungen eine Visitenkarte von Ihnen bei. Dies natürlich nicht jede Woche, aber wenn Sie Ihre Rechnungen beispielsweise quartalsmäßig erstellen, können Sie eine beifügen.

• Erstellen Sie einen aussagekräftigen Flyer und Praxismitteilungen, die Sie in Ihrem Wartezimmer auslegen oder an eine Pinnwand heften

• Halten Sie Vorträge; Informationsnachmittage; Seminare in Ihren eigenen Räumlichkeiten ab

**Machen Sie sich bekannt –
das ist das „A" und „O".**

Folgendes darf ich Ihnen noch mit auf den Weg geben, liebe Kollegen,

• Bleiben Sie sich selbst treu und bringen Ihre eigene Persönlichkeit mit in Ihre Praxis – nur Patienten, die zu Ihnen „passen", oder anders gesagt, die auf einer „Wellenlänge mit Ihnen sind", werden bei Ihnen bleiben und Sie weiterempfehlen

• Bieten Sie Ihren Patienten eine fundierte Ausbildung und medizinische Fachkenntnisse

• Besuchen Sie Fortbildungen, damit Sie, sowohl in Ihrem als auch im Interesse Ihres Patienten, immer auf dem aktuellen Stand sind

• Versuchen Sie es umzusetzen, dass sich jeder einen Besuch bei Ihnen leisten kann

Ich hoffe, dieses Buch hat Ihnen viele Ideen, Anregungen und Hinweise innerhalb Ihrer Praxis und Freude beim Lesen gegeben.

Es ist nicht gedacht als Aufforderung zu einer aggressiven Werbung oder zu einer übertriebenen Selbstdarstellung.

Es soll Ihnen lediglich dazu verhelfen, sich in dem Labyrinth der Gesetze und Fallstricke einen Überblick zu verschaffen, welche legalen Möglichkeiten Ihnen gegeben sind.

Anhang

Anbieter für Praxiszubehör

Wenn Sie im Internet keinen Anbieter von Praxisbedarf o. ä. finden sollten, hier einige Adressen:

1. Bücher:

- **www.amazon.de**
  Tipp: hier kann man sehr gut gebrauchte Bücher kaufen und auch wieder verkaufen)

- **www.ebay.de**
  Ebay hat eigentlich alles; vom Fachbuch bis zum Elchgeweih). Vorteil: Man kann so manches weiter unter dem aktuellen Preis ersteigern.

Nachteil: Einige Artikel können nicht sofort erworben werden, da auktionsmäßig gesteigert wird

2. Praxisbedarf:

- Firma Methatec (Gesellschaft für Praxisbedarf) in Neu-Ulm

- Firma Cedip in Ismaning (diese Firma bietet auch Karteikarten, Rezeptvordrucke, etc.)

- Firma Paul in Gilching

Wissensportale via Internet

Sie werden sicher eine Zeitlang benötigen, um sich im Internet zurechtzufinden.

Bei Fragen zu allgemeinen Themen medizinischer Art können Ihnen folgende **medizinisch orientierte Suchmaschinen** helfen:

- www.gesundheitscout24.de
- www.heilpraktiker.de
- www.medivista.de
- www.infomed.org
- www.nettz.de
- www.slaek.de
- www.zlb.de
- www.medknowledge.de
- www.art-und-data.de
- www.embl-heidelberg.de (naturwissenschaftliche-medizinische Suchmaschine)
- www.riedborn-apotheke.de
- www.pharmalink.de
- www.kinderarzt-augsburg.de

Unter Zuhilfenahme des Internet finden Sie eine Menge an Informationen rund um das Thema „Naturheilkunde" unter folgenden Adressen:

- www.naturheilkunde-index.de
- www.naturheilkunde-online.de
- www.naturheilkunde.de
- www.naturheilkunde-aktuell.de

Abgesehen von der monatlichen Ausgabe der Fachzeitschrift Ihres Berufsverbandes können Sie sich unter folgenden Adressen über neueste Urteile; Fachbeiträge, ... kundig machen:

- www.urteilsticker.de
- www.medizinindex.de
- www.pubmed.de
- www.medi-netz.com
- www.bmn.com

sowie mit Hilfe Ihrer im Internet vertretenen Berufsverbände (die Liste erhebt keinen Anspruch auf Vollständigkeit, es handelt sich lediglich um einen Auszug).

Fachzeitschriften finden Sie außerdem unter folgenden Adressen:

- www.datadiwan.de
- www.minibox.de
- www.fachzeitschriften-portal.de
- www.thieme.de
- www.forum-medizin.de
- www.media-daten.de
- www.profikiosk.de
- www.heilkunst.de
- www.heilpraxis-online.ch
- www.naturheilpraxis.de
- www.aboanders.de

Der Vorteil dieser Internetadressen besteht in der Möglichkeit, sich regelmäßig „Newsletter" zusenden zu lassen, und zwar kostenlos.

Danksagung

Autorin und Verlag bedanken sich für die
freundliche Überlassung von Abbildungen bei:

„Büdinger Anzeiger"
Heilpraktiker Wolfgang Claussen
Lokalzeitung „Dorfschelle" Flörsbachtal
Verbandszeitschrift des Bundes Deutscher Heil-
praktiker
„Naturheilpraxis"
www.homes.uni-bielefeld.de
Heilpraktiker Hans Baldauf
Heilpraktiker Jochen Asel
Heilpraktikerin Renate Droste
Heilpraktiker Herr Preine
Heilpraktikerin Marion Maria Richter

Literaturverzeichnis, Quellenangaben

Berufsordnung Bund Deutsche Heilpraktiker

www.urteilsticker.de
www.vkhd.de
www.juracafe.de
www.olg-oldenburg.de
www.kinderarzt-augsburg.de
www.ansatz-page.de
www.sama.de
www.homes.uni-bielefeld.de

Gelbe Seiten Bereich Hanau, Erscheinungsjahr 2002/2003

Jacoby, B., Fröhling, I.: Vorbeugen und Heilen mit Farbtherapie. Falken Verlag, München 1998

Ruhleder, B.: Mit Stil zum Ziel. Gabel Verlag, Offenbach 1997

Voss, R.: Grundwissen Betriebswirtschaftslehre. Wilhelm Heyne, München 1996

Zizmann, P. A.: Die erfolgreiche Naturheilpraxis, Sonntag, Stuttgart 1998

Sachverzeichnis

Über die Autorin

Kristina Vormwald

Geboren am 02.11.1969 in Altena.

Staatlich examierte Krankenschwester.

Nach persönlichen Erfahrungen mit der Naturheilkunde, die im Gegensatz zur „Schulmedizin" erfolgreich waren, wurde ihr Interesse zur Homöopathie geweckt.

Seit 1995 ist sie Heilpraktikerin mit den Behandlungsschwerpunkten klassische Homöopathie, Magnetfeldtherapie sowie Ohrakupunktur nach Ausbildung an der Heilpraktikerschule Lotz in München sowie zahlreichen Fachfortbildungen.

Eigene Praxis seit 1996. Zur Zeit im Erziehungsurlaub nach Geburt des zweiten Kindes.